オーストラリア先住民と日本

先住民学・交流・表象

Indigenous Australia and Japan:

Studies, Interaction, Representation

山内由理子 編
Yuriko Yamanouchi

御茶の水書房

はじめに

山内由理子

この本を手に取られる方は、オーストラリア先住民、アボリジニ、もしくはトレス海峡諸島人、に関して、どのようなイメージを持ち、どのようなことを知っておられるだろうか？　どこかで名前ぐらい聞いたことがある、漫画、あるいは小説で目にした、アボリジニの音楽を聴いたことがある、オーストラリアの観光客向けのガイドブックで目にした、映画で見た、オーストラリア先住民美術の展覧会に行った事がある、といった感じだろうか。あるいは、オーストラリアで実際にアボリジニを見たことがあるという方もいるだろう。そして、国際的な先住民族の活動に興味を持っていたりオーストラリア先住民に関する講義をきいたり研究書を手に取ったことがある、というような方もいらっしゃるかもしれない。

ここ二〇年ほどで日本においても、オーストラリア先住民に関しての知識、情報を得る機会は格段に増えた。学術研究、美術工芸品などの展覧会、映画や漫画、小説、観光事業による宣伝、国際的な広がりを持つにいたった先住民運動など、様々なチャネルを通して情報やモノが流入してきている。グローバリゼーションという言葉が珍しいものではなくなった今日の世の中で、我々はこのような様々な有形、無形のモノやコトが行き来する、複雑に錯綜した網の目の中にいる。

この本は、日本にいる読者を対象にオーストラリア先住民研究の最新の成果をまとめたものであるが、それは単に専門的研究の内容を伝える、というものではない。複雑に錯綜した網の目、この世界を構成する多様な繋がりの中にいる我々、という存在を、オーストラリア先住民、という切り口から解きほぐしていく試みでもある。オーストラリア先住民に限らず、何かに関して知る／知っている、ということは決して中立的な営みではない。多様なモノやコトの流れるチャネルは、この世界を構成する様々な力により成立している。我々がそれについて触れるようになったのも、その一部としての社会的行為なのである。この様な多様な繋がりの網の目の中にいる我々、現在日本に住み、おそらく育ち、日本語を母語としているような人々、その我々がオーストラリア先住民と呼ばれる人々について知るということはどういうことか、そして更に、知る、ということにより、何ができるか、をこの本は関心の根底としている。

知る、ということ

「オーストラリア先住民」、とは、まずオーストラリア大陸への西洋人の「入植」によって成立したカテゴリーである。オーストラリアのように植民地化により成立し、その過程で当該社会を主流を成すグループが入れ替わってしまった国を「入植社会国家（settler state）」と言い、それ以前からの住民やその子孫は「先住民」とされていったわけだが、現在オーストラリア先住民と呼ばれる人々は決して一枚岩な存在ではない。このカテゴリーに属するとされる人々には、まず大きく分けて大陸やその周辺の島々の西洋人入植以前からの住人の子孫であるアボリジニとオーストラリア大陸東北端のケープヨークとパプアニューギニアの間に横たわるトレス海峡諸島の先住の人々とされるトレス海峡諸島人が存在する。[1]更に、アボリジニ、とされる人々の歴史・社会・政治的状況も、オーストラリア大陸への西洋人入植の進行の違いにより、地域により大幅に異なるものとなった。一七八八年に始まった西洋人の入植は、南東部、南西部沿岸から北上していった。北部や中央・西部砂漠地帯の様に入植の時期も遅く、その影響も比較的小さかった地域では、人々の多くは入植以前からの言語や儀礼を保持し、創生の神話を語り、ある程度の狩猟採集を行っている。その一方、激しい入植の波に晒された南東部、南西部では、狩猟採集は殆どしなくなり、言語や儀礼の禁止もより徹底された。混血も進み外見では先住民と見えないケースも多く、この地域の先住民は、一般の非先住民にも研究者にも、長い間「固有の文化」を失った人々、とか「本物」のアボリジニではない、と見なされてきた。[2]先住民に関する政策は保護・隔離、同化、統合、自主決定・自主管理と推移していったが、先住民に関する政策が連邦政府により一括して行われるようになるまで、これらの政策も施行の時期ややり方が地域により異なっていた。オーストラリア北部のアーネムランドがアボリジニの人々のための「リザーブ（保留地）」とされた一九三〇年代は、南部において市民権を求めるアボリジニの抵抗運動が繰り広げられ、入植を記念する「オーストラリア・デイ」が先住の人々にとっては「追悼の日」であると大々的に主張されるようになった時期でもあった。一九六〇－七〇年代の先住民の権利回復運動においては、この北部と南部のアボリジニが連帯したが、国家との関係が変容していく中で、「先住民」や「アボリジニ」などと一くくりにして取り扱うのは難しい状況が生じてきている（第一章、第二章）。

　このような流れを経てきたオーストラリア先住民、ことにアボリジニに対し、オーストラリアでは文化人類学をはじめとして様々な研究が積み重ねられ、日本においても、戦前より関心が寄せられてきた。しかし、これらの研究は決して中立的、客観的に存在するのではなく、その背後には社会を取り巻くさまざまな力が存在する。オーストラリアにおける文化人類学でいえば、その発展はオーストラリア大陸への「入植」という枠組みの中で、文化人類学の世界的「中心」である欧米の学会の興味関心や、オーストラリア内部の先住民政策の推移により左右されてきた。近年その歴史は見直されつつあるが、植民地的状況の中で発展してきた学問の集積には、目に見えやすいものだけではなく、現在でもその「知」の構造自体に深く根を下ろした一定の「限界」が存在する。オーストラリア人類学で言えば、それは例えば、研究する側＝西洋人と研究される側＝アボリジニ、というような二項対立の図式である。アボリジニの人々の自己意識などを考察する際にこの二項対立は鮮明に現れ、「アボリジニ」「西洋人」双方を固定化した概念に封じ込めると同時に、二者関係の中で根を下ろした観のあるその図式を揺るがす難しさを痛感させる。その背景には、そもそも「研究する」ということ自体、長らく社会的に特権的な立場と密接に結びついてきた、という歴史があるが、法制度は変化したとはいえ、数多くの先住民が植民地時代からの負の遺産に苦しむという状況が続く中で、「学問」の構造における従来からの蓄積の大きさは、近年先住民の研究者も出現しているとはいえ、無視できないものがある。このような状況において、日本社会から来た人間が研究者として入っていくことは、どのような意味を持ちうるか。従来の研究に対して、そこに支配的であった図式とはまた異なる立場で関わるものとして、何らかの可能性を見出すことはできるだろうか（第三章）。

日本の研究者の間でも日本からの研究者としての独自の視点は意識されていた。現在の日本におけるアボリジニ研究の主流のルーツは一九八〇年代以来の小山修三率いる国立民族博物館の研究調査隊であるが、リーダーの小山は、オーストラリア人研究者より、調査に女性の人類学者を入れること、とともに、フィールドで働いている白人との関係を考慮するようにという助言を受けている。つまり、アボリジニと日本からの研究者という二項対立ではなく、それに加え白人との関係をも視野に入れた理解が意識されていた[3]。小山を初めとした国立民族博物館の研究調査隊の研究者たちは、学術的研究成果を積み重ねる傍ら、アボリジニに関する展覧会をさまざまに企画し、日本におけるアボリジニに関する知の流入のチャネルを形成していったが、前述のごとく、日本にも戦前からアボリジニに関心を寄せる人々は存在した。それが政府の政策や社会のイデオロギーに左右されてきたのは、オーストラリアも日本も同様である。第二次世界大戦後、日本社会自体がドラスティックに再編成される中、従来の研究の方向も大きく変換されていった。それとともに、研究者だけではなく、オーストラリアの資源に注目する経済界や、漫画や小説などの創作界からもオーストラリア先住民には関心が寄せられ、さまざまな表象が生み出され、人口に膾炙していった（第四章）。これらの中には、さまざまな歪みも見出せるが、同時に、人々の間に広く浸透したことで、オーストラリア先住民に関しての興味のきっかけとなり、新たな繋がりの網の目を形成する萌芽となってきた可能性もある。

我々の考える「知識」というものは、このような様々な「知」を生産する枠組みより生じてきた。それは我々の「知る」という行為に一定の「偏向」を与えてきたのは否めない。しかし、オーストラリア先住民のケースから透けて見えるのは、この様な枠組みに必然的に影響されてはいるが、それと同時に、コンスタントにそこから新しいものを生み出してゆく、という知の営みである。

日本とのかかわり

日本とオーストラリア先住民を結びつける網の目は研究という形には留まらない。研究者より以前にオーストラリア先住民とさまざまな交流を打ち立てた日本人がいた。開国後、一九六〇年代まで、日本はオーストラリア北部に、真珠貝採取業等に従事する契約労働者を中心とした移民を送り出してきた。この流れの中で、日本人移民はオーストラリア先住民とさまざまな関係を取り結んだ。人種差別的な移民政策や先住民政策の下で、両者の関係は友好的であったり敵対的であったり、アンビバレントな揺れを示していたことが伺える。だが、いずれにせよ、そこにあったのは、直接的な人間同士の交流であり、この歴史を背景に、日本人移民と先住民の血を引く人々がオーストラリア北部のブルームや木曜島を中心に現在でも存在する（第五章）。そして、このような人々は、日本人とオーストラリア先住民双方のルーツを背景に、オーストラリア政府の先住民政策の対象となったり、第二次世界大戦における「敵国」の血を引くものとして困難を味わうなどの経験を潜り抜けてきた。その経験は「過去」のものではなく、彼らは積極的に自らのおかれた状況の中で教育、コミュニティ活動、家族関係などに関わり、新たな繋がりと歴史を作り続けてきた（第七章、コラム１、２）。

また、必ずしも肯定的な経験だけではなかったにせよ、戦争も日本とオーストラリア先住民の交流史の重要な一部である。北部オーストラリアにおける日本人移民によるコミュニティは第二次世界大戦とともに日本人の強制収容と日本への送還という形で大きな断絶を迎えるが、日本を敵国とした戦争の中で、先住民もさまざまな経験をする。従軍したり空襲の被害にあったりして直に戦闘と関わったケースもあるし、より間接的な形で、日本との戦争が先住民社会の戦後の変化に大きく影響することにもなった。第二次世界大戦時の賃金労働経験は戦後の先住民の権利回復運動に大きな弾みをつけたのである（第六章）。

以上のように、オーストラリア先住民の歴史は日本及びそこに住む人々の歴史と絡み合い現在まで続いてきている。日本人とオーストラリア先住民の子孫が現在でも日本の親族と交流を続けているケースもあるし、現在の日本及びオーストラリアの存在は第二次世界大戦を抜きで考えるわけにはいかない。戦後「豊かな国」となった日本の繁栄は、戦前戦後のオーストラリアを初めとする国々への移民労働者たちの上に成り立っている部分があることは、無視すべきではない。彼らの労働は否応無く現地の人々と様々な形で「交流」を結ばせるものであったが、それでは、例えば、オーストラリアの日本人移民労働者たちの労働は、西洋人の同地への「入植」とは関係ないのであろうか？これに関しては様々な議論があるが、日本人のような「有色人種」労働者は、被差別的状況を先住民とある程度共有すると共に、その労働は先住民の資源の搾取と収奪のシステムの一環としてあった、という指摘は無視できない(4)。真珠貝採取にしろ何にしろ、「入植」のコンテクストがあってこそ、初めて成り立つものだったのである。

このような日本ないし日本人とオーストラリア先住民の関わりは、オーストラリア北部だけに限ったものではない。現在の差し迫った問題の一つとしてウラン鉱山開発が挙げられる。オーストラリアは世界有数のウラン産出国であるが、その主要な買い手の一つは日本である。オーストラリアのウラン鉱山の多くは先住民の土地にあり、鉱山開発においては、先住民の反対を押し切って操業が開始され、先住民は土地や水質を汚染され、放射線被曝の危機に晒されてきた。このようなウラン採掘の背後には買い手である日本が存在し、そのウランを使用して日本の原発は動いてきた。ここでは、入植以来の先住民の収奪システムの一環としての日本、という構図が、現在までも続いていることが見えてくるだろう。福島第一原発の事故が二〇一一年に起こった際、ウラン鉱山の伝統的土地権利者である先住民は、ウラン鉱山開発には反対してきた立場であったにも関わらず、自分たちの土地よりでてきたものが大きな災いを呼び起こしたとして、日本に深い哀悼と謝罪の意を示した（第八章）。「入植」の構図の中にあった日本の我々は、この先住民からのアプローチにどう応えるべきであろうか？

学び、問う

必ずしもその場で直接的に関わる形ではなくても、オーストラリア先住民に関し学ぶこと、彼らについて知るということは、この世界における情報やモノを繋ぐ網の目に中に身をおくことであり、そこから我々が「当たり前」としてきたような常識を問い、変えていく力を秘めている。それは、一見回りくどいやり方ではあっても、「入植」の延長上の構図の中にいる我々自身を変革していく可能性である。例えば、先住民、のイメージには世界中でいくらかの共通性があり、その一つとして都市と先住民はなじみがないものとされていることが挙げられよう。実際に先住民の都市居住、ということ自体は認識されていたとしても、「先住民」にまつわるイメージは、「都市」とはそぐわないものになり勝ちである。そこには「入植」にまつわる「先住民」のイメージが尾を引いている。しかし、実際のところ、都市は仕事、教育、住宅、などさまざまな点で人をひきつける。先住民とされる人々も、生活してゆく人間として、そこでは例外ではない。都市に移住してきた先住民はそこで彼らが直面した問題にさまざまな形で対応していったが、「都市とそぐわない」とされる先住民イメージから零れ落ちてしまっているのは、そうした人間としてのダイナミズムである。都市に住むオーストラリア先住民の姿について知ることは、その様なイメージを揺るがし、日本の都市における先住民を考えさせることにも繋げていけるであろう（第九章）。

また、オーストラリア先住民について学ぶということは、主流社会とは異なる視点を持つ人々について学ぶ、ということでもある。例を挙げると、主流社会に属する人々にとっては、教育は社会上昇の手段である、ということは「当たり前」である。しかし、主流社会には属さない人々、かつ社会的には弱者の立場に置かれてきた人々にとってはどうであろうか？　オーストラリア先住民の側からは、西洋的な学校教育システムが、彼らの従来からの教育観になじまない、という背景を引きずりながら、さまざまな試みが行われている。アボリジニとしての文化学習を通じてエンパワメントを図りつつ、西洋的資本主義社会の中で生きていく道を模索せざるを得ないようなアボリジニ学校の試みは、「入植」の歴史に根ざす構図の中で、教育、学校、というものが受け取られてきたそのあり方を問い直させるものである（第十章）。また、研究、教育施設の試みは、「当たり前」を問うだけではなく、変革の可能性も示唆しうる。オーストラリアの博物館は従来先住民にとっては抑圧的な存在であったが、近年先住民からのインプットを受け入れ、それを先住民との交流の場として変革してゆく試みがなされている。その様な試みは日本の博物館においても見受けられ、先例となるオーストラリアのケースと照らし合わせることによって、更なる可能性を考えることができよう。

博物館のような施設とは異なった形でイメージや表象を普及させるものとしてアートや映画、音楽がある。日本で戦後オーストラリア先住民が紹介される際には、アートが大きな役割を果たしたし、近年先住民を扱った映画が上映されたり、先住民の音楽の演奏が行われたりすることも、全く珍しくはなくなってきた。世界的な市場を見てみれば、オーストラリアのアボリジニアートは世界的な人気を博しているし、アボリジニ監督の映画が国際的な賞を受賞もしている。このような作品たちは、しかし、「純粋に客観的に」その「価値」を評価されてきたわけではない。アボリジニアートが今日ここまで人気になった裏には、政府の下で作られたアボリジニアート委員会の尽力があり、世界的な「美術認識」の変化がある。そもそもマーケットに載せるというような存在ではなかったアボリジニの美術工芸品が、西洋由来であった「美術」システムに関わっていく中で、「現代オーストラリア先住民アート」というカテゴリーが成立し、製作者の側もさまざまな変化を遂げていった。現在日本をも市場としているアボリジニアートであるが、それは単なる「作品」ではない。その変化の軌跡をたどれば、浮かび上がってくるのは、国家と先住民の関係の変化である（第十二章）。また、映画という媒体がイメージを浸透させる力は強力であるが、オーストラリアにおいては先住民は長らく「表象される」側だった。それが近年では彼らが自ら表象する側に廻り、今までの先住民に関するイメージを問い、新に創造していく、ということが行われている（第十三章）。日本でもぽつぽつ上映されてくるようになったアボリジニを扱った映画を、その様な知識を背景に目を向ければ、我々が立っている複雑に交錯した人とモノの網の目に再び目を向けさせることになろう。更に考えれば、アートにしても、映画にしても、音楽にしても、日本にいて流れ込んでくるものだけを享受している、という必要はない。中には、アボリジニの楽器演奏をオーストラリア北部のアボリジニの居住地域であるアーネムランドまで学びに行く、という日本の人々もいる。それを行うということは、単に「音楽が好き」というだけではない。彼らがそれに興味を抱き、アボリジニに学び、それをまた日本で演奏する、という営みは、自らが置かれた網の目の中を動き、新たな繋がりと交流の道を開くということであり、自らの世界の中での居場所を作り上げていく行為にも当たるのである（コラム３）。

本書の構成

本書ではまず第一部で、「オーストラリア先住民―学とその現在」と題し、オーストラリアにおいて当たり前な背景事情が自明ではない日本社会に向けて、まずオーストラリア先住民及びそれに関する学問に関して、そのコンテクストを示す。第一、二章ではオーストラリア先住民の入植以来の権利回復運動を通じた基本的な歴史的情報を提供する。本書全体の枠組みとなる章であり、他の其々の章同士の関係を把握する際にも参照して欲しい。第三、四章では、それを踏まえて、日本とオーストラリアにおけるオーストラリア先住民に関する「知」の生産と流通をひもとく。第三章では、多文化主義社会オーストラリアでの文化人類学とその実践を論じ、第四章では日本におけるオーストラリア先住民の表象の歴史を追う。双方とも、其々の知の生産は決して中立的なわけではなく、「入植」というコンテクストを初め、さまざまな力の中で形成されてきたことをうかがうことができよう。以下の第二部、第三部で展開される「知」も、この三、四章であらわされた構造の中で生産され、同時にそれを再帰的に見直す中で生まれてきたものである。

次いで第二部「日本とオーストラリア先住民」で、両者の関わりを研究史及びライフストーリーと言う形でまとめる。日本人とオーストラリア先住民の関係は現在という時間、国家という空間概念を越えた広がりを有してきた。現在の政治的状況で使われる「先住民」概念の出現よりも以前から、現在までも続く交流の歴史があるのである。戦前からの日本人移民、戦争、そしてウラン採掘という三点から、ここではその一環を示した。ウラン採掘問題については、福島第一原発事故を契機として開催された、福島大学、慶応義塾大学におけるシンポジウムの報告も収録した。

第三部「オーストラリア先住民の日常と文化」では、視点を変えて、都市生活、教育、博物館展示、美術、映画、音楽という側面から、オーストラリア先住民の現状を紹介する。第一部、第二部で見たような歴史を踏まえる私たちが、オーストラリア先住民の姿をどのように受け止めて、関わっていくのか、それを考えてゆく際のさらなる参考となるべくまとめられている。

本書は、オーストラリア先住民および先住民学の紹介を通じて、非西洋の鏡に映る我々の姿を認識する指標の一つとなることを目指した。我々を取り巻く社会の網の目は過去から未来へと脈々と続いている。この本が日本社会で生きる人々にとって、様々な意味で知的刺激を与え、グローバルな世界の中で生きていく展望を拓く一助となることを執筆者たちは願っている。

注

（１）「先住民」とする場合は先住民全体を、先住民族とする場合は個々の先住民グループを、と指すやり方が人類学などでは一般的であるが、本書の場合「オーストラリアの」とつけていることで特定できること、オーストラリアの先住民とされる人々には大きく分けて二グループあるため「先住民族」を使うと余計ややこしくなる可能性があること、の二点より、基本的に「先住民」を使い、国際的な場面など特定の場合のみ「先住民族」を使う、という形を取る。アボリジニ、トレス海峡諸島人に関しては、「先住民」という言葉を使いながら、どちらか片方のみ指していることが明らかな場面、「本章では先住民という言葉を、特に注記のない限りアボリジニという言葉と互換的に用いる」など、注等に記載しておく。

（２）オーストラリア大陸への西洋人入植の地域差に関しては、松山利夫『ブラックフェラウェイ』、御茶の水書房、二〇〇六年、を参照。

（３）窪田幸子「おわりに―オーストラリアへの道」（小山修三、窪田幸子編『多文化国家の先住民―オーストラリア・アボリジニの現在』、世界思想社、二〇〇二年、二八七頁）。

（４）Hage, G., 'Polluting Memories: Migration and Colonial Responsibility in Australia', *Traces*（2）, 2001, pp.333-362; Hokari, M., 'Globalising Aboriginal Reconciliation', *Cultural Studies Review*（9）:2, 2003, pp.84-101.

参照文献

窪田幸子「おわりに―オーストラリアへの道」（小山修三、窪田幸子編『多文化国家の先住民―オーストラリア・アボリジニの現在』、世界思想社、二〇〇二年、二八五－二九三頁）。

Hage, G., 'Polluting Memories: Migration and Colonial Responsibility in Australia', *Traces*（2）, 2001, pp.333-362.

Hokari, M., 'Globalising Aboriginal Reconciliation', *Cultural Studies Review*（9）:2, 2003, pp.84-101.

松山利夫『ブラックフェラウェイ』、御茶の水書房、二〇〇六年。

トレス海峡
木曜島
ダーウィン
イルカラ
アーネムランド
ケープヨーク半島
カーペンタリア湾
ウェーヴヒル
ケアンズ
ブルーム
ノーザン
テリトリー
クィーンズランド州
アリス・
スプリングス
ウェスタン
オーストラリア州
ブリスベン
サウス
オーストラリア州
ニューサウス
ウェールズ州
パース
シドニー
アデレード
キャンベラ
ヴィクトリア州
メルボルン
タスマニア

オーストラリア先住民と日本　目次

目次

第二部　日本とオーストラリア先住民

第三部　オーストラリア先住民の日常と文化

オーストラリア先住民と日本

第一部　オーストラリア先住民–学とその現在

第一章　国家と先住民—権利回復のプロセス

鎌田真弓

一　はじめに

筆者がオーストラリアに留学してから三〇年が経つ。三〇年の間に、オーストラリア社会での先住民に対する認識は大きく変化してきた。そもそも当時は「先住民」という用語も一般的ではなく、「アボリジニ（Aborigine(s)）」がオーストラリア先住民の総称として用いられていた。[1]現在オーストラリアの公式文書では先住民は「アボリジニおよびトレス海峡諸島人」と記され、「ファースト・オーストラリアン（the First Australians）」も「和解（Reconciliation）」のプロセス以降しばしば登場するようになっている。

先住民がエスニック・マイノリティと大きく異なるのは、近代国家の成立の過程で、一方的に土地と文化を奪われ、国民として組み込まれていった人々であるというところにある。したがって、彼らの運動の中核は、奪われた土地や水域に対する権利の回復であったし、先住民としての集団認識は、国家との対抗関係の中で自己規定され、極めて政治的な含意をもつものであった。つまり、先住民の要求は、単に差別の是正を求めたのではなく、「先住性」の承認であり、オーストラリア国家の建国の正統性を問うものであったことを理解しておく必要がある。ところが現在では、こうした先住民集団の様相やその運動の形態に、大きな変化が生まれている。

キャンベラの旧国会議事堂（現在は豪民主主義博物館）前の広場に建てられた「テント大使館（Tent Embassy）」をめぐる変化がその一例である。一九七二年一月二六日、W・マクマーン（William McMahon）首相（当時）がアボリジニの土地権の承認を拒否したことに抗議して、四名のアボリジニ男性が議事堂前の広場にビーチパラソルを立てて「アボリジニ大使館」を宣言した。土地を奪われ異国人のように暮らすアボリジニを代弁する場として「大使館」と名付けられ、アボリジニの芸術家であり活動家であるハロルド・トーマス（Harald Thomas）がデザインした旗が「大使館」の公式の旗として掲げられた。「テント大使館」は警察による強制撤去もあって内外のメディアの注目を集め、「アボリジニ旗」[2]とともに、一九七〇年代を通して土地権回復運動の象徴であった。

この「テント大使館」が設立四〇周年を迎えた二〇一二年の一月二六日、T・アボット（Tony Abbott）自由党党首（当時）の「テント大使館の意義を再考する時期がきているかもしれない」という発言に抗議する人たちが、「オーストラリア・デイ」[3]に因んだ表彰式が行われていた旧国会議事堂内のレストランに押し掛け、アボット野党党首とJ・ギラード（Julia Gillard）首相（当時）が救出されるという事件が報じられた。しかしながら、その抗議運動にはかつてのような勢いは見られなかった。アボリジニのリーダーで労働党の委員長も務めたW・マンダイン（Warren Mundine）が、「「主流派」アボリジニにとっては「テント大使館」は時代遅れだ」[4]と評したように、もはや先住民が団結して政府に要求をつきつけるという時代は終わった様にみえる。

また、オーストラリアの主流社会での歴史認識もこの数十年で大きく変化した。入植二〇〇周年となった一九八八年一月二六日には、シドニー湾で大規模な式典が行われたが、「白いオーストラリアに黒い歴史あり」のスローガン

1988年シドニーでの入植（建国）200周年の式典に抗議する先住民の人たち。「白いオーストラリアに黒い歴史あり」と書かれた横断幕を掲げている。（豪国立図書館所蔵935574）

の下、全国から先住民がシドニーに集まり、「侵略」によって奪われた権利の回復を訴えた。その後の二〇年間に、先住権原法（Native Title Act）（連邦法）の成立（一九九三）、連邦政府内の行政委員会である「アボリジニ・トレス海峡諸島人委員会（Aboriginal and Torres Strait Islander Commission: ATSIC）」の設立（一九九〇）と廃止（二〇〇五）、一九九〇年代の先住民との「和解」の動きや連邦政府による「盗まれた世代（Stolen Generations）」への公式謝罪（二〇〇八）など、オーストラリア国家における先住民の地位と権利を根幹から問う決定が次々となされてきた。こんにちのオーストラリアでは、「オーストラリア・デイ」は「オーストラリア人であることを祝う日」と位置づけられているものの、先住民にとって「侵略の日（Invasion Day）」であるという認識を否定することは難しい。

さらに、公式のセレモニーの際には、その地の先住民に対する挨拶を入れることが慣習となっている(5)。二〇一一年十一月のオバマ大統領訪豪の際にも、連邦議会でのスピーチの冒頭で、オーストラリアの人々への謝辞に加えて、「太古からの会合の場であるこの町で、この地（キャンベラ）の先住の人々であり、世界で最も古くから継承されている文化の一つでもある、ファースト・オーストラリアン」に対する挨拶が述べられた。[6]

つまり、半世紀以上にわたる先住民の権利回復運動のプロセスを経て、現在のオーストラリアで見られるのは、主流社会における先住民の承認および権利の認定と、先住民の集団としての団結のほころび、という一見相反する二つの流れである。こうした状況を念頭に置きながら、本章では、オーストラリアにおける先住民政策を概観しつつ、国家との対抗関係の中での先住民の社会運動の変容を明らかにしたい。

二　対先住民行政

国民国家の正統な成員を選別するという点においては、先住民政策と移民政策は同じような機能を果たしてきた。また、白豪政策から多文化政策へとオーストラリアが移民政策を転換させた一九七〇年代は、土地権の承認などが始まった先住民政策の転換期でもあった。しかし、先住民を国家の厳しい管理の下に置くことをそもそもの目的とした先住民政策は、移民の出自であるエスニック・グループを対象とした政策とは質的に異なる。

さらに留意しなければならないのは、一九六七年の国民投票での憲法改正で連邦議会に先住民（憲法では、原住民（aboriginal race あるいは aboriginal natives）と記されていた）に関する特別法の立法権が付与されるまで、先住民政策の立法権は原則として州政府にあったことである。開拓による先住民との接触の時期は地域によって大きく異なり、対先住民行政を知るためには、各州（あるいは連邦結成以前の各植民地）の政策を把握する必要がある。本章の記述がノーザンテリトリー（Northern Territory）[7]に偏りがちなのは、筆者が重点的に研究をすすめてきた地域だからである。また、植民地化のプロセスで「伝統・文化」を創り出し、独自のアイデンティティをもつトレス海峡諸島人に対しては、別個の検証が必要とされよう。[8]

過酷な自然条件で入植が進まなかった大陸北部や内陸部では、一九三〇年代まで「白人」との接触をほとんど持たない先住民がいた。例えば、一九四〇年と一九四二年にC・P・マウントフォード（Charles P. Mountford）が中央砂漠の調査で撮影したフィルムでは、白人入植前と変わらない狩猟採集生活を営んでいるアボリジニ集団が記録されている。[9] あるいは、ノーザンテリトリーのアーネムランドのリバプール川流域に政府の配給所および交易所を設置するために調査が入ったのは、第二次大戦後のことである。他方、白人入植初期より激しい社会変化を蒙った大陸南部ではヴィクトリア州のアボリジニの運動家W・クーパー（William Cooper）が、一九三二年に「オーストラリア・アボリジニ連盟（Australian Aborigines' League）」を設立し、アボリジニの生活環境の改善と議会にアボリジニの代表を送るための法律の整備を求めた署名運動を行った。また、一九三八年の入植一五〇周年を祝う「オーストラリア・デイ」では、「追悼の日（Day of Mourning）」としての抗議活動を呼びかけた。大陸の南部の先住民が早くから市民権の獲得を訴え、逆に土地権の回復運動が遠隔地と呼ばれる大陸北部から起こったのも、彼らの置かれた社会環境が大きく異なっていたことによる。

二－一　保護・隔離

オーストラリアへの入植当初、ニューサウスウェールズ初代総督のA・フィリップ（Arthur Phillip）は、先住民と友好を保つように英国本国から指示を受けており、抑圧的な政策を企図していたわけではなかった。しかしながら、入植そのものが先住民の土地所有を法的に有効なものと認めないという前提―「無主地（*terra nullius*）」のもとに始められたものであったし、開拓の最前線では入植者たちは火器を用いて先住民を圧倒し、生活基盤を奪い、虐殺や女性の略奪などでその社会を崩壊させていった。さらに、入植者が持ち込んだ様々な伝染病は、先住民人口を減少させた最大の原因であった。特に、入植が早かったニューサウスウェールズ、タスマニア、[10] ヴィクトリア[11] では、先住民の人口が急減した。例えば、一八三〇年にタスマニアで行われたブラックラインと名付けられた計画は、アボリジニを島の東南に追い込んで捕縛しようというものであったが、結局は多くを殺害しただけで計画は失敗に終わった。捕縛されたアボリジニは、その後ガン・キャリッジ島、フリンダース島へと移動させられるうちに四十四人まで減少し、一八四七年にタスマニアに戻されたが、一八七六年トルガニーニ（Truganini）[12]、が死亡して、タスマニアの先住民は「絶滅した」とされた。[13]

入植者たちが暴力的に先住民を排除していった一方で、人道的・宗教的・政策的立場から先住民の「保護」も行われた。大陸南部の各植民地では、アボリジニに同情的だった人々やキリスト教会各派が、慈善事業としてミッションやセツルメント（Settlement）[14] を設立し、先住民を施設に「保護」するとともに教育・教化を行った。「保護」は「隔離」と表裏一体であったといえる。植民地政府も先住民の「保護」に乗り出した。一八三〇年代には、ポートフィリップ地区に政府やメソジスト派のミッションが設置され、保護官（Protector）も任命されて、アボリジニに関する情報の収集と彼らの「教化」や「文明化」が進められた。[15] 同時期には、サウスオーストラリアやウェスタンオーストラリアでも保護官が任命された。

先住民の保護法を最も早く導入したのは、ヴィクトリア植民地である。一八六九年には「アボリジニ保護法（Aborigines Protection Act）」を成立させて、アボリジニを植民地政府の管理下においた。一八八一年にはニューサウスウェールズ植民地に、一八八六年にはウェスタンオーストラリア植民地に「アボリジニ保護委員会（Aborigines

Protection Board）」が設置されて、アボリジニを「保護」するためのリザーブ（Reserve）の設置と管理、配給や医療の管理、「混血」の管理などが行われた。先住民の管理を最も制度化したのはクィーンズランド植民地である。一八九七年に「アボリジニの保護および阿片販売制限法（Aboriginals Protection and Restriction of Sales of Opium Act）」を成立させて、各所に設置されたリザーブやセツルメントに監督官（Superintendent）を置き、それぞれの地区を管轄する保護官が任命された。その結果、アボリジニは出生から死亡まで管理されることになり、当局の指示に逆らうことは不可能であった。トレス海峡諸島の場合は、一八七〇年代にクィーンズランド植民地に編入された際、島民であるトレス海峡諸島人にアボリジニ保護法が適用されるべきかどうか議論されたが、島民の保護が法制化され保護官の監督の下に置かれることになったのは、一九〇四年のことである。サウスオーストラリア州は、クィーンズランドにならって一九一一年に保護法を導入し、それに先立って一九一〇年にノーザンテリトリー[16]にアボリジニ保護法が導入された[17]。

ノーザンテリトリーでは、一九一一年にサウスオーストラリア州から連邦に行政権が委譲された後も、一九一〇年のサウスオーストラリア州の保護法が継承されて、十八歳未満のアボリジニの後見権は保護長官（Chief Protector of Aborigines）に与えられた。一九一一年に保護長官として着任したメルボルン大学文化人類学教授のB・スペンサー（Baldwin Spencer）は、テリトリーにおけるアボリジニの実態を調査し報告書[18]にまとめた。その報告書では、阿片や酒、売春の問題があるためアジア系住民[19]とアボリジニの接触を最低限にとどめること、夜間は収容施設（Compound）で監督官の監視の下におくこと、「混血」の子供は親から隔離すべきであること、最低賃金を決めて一部は政府が管理すること、アボリジニの町への流入を止めるためにリザーブを開設することなどを提案し、その後のアボリジニ管理政策の策定に大きな影響を与えた。アボリジニの雇用には許可が必要となり、雇用のライセンス料や賃金は政府に支払われたものの、アボリジニに現金が渡ることはなかった。しかしながら、強い管理体制が敷かれたとはいえ、政府の監督官が置かれた収容施設はノーザンテリトリーには二カ所しかなく、ノーザンテリトリーを縦断する電信線沿いにいくつかの配給所が設置されたものの、アボリジニの監督は警察官かテリトリーに点在した各宗派の教会ミッションに任されていた。

特に内陸部の牧場地帯におけるアボリジニの状況は劣悪で、一九三六年から一九三八年にかけて、雇用状況などを監督するために二人の巡視官（Patrol Officer）が任命された。しかし、日本の約三・六倍もある地域を二人で巡回するのであるから、十分な監督を行うのは不可能であった。当時の先住民政策は、先住民の管理と監督を目的とした極めて人種差別的な政策であったが、すべての関係者が必ずしも人種差別主義者であったわけではない。白人入植後の先住民の惨状に心から同情し、彼らの窮状を救うべく尽力した巡視官もあった。また、先住民の文化を尊重し先住民から慕われていたミッションの牧師たちもいたのである。

二-二　同化から統合へ

「保護」と「隔離」による先住民行政は、「混血」と「純血」を分離して、「混血」を白人社会に「吸収」することで優生学的に先住民を抹消しようとするものであった。移動や結婚や就職など、先住民の生活は管理され、「混血」の子供たちは親から強制的に隔離されて教会や政府の施設で養育された。しかし、先住民は白人社会に「生物学的に吸収」されることはなく、一九三〇年代にはオーストラリア北部や内陸部でも「混血」のアボリジニは増加していった。連邦政府や州政府は、「混血のアボリジニ問題」を解決するための新しい施策を必要とし、先住民と接触のあった保護官や文化人類学者に意見を求めた。伝統的なアボリジニ社会を救うために、リザーブを維持して白人社会からの隔離が必要であると説くD・トムソン（Donald Thomson）のような人類学者もあったが、大勢はシドニー大学の文化人類学主任教授であったA・P・エルキン（A. P. Elkin）を中心として「同化（assimilation）」を支持し、同化政策が導入されていった。

さらに、「アボリジニ問題」に対処するために、一部の州からは強い反発があったものの、連邦政府主導の先住民政策への期待が高まりつつあった。一九三七年には連邦と州の原住民担当局の代表者が一堂に会した会議が開催され、同化政策が提案された。一九三九年には、連邦テリトリー大臣（ノーザンテリトリーとパプアを管轄した）であったJ・マキュワン（John McEwen）は「新政策」を発表し、すべてのアボリジニが白人と同等の生活ができるようにするために、「混血」のアボリジニに対してより積極的な介入を行うとした。ノーザンテリトリーでは、さらに強硬な親子強制隔離政策が展開されることになり、多くの「盗まれた世代」を生んだ。一九四四年には、先住民政策を連邦政策の権限とする条項も含めた憲法改正が国民投票で問われたが否決され、連邦議会の先住民政策に関する立法権は一九六七年の国民投票まで待たなければならなかった。しかしながら、憲法改正以前でも「特別法」という形でなければ、連邦議会は先住民の権利に関する法律の立法権は持っていたし、憲法九六条が定める州への交付金の操作によって、州政府の決定に介入することが可能であった。

第二次大戦中の戦時体制下では先住民政策に進展はなかったのだが、軍の管轄下で一部の先住民は募兵の対象となり、また労働力を提供した。第六章で論じられているように、第二次大戦は遠隔地の先住民と白人社会の接触を進め、現金収入をもたらしたことによって、彼らの「同化」を進める契機となったといえる。戦後ダーウィンでは、賃上げと労働環境の改善を求めてアボリジニによる労働運動が組織されるようになった。後述するように、こうした労働運動は全国的な先住民運動へと拡大していった。

戦後は、連邦政府の権限内での対先住民行政の改革が進められた。一九四九年の連邦の選挙法の改正によって、州法によって選挙権が認められている先住民には連邦議会の選挙権が認められた。一九五一年に開催された連邦・州政府先住民担当相会議では、「純血」アボリジニも対象とした「同化」が政策の目標として合意された。教会が運営するミッションは徐々に廃止されて、食料や衣料を配給するのではなく、先住民を福祉の対象とした施策が導入された。州政府を経由したために必ずしも本人の手に渡らなかったが、先住民は連邦政府の管轄にあった老齢年金や、出産手当、児童手当、退役軍人恩給などの給付対象となっていった。一九六二年はすべての先住民に連邦政府の選挙権が付与され、一九六五年には最低賃金の支払いが保障されるようになった。各州も、それぞれのアボリジニ保護法を廃棄し、最後までアボリジニ保護法を堅持していたクィーンズランド州も、一九五六年に同化政策への移行を発表した。一九六五年に成立した「アボリジニおよびトレス海峡諸島人法（Aboriginal and Torres Strait Islander Affairs Act）」では、原住民局長（Director of Native Affairs）に付与されていた後見権も廃止された。同時に、州・連邦政府にとっては、限られた予算でいかに先住民の福祉の向上に努めるかが大きな課題となっていった。

同化政策は、先住民の生活環境を一般のオーストラリア市民に近づけることを目的としたものであって、当時は以前の政策と比べて「進歩的」と見なされていたものの、彼らの主体性を認めるものではなかったし、彼らの独自性を尊重するものでもなかった。先住民の文化がヨーロッパ的なオーストラリア社会と共存できるとも考えられていなかった。「同化」のかけ声のもとで、一九五〇年代から六〇年代にかけて、以前にも増して多くの先住民の子供たちが親から引き離され、施設での教育を強要されたことは特筆に値する。他方、一九六〇年代には、ノーザンテリトリーのアボリジニを中心として土地権回復運動が展開され始めており、「先住権」という用語こそ使われていなかったが、先住民の間では権利の回復の根拠としての先住性は強く意識されていたといえる。「混血」化が進んだ大陸南

西アーネムランドのマニングリダから50kmほど離れたアウトステーション。撮影を許可されただけあって整然としており、住居、井戸、ソーラパネル、電話、通信用のアンテナ、機械類の修理用の作業場などが整備されていた。車両は調査グループのもの。（2004年8月　筆者撮影）

部の先住民諸集団においても、アボリジニとしてのアイデンティティは失われることはなく、特定の地域への帰属意識は保たれてきたし、権利要求の拠り所とした「伝統」の再生／再学習も行われていた。

「同化」に対する批判は、主流社会でも起こっていた。独自の生活や慣習や価値観といった先住民性を放棄することによってのみ「同化」が可能であるという前提そのものに疑問が呈されていたのである。こうした批判を受けて、連邦政府は「同化」にかわる「統合（integration）」の政策理念を提唱した。後に詳述する一九六七年の国民投票を受けて設置した「アボリジニ問題審議会（Council for Aboriginal Affairs）」の助言を受けて、連邦政府は対先住民福祉予算の拡大と、先住民の参画による自主的なコミュニティ運営を奨励した。教会ミッションが運営していた居住地や施設も、州／連邦政府の管轄下に置かれていった。また、一九七〇年代に遠隔地のアボリジニ・コミュニティで始まったアウトステーション運動も、この審議会の関与によるところが大きい。一九六〇年代には、町などに住むアボリジニの帰郷現象が起こっていた。審議会のH・C・クームズ

（Herbert Cole Coombs）委員長が先住民の福利向上にはコミュニティの役割が重要であることを強く意識していたこともあって、アボリジニの自発的な帰郷運動を積極的に支持し、アウトステーションの設営に財政的支援を行うよう連邦政府に働きかけたのである。

二－三　自主決定・自主管理

一九七〇年代に「自主決定（Self-determination）」が提起されたのは、保護・隔離政策や同化政策といった温情主義的・介入主義的政策が先住民の権利を抑圧するものであったばかりか、彼らの福祉に功を奏しなかったことへの反省からであった。また、一九七二年に二三年ぶりに保守系連合から政権を奪還したG・ウィットラム（Gough Whitlam）労働党政権は、選挙キャンペーンで「今がその時（It's Time.）」[20]を掲げて勝利しており、「自主決定」は、新政権での先住民政策の革新性を表現するものでもあった。政治参加と社会的主体性の承認を重視するか、経済的自立を重視するか、政策上の重心に振れはあるものの、あくまでも主流社会の政治制度の下で先住民が政策決定過程に参加することによって、行政に彼らの意思を反映させ、効率よくサービスを提供することを目的としていた。ウィットラム首相の解任後政権についたM・フレイザー（Malcolm Fraser）保守系連立政権下では、自主管理（Self-management）が提唱された。「自主決定」・「自主管理（Self-management）」も前述の「統合」も、「同化」に変わる先住民政策の指導原理であるといえる。特にノーザンテリトリーは、連邦政府の管轄下にあり連邦法が適用される地域であるので、その後、連邦政府の先住民行政のショーケースのような役割を果たしてきた。

労働党政府は「アボリジニ担当省（Department of Aboriginal Affairs）」を新設し、先住民関連予算を拡大した。その後アボリジニの代表から組織された「全国アボリジニ審議会（National Aboriginal Consolative Committee）」「全国アボリジニ会議（National Aboriginal Conference）」などが設立され、連邦政府の先住民政策に対して助言を行った。「アボリジニ開発委員会（Aboriginal Development Commission）」のように、部分的ではあるが、社会福祉サービスの配分やアボリジニの経済活動への支援を行う機関が連邦政府の下に設置された。各州においても、かつてのセツルメントやミッションは行政区となり、先住民から構成される評議会がコミュニティの運営にあたった。

連邦政府の行政委員会として一九九〇年に新設された「アボリジニ・トレス海峡諸島人委員会」は、選挙によって選出された先住民の評議員が、連邦政府の対先住民福祉サービス予算の配分や運営を決定する権限が与えられた画期的な組織であった。アボリジニ・トレス諸島人委員会の中央・地方評議会は、二千もの先住民団体が申請した雇用・教育支援、商業活動、インフラ・住宅整備などのプロジェクトを審査し、補助金の給付を決定した。なかでも重要だったのは、雇用の場が皆無に等しい遠隔地のコミュニティでの雇用創出を目的とした「コミュニティ雇用開発プロジェクト（Community Development Employment Projects: CDEP）」であった。しかし、非効率なプロジェクト運営、指導者のスキャンダルなどが問題となりアボリジニ・トレス諸島人委員会は二〇〇五年に廃止された。[21]

こうした連邦・州政府・地方自治体の補助金やプロジェクトをうまく活用して、生活水準を引き上げることに成功した先住民共同体もあれば、多額の資金を投入してインフラ整備をしたものの維持・管理に失敗したり、巨額の赤字を抱えることになって共同体内の対立が生まれた場合もある。いずれにせよ、オーストラリアの政治過程に主体的に参画する様々な先住民団体が組織され、極めて限定的ではあるが、先住民による自治が可能になった地域も登場した。

三　先住民の権利回復運動―連帯から個別の交渉へ

三－一　市民権要求運動

先住民による権利回復運動は、一九三〇年代に前述のW・クーパーのように大陸南部のミッションやリザーブで育ったアボリジニを中心に始まり、一九五〇年代には全国的なレベルまで発展する。先住民の社会運動は、市民権運動が土地権回復運動に先行するように見えるのだが、彼らの意識の中では市民権も土地権も一体であった。運動の当初からリザーブへの強制移動で故地との関係を断たれてしまった先住民も、リザーブの自治を訴えていたのである。

一九五〇年代から六〇年代にかけて、市民権の獲得が先住民の権利回復運動の中心課題として登場したのは、㈠先住民を支援する白人団体は、共産党や労働組合や教会関係の人権団体が中心で、彼らの平等な賃金や権利を要求していたこと、㈡先住民の運動家がオーストラリア社会での支援を得るためには、こうした白人団体との協力を必要としていたこと、㈢市民権獲得の主張は世論に訴えやすかったこと、㈣同化政策のもとでは、市民としての同等の権利の付与は当然の論理的帰結であったこと、㈤米国での公民権運動の高まりとともに、マイノリティの市民権要求は世界的潮流にあり、「人種差別のないオーストラリア」の理想像は国民の受けも良かったことなど、市民権運動に対する主流社会の受容度が大きかったことによる。

こうした市民権運動の端緒は、第二次大戦直後の先住民による労働運動によって開かれた。戦時中に豪軍の雑役夫として賃金労働を経験したアボリジニが、戦後、労働環境の改善と賃金の支払いを求めて労働集会やデモを組織した。当時強い発言力を持っていた「北部オーストラリア労働組合（North Australia Workers' Union）」や共産党が、こうした労働運動を支援していた。

デモへの警察の介入や指導者の逮捕など、当局の締め付けが顕在化するにつれて、様々な支援グループも組織されていった。一九六七年の国民投票で主導的な役割を果たした「アボリジニとトレス海峡諸島人の発展のための連邦評議会（Federal Council for the Advancement of Aborigines and Torres Strait Islanders: FCAATSI）」もその一つである。一九五一年には、市民権の獲得を運動目標に掲げた「ハーフカースト進歩組合（Half-caste Progressive Association）」が創設された。[22]のちのアボリジニ担当省長官となったC・パーキンス（Charles Perkins）が主導したフリーダムライド運動[23]も、教会と多くの白人大学生の支援を得て展開されたものである。さらに、後に「マボ訴訟」の原告となったトレス海峡諸島出身のマボ（Eddie Koiki Mabo）も、労働組合、共産党、「アボリジニの発展のための連盟（Aboriginal Advancement League）」などとの関わりを通じて人種問題セミナーを主催し、社会運動家としての経験を積んでいったのである。

こうした運動の頂点となった一九六七年の憲法改正は、一般的に信じられているように、アボリジニに市民権の回復を目的とするものではなく、先住民に関する特別法の立法権を連邦議会にも付与することと、人口調査から先住民を除外することを定めた項を削除することであった。しかし、当時大半のオーストラリア国民が「アボリジニの市民権獲得」キャンペーンに賛同して憲法改正に賛成票を投じた事実は看過できない。[24]この国民投票の結果には、先住民の権利回復に対する国民の総意としての象徴的な意義が認められるし、その後の変革を促す社会的な環境をつくりだした転機となった。さらに、憲法改正キャンペーンを通じて、先住民のリーダーが認知され、彼らの主張が一般のオーストラリア人の耳に届くようになったといえる。

一方、こうした市民権運動を通じて、先住民の活動家と非先住民の活動家の立場の相違も明らかになっていった。非先住民の活動家たちが重視したのは、先住民の国民としての同等な権利を要求するもので、当時の同化主義を批判するものではなかった。他方、先住民の活動家は「先住民性」を強く意識しており、土地権に象徴される独自の権利を要求していた。したがって彼らは、同化政策を厳しく批判し、非先住民の運動家たちが彼らを代弁することを拒絶し始めたのである。その結果、非先住民の活動家が中心的な役割を果たしてきた多くの組織で、先住民との対立が見られるようになり、支援団体は解散するか、先住民のみを会員とする組織へと改編されていった。

三－二　土地権回復運動と土地権法

先住民の全国的な連帯を生み出したのは土地権回復運動である。その契機となったのが、ノーザンテリトリーのグリンジ（Gurindji）アボリジニのウェーヴヒル牧場からの退去（一九六六）による土地返還要求と、イルカラ（Yirrkala）のアボリジニの聖地保全を訴えたボーキサイト鉱山開発差し止め訴訟（一九六八－一九七一）である。これらの運動に関しては、既に多くの研究[25]があるので詳細は記さないが、オーストラリアの遠隔地で起こったこの二つの土地権要求運動は、多様な先住民諸集団を結束させ、国家に対する権利要求運動へと発展させた。先住民の主体性と当事者性を前面に掲げ、土地権の回復と文化復興を求めた運動でもあった。国内の労働組合やジャーナリスト、あるいは非先住民組織が人種差別を批判し、積極的な支援を行ったために、広く世論の注目を集めた。こうした運動は、「アボリジニ土地権法（ノーザンテリトリー）」（Aboriginal Land Rights [Northern Territory] Act）（連邦法、一九七六年）など各州の土地権法の成立と土地評議会（Land Council）の設立へと結実した。

オーストラリアの土地は各州に帰属するため、土地の所有や管理・利用に関する立法権は原則として州議会にある。ただしノーザンテリトリーは、自治政府が成立したのは一九七八年のことで、連邦結成時に自治植民地から移行した州とは異なり州憲法も持たず、連邦法が適用される範囲が大きい。さらに、先住民の人口比が大きく（約三〇パーセント）、公有地やアボリジニリザーブも大きかったために、「アボリジニ土地権法（ノーザンテリトリー）」にもとづき、約五〇パーセントの土地が伝統的土地権利者に返還された。各州も土地権法を成立させたが、特定の地域に限ったものなど土地権の認定が限定的で、ノーザンテリトリーに適用された連邦法よりも後退したものとなっている。

「アボリジニ土地権法（ノーザンテリトリー）」は、アボリジニの慣習法（宗教儀式と狩猟採集漁撈の権利を基盤として、特定の集団の特定の土地への帰属関係）に基づく土地権利者の認定と、土地権請求手続きを明文化した画期的な法律であった。この法律に基づき、従来のセツルメントやリザーブはアボリジニ共同体の管理に委譲された。この法律による土地所有は、氏族・親族組織を主体とした総有形式の永代保有で、個人への分割や売買・譲渡はできない。一九八七年に導入された土地権の請求期限（一九九七年）までに、二五〇件近くの土地権請求が行われた。ノーザンテリトリーのアボリジニ諸組織の代表として、土地利用に関する協議や仲介を行うために、四つの土地評議会[26]が設置された。

返還された土地は「自由保有地（free hold）」となり、伝統的土地権利者が設立する土地信託法人が管理することになった。土地権利者は彼らの土地に対して占有権を持ち、外部者のその土地への入域を制限する権利や、地域における鉱山開発に関して交渉権を持つ。鉱山使用料は土地権利者と信託基金を通してノーザンテリトリーの他のアボリジニにも還元されることになった。カカドゥ（Kakadu）国立公園の一部区域やニトゥミラック（Nitmiluk）国立公園のように、返還後も政府が利用するための借地契約を条件に、土地の返還が決定された場合もあった[27]。

「土地権法」によって、ある特定の地域に対して、排他的に管理する権限を持つアボリジニ集団が法的に認定された意味は大きい。特に、アボリジニの慣習法が団体の認定基準として取り入れられたことは、特筆に値する。土地権の認定に際して、「聖地」といった先住民の文化的・歴史的価値が認められ、「先住民文化財保護法」やユネスコの「世界遺産」としての登録においても、保全の対象となっていった。土地の利用と管理において、先住民諸集団の主張はもはや無視できるものではなく、伝統的土地権利者の反対運動によるプロジェクトの停止や変更は数多くある。例えばキンバリー（Kimberley）では、氏族の埋葬の場であり神話に基づく儀礼の場があるとして、土地権利者が天然ガスの集積地建設に反対し、二〇一一年十二月には、ウェスタンオーストラリア高等裁判所は彼らの主張を認め、ウェスタンオーストラリア州政府に建設計画の中止を求めた。

一方で、土地権利者と土地権の認定は、特定の地域を境界で囲い込み、複数の土地権利者集団を一つの法人組織が代表するという、極めて非アボリジニ的な要素を含むものでもあった。さらに、土地の登記や管理、鉱山会社や政府機関との交渉、法廷での訴訟など、実定法の下での実行力や政治力が必要とされ、先住民集団間や集団内の対立を招くこともあったし、その規模や政治力の相違が集団間の格差を生むことにもなった。

四　政治主体としての先住民集団

四－一　先住権原法の成立

一九九二年オーストラリアの最高裁判所による判決（マボ（Mabo）判決）は、英国やオーストラリア国家による統治が必ずしも土地の占有を伴ったものではなく、先住民の土地に対する権利が植民地化のプロセスで消滅していない可能性を認めるもので、先住民と国家の関係性を根底から覆すものであった。したがって、この判決を受けて一九九三年に成立した「先住権原法」は、オーストラリアにおける先住民の土地権問題を新たな段階へと進めるものであった。ノーザンテリトリーの土地権法が欧米的な土地の占有権を保障したのに対して、先住権原の認定は植民地開始に翻って先住民の有していた権利の法的根拠を示すものである。先住権原法によって、オーストラリア全土を対象とした先住権原認定の手続きが明文化された。

先住権原の認定にあたっては、まず特定の先住民集団が申請者として適正かどうかが問われ、その後認定請求の可否が判断される。先住権原の認定を申請する先住民集団は、継続してその特定の土地／水域との関係を維持していることを証明する必要がある。先住権原が認定された先住民集団は、該当地域の利用を求める他の利益集団と交渉をして、具体的な権利（居住する権利、宗教的儀礼などで重要な場所へのアクセスをする権利、あるいは部外者のアクセスを制限する権利、狩猟採集漁撈をする権利、慣習法を適用する権利など）を決定することになる。[28] 既に自由保有地となっている土地に関しては、先住権原は消滅したものとされるし、先住権原に基づく権利（native title rights）は他の権利との共存が可能である。当初は先住権原の認定請求が可能なのは公有地に限られていたが、一九九六年のウィック（Wik）判決では九九年リースの牧場借地でも先住権原は消滅していないという判断が下されたために、その後は請求が急増した。

一九九四年から二〇一二年までの間に、一九六二件の申請が出されたが多くは却下され、一三四件の先住権原が認定、四一件は消滅が確定しており、先住権原が認定された地域はオーストラリア全土の一五・一パーセントにあたる。ここで特筆すべきことは、先住権原の確認申請を行った少なくとも一九六二の先住民団体が存在した、ということである。先住権原の認定申請は、複数の先住民集団が行う場合も多いので、その数はさらに増える。認定手続きにあたっては、先住権原審判所（Native Title Tribunal）や、土地評議会といった先住民のピーク組織を通じて公的な支援が得られるとはいえ、この煩雑な手続きを行うためには、先住民集団の組織力や交渉力は不可欠である。[29] つまり、先住民の権利要求運動のプロセスで、先住民諸集団はそうした政治的主体性や組織力を獲得してきたといえよう。

四－二　沿岸海域に関する権利

先住民の「土地」に対する権利は水域にも及ぶ。海域での先住権原が認定された最初のケースは、アーネムランド北西部のクローカー島（二〇〇一年）である。この地域の七つのアボリジニ集団が起こした訴訟で、オーストラリアの領海である海岸から十二海里沖までの先住権原が認定された。これによって、土地権利者のその海域での非商業活動としての漁撈採集の権利、および自由な航行と儀礼の場所へアクセスが認められることになった。クローカー島をめぐっては、「アボリジニ土地権法（ノーザンテリトリー）」によって、陸地に加えて干潮時最低水位地点までの海底の所有は認められていたが、その上位水域（海水の部分）に及ぶものではなく、土地権利者がその地域で部外者の漁や通行を禁止する権利は認められていなかった[30]。

海域に関する権利をさらに拡大させたのが、アーネムランド東部のカーペンタリア湾に面するブルーマッドベイ（Blue Mud Bay）に関する連邦裁判所の司法判断（二〇〇七年）である。ヨルング（Yolngu）の複数の集団が、「アボリジニ土地権法（ノーザンテリトリー）」に基づき、潮間帯の海水域および土地権を有する全域の排他的所有を求めた。それに対して連邦裁判所は、潮間帯の海底と上位海水域の排他的所有を認め、公衆の釣りや航行を拒否する権利は認めなかったものの、ノーザンテリトリーの漁業法によって許可された商業目的の漁業活動を禁止する権利を認めた。この決定によって、ノーザンテリトリーの沿岸部の八〇パーセントの地域で土地権利者の合意なしに漁業活動ができなくなるために、ノーザンテリトリー政府は最高裁判所に上告した。しかし、二〇〇八年、最高裁判所はアボリジニの主張を支持し、土地権が認定されている地域の潮間帯では、ノーザンテリトリー政府の漁業許可は無効とされ、土地評議会を通じた伝統的土地権利者による許可が必要であるという判断を下した[31]。

四－三　非先住民組織との協働

こんにちのオーストラリアにおいては、土地や水域の利用に関しては先住民独自の価値観が考慮され、彼らの存在を無視した決定は不可能になっている。先住民の土地権の要求は、排他的所有による経済的利権の保障というよりも、彼らの伝統に基づいた土地の利用と保全が主な争点であるために、市民団体や環境保護団体との共闘が組まれることも多い。先住民組織は、時には「聖地の保全」といった文化本質主義的な戦略を駆使して、非先住民組織を巻き込みながら運動を展開してきた。豪北部のジャビルカ（Jabiluka）やクンガラ（Koongarra）のウラン鉱山開発反対運動のように、ユネスコの世界遺産委員会を巻き込んだ国際的な運動として展開された場合もある。

国立・州立公園地域の設置や管理をめぐっても、地元の先住民諸集団の参画は常態となりつつある。友永が論じるように、豪南東部の優勢な白人人口のなかにアボリジニが混在する「白人オーストラリア[32]」と呼ばれるような地域であっても、アボリジニ諸集団は主要な政治主体となっている。当該地域での先住権原の認定には至らなかったが、マレー河流域の環境と資源管理をめぐって、複数のアボリジニ集団が、非アボリジニ組織も含むネットワークを形成して政治過程に参画してきた[33]。

先住民と非先住民組織との協働を進める法制度も整備されてきた。例えば、先住権原審判所がすすめる「先住民土地利用協定（Indigenous Land Use Agreements: ILUAs）がその一つである。前述したように、先住権原の申請には煩雑な手続きが必要で却下される場合も多い。したがって、伝統的な土地の管理を求める先住民諸集団と、その他の利益集団（例えば、牧場主、農場主、鉱山会社、漁業関係者、あるいは政府など）が、特定地域の利用に関して合意書に調印し先住権原審判所に登録するというものである。二〇一一年一二月の時点で、オーストラリア全土の十六・二パーセントにあたる五五九件のILUAsが登録されている[34]。あるいは、先住民の自由保有地となっている地域で、土地を保有する先住民組織とオーストラリア政府とが「先住民保全地域（Indigenous Protected Area: IPA）」の設定のための合意書を交わし、政府の支援のもとで先住民が主体的に環境保全にあたるという制度もある。オーストラリア全土の一四パーセントを占める環境保全地域（National Reserve System）のうち、二五パーセントが先住民保全地域となっている[35]。

このように、土地権法や先住権原法といった先住権に関する実定法による司法判断が可能となって、主要な先住権の要求の場は法廷へと移っている。また、交渉の場が拡充されることによって、個々の要求ごとに権利を訴える先住民諸集団の離合集散が起こり、非先住民組織と連携した活動も頻繁に行われるようになった。土地・水域の利用をめぐって先住民諸集団は多大な影響力を行使できるようになっているし、先住民の価値観が反映されて「資源」概念そのものの見直しも行われてきた。こうした動きは、先住民諸集団が法的・政治的主体として認知されていることを示すものであるが、一方で、特定の地域に関する個別の交渉となるために、先住民の連帯を生む運動には発展し難いといえる。様々な先住民集団が離合集散を繰り返し、各種ＮＧＯや政府機関や企業を巻き込んで共闘し、あるいは資源管理を行っている。時には、先住民諸集団間の利害対立が先鋭化して、先住民運動の分断も生まれている。もはや先住民の社会運動は、対非先住民（あるいはオーストラリア国家）への抗議活動といった単純な対立構造にはない。

五　先住権の承認と「主流化」のパラドクス

オーストラリアの先住民運動は、先住性の承認と、その根幹をなす彼ら独自の大地への関わり方の承認を求めるものであった。それに応じた、一九七〇年代の土地権法の成立に始まる実定法による先住権の承認は、彼らの関わり方を近代法に読み替える作業であったといえる。ただし、先住民独自の価値観や慣習法を先住権の認定基準として認めたことは、オーストラリアの法制度の質的な変化として意義深い。こうした法制度の整備に伴い、オーストラリア各地の先住民諸集団は、法廷闘争を含む様々な手段によって、特定の地域に対する彼らの固有の権利を確保するための運動を展開してきた。

その権利要求と法制度の拡充のプロセスは、先住民運動に大きな構造的変化を生んだ。先住民諸集団が運動を成功裏に展開するためには、先住民コミュニティの運営能力や、外部との交渉力や、多種多様な補助金を獲得する方法など、社会運動を展開するためのノウハウが必要となった。しかも、政治的ノウハウを蓄積した先住民コミュニティと、そうではないコミュニティの間に格差が生まれ、先住民諸集団の対立や運動の分断も生じさせた。一九八〇年代以降は、それまでの市民権・土地権回復運動のような「汎先住民」的な運動形態は姿を消すことになったのである。

つまり、先住権の承認をめぐる法制度が整備されたことによって、主流社会の論理や方法を受け入れざるを得ず、公的支援への依存度も高くなり、結果的に先住民は国家に組み込まれていくというパラドクスが生まれたといえる。このような先住民を取り巻く変化は、次章で論じるように、彼らの存在をオーストラリア・ネイションに包摂する素地を作り出してきた。同時に、先住権が承認されても主流社会との格差が是正されないばかりか、先住民コミュニティの間の格差が拡大し、先住民の福利が重要な政治課題として再登場することになった。

さらにN・ピーターソン（Nicolas Peterson）が指摘するように、一九七〇年代以降の先住権の法制化に伴って、彼らの伝統文化の法的認知とそれらの維持に対する公的支援が行われ、先住民による文化の再生産活動が活発化した。法定化されることで先住民が新たに創造され、新しい社会秩序も生まれたといえる。[36]先住民の中にも、政治家、官僚、あるいは芸術家として成功をおさめ、主流社会で周縁化されていない人々も数多く登場してきた。中にはT・モファット（Tracey Moffatt）[37]のように、自分は一人の芸術家であってアボリジニでもオーストラリア人でもない、とエスニシティによる自己規定を拒絶する芸術家もある。先住民のエンパワメントにとって、「先住民性」や「アボリジニ性」がどのような有用性を持つのか、検討すべき時期にきているのかもしれない。

「テント大使館」設営四〇周年の行事に参加していたアボリジニの運動家は、「何も変わっていない、それどころか、状況は悪化している」「多くのアボリジニは早世で、全国の拘置所はアボリジニで満杯だ、正義が必要だ」と言って、「テント大使館」が存在し続ける重要性を訴える。[38]一方でW・マンダインのように、「テント大使館」の意義に疑問を呈する運動家もあり、先住民の抗議行動のあり方も問われているといえる。四〇周年の記念行事は「主権（soreveighnty）」がスローガンとなっていたが、まさに、差異に基づく集団的権利である自治（self-determination）と国民としての公正な権利・義務をどのように具現するかは、古くて新しい課題であるといえよう。

注

（1）オーストラリアで「先住民（indigenous peoples）」が一般的に用いられるようになったのは、国連の「世界の先住民の国際年（一九九二－九三年）」「世界の先住民の国際の一〇年（一九九五－二〇〇四年）」にあわせて、豪国内で意図的な用語選択が行われるようになったからである。

（2）「アボリジニ旗」は一九九五年、連邦法（Australian Flags Act）によって「オーストラリアの旗」として承認された。

（3）流刑囚を乗せた第一船団が現在のシドニー湾への上陸を記念する日である。ただし、「オーストラリア・デイ」として全国的に統一されたのは一九三五年で、すべての州および特別地域で祝日となったのは一九九四年である。先住民は「侵略開始の日」と位置づけて、様々な抗議活動を展開してきた。

（4）*ABC News*, 27 January 2012.

（5）先住民との和解に関しては、拙稿「多文化主義の新展開―先住民族との『和解』」（『オーストラリア研究』第十三号、二〇〇一年三月、四六－六四頁）。

（6）*The Australian*, 17 November 2011.

（7）一九七八年に独自の議会と自治政府が設置されて、北部準州と訳されることもある。州に近い権限をもつが独自の憲法はなく、連邦法が適用される地域でもある。各州の首長はPremierでノーザンテリトリーの場合はChief Ministerであるが、本稿ではいずれも首相と訳出する。注（16）も参照。

（8）松本博之「『トレス海峡条約』と先住の人々」（小山修三・窪田幸子編『多文化国家の先住民』世界思想社、二〇〇二年、三五－六〇頁）。

（9）文化人類学者のマウントフォードは、一九四〇年と一九四二年にアリス・スプリングスの南西地域で調査を行い、その調査フィルムで二本のドキュメンタリーを作成、後に'Walkabout'（一九七六）として一本のドキュメンタリーに編集し直した。

（10）ヴァンディーメンズランドと呼ばれ、一八二五年にニューサウスウェールズ植民地から分離、一八五六年にタスマニアと改称された。

（11）一八五一年にニューサウスウェールズ植民地から分離。

（12）トルガナンナ、トルガニニ等とも訳す。英語ではTrugernanner, Truganini, Trucanini, Trucaminni, Trucaninny等ともつづられる。

（13）金田章裕「白人植民者とアボリジニ」（前掲『多文化国家の先住民』一〇五－一二八頁）。

（14）先住民の「保護」と管理を目的としてリザーブ、ミッション、セツルメント、あるいは収容施設が設置された。各州で法的地位や運営のされ方が異なってはいるが、概ね以下のような違いがある。

リザーブ（reserve）：先住民の「保護」を目的として各植民地政府や州が設置した区域である。ノーザンテリトリーでは、アボリジニが伝統的な狩猟採集生活を維持できる地域として遠隔地に設置され、許可の無い「白人」の入域は禁止された。その中に教会各派が運営するミッションや政府運営のセツルメントが置かれていた。

ミッション（mission）：教会各派が運営する「保護」施設で、居住施設、学校や職業訓練所、菜園などが併設されていた。ノーザンテリトリーなどでは、教会各派の地域的分業に加え、混血男子、混血女子あるいは未婚女性等特定の収容者を分担した場合もあった。

セツルメント（settlement）：アボリジニの定住を促進する目的で設置され、教会各派が運営するものと政府の運営によるものがあった。町から離れた場所にあり、配給所が置かれ、ノーザンテリトリーではアボリジニの定着を図るために、ワニやポソムの皮などの交易所（trading post）や製材所などが設置された場合もあった。

収容施設（compound）：多くの町では夜間のアボリジニの居住は認められず、特定の居住区域に収容されていた。塀で囲われていて出入りは管理され、男女別の宿泊所、学校、菜園、縫製等の職業訓練施設や作業場などがあった。

特に、収容施設やミッション、セツルメントでは居住するアボリジニが特定されており、政府や教会各派から小麦、砂糖、紅茶、毛布、日常品などの配給が行われた。また、アボリジニの労働の対価として定められた給金が支払われることもあったが、現金は運営組織が管理し、アボリジニには現金は支払われなかった。

（15）前掲、「白人植民者とアボリジニ」（前掲、『多文化国家の先住民』一〇五－一二八頁）。

（16）一九一一年にサウスオーストラリア州から連邦政府に行政権が委譲された。

（17）Cunneen, Chris and Terry Libesman, *Indigenous People and the Law in Australia*, Butterworths, 1995.

（18）Spencer, Baldwin, "Preliminary Report on the Aborigines of the Northern Territory", *Northern Territory Administrator's Report 1912-1913*.

（19）当時アジア系移民や契約労働者は、北部の産業（鉱山開発、真珠貝採取業、牧畜業、さとうきび農園など）の重要な労働力としてオーストラリアに流入していた。そのうち日本人労働者とオーストラリア先住民の関わりについては、本書第五章「日本人とオーストラリア先住民との交流史」参照。

（20）一九四九年から一九六六年まで長期政権を維持したR・メンジーズ（Robert Menzies）保守系政権の選挙キャンペーンに使われた「今こそ改革のとき（It's Time for a Change.）」を利用したもので、労働党を勝利に導いた。

（21）アボリジニ・トレス海峡諸島委員会（ATSIC）設立の経緯やプロジェクト運営に関しては、拙稿「ＡＴＳＩＣ：オーストラリア先住民族自決理念の制度化」（『名古屋商科大学論集』四二巻二号、一九八八年、二五七－二六九頁）、および「アボリジニ・コミュニティの自治―マニングリダを事例として」（『名古屋商科大学論集』四八巻二号、二〇〇四年、七三－八九頁）。

（22）Brian, Bernie, "The Northern Territory's One Big Union: The Rise and Fall of the North Australian Workers' Union, 1911-1972", PhD thesis submitted to Faculty of Law, Business and Arts, Northern Territory University, 2001, pp.219-221.

（23）当時シドニー大学の学生であったアボリジニのチャールズ・パーキンスの主導で、学生たちがバスに載ってニューサウスウェールズ州の田舎町を巡り、アボリジニに対する差別の実態に抗議するというもの。メディアでも大きく取り上げられ、耳目を集めた運動であった。

（24）Attwood, Bain and Andrew Markus, *The 1967 Referendum, or when Aborigines Didn't Get the Vote*, Aboriginal Studies Press, Canberra, 1997; Attwood, Bain and Andrew Markus, *The 1967 Referendum: Race, Power and the Australian Constitution*, Aboriginal Studies Press, Canberra,

2007; Chesterman, John and Brian Galligan, *Citizens without Rights: Aborigines and Australian Citizenship*, Cambridge University Press, Cambridge, 1997.

（25）アボリジニの土地権訴訟や運動に関しては、細川弘明「アボリジニー」（梅棹忠夫監修『新訂増補版世界民族問題事典』平凡社、二〇〇二年、五八－六一頁）に詳しい。また、グリンジの牧場退去に関しては、Hokari, Minoru, "From Wattie Creek to Wattie Creek: An Oral Historical Approach to the Gurindji Walk-off",（*Aboriginal History*, Vol.24, 2000, pp. 98-116）.

（26）ノーザンテリトリー北部、南部、ティウィ諸島、グルート島を管轄する四つの土地評議会である。

（27）拙稿「オーストラリア先住民族の権利ー土地の利用と管理をめぐって」（大賀哲・杉田米行編『国際社会の意義と限界：理論・思想・歴史』、国際書院、二〇〇八年、三一七－三四一頁）。本書の松岡の章も参照。

（28）National Native Title Tribunal, Commonwealth of Australia, *Exactly What is Native Title?*（http://www.nntt.gov.au/Information-about-native-title/Pages/Nativetitlerightsandinterests.aspx, 二〇一三年四月二〇日閲覧）。

（29）National Native Title Tribunal, *National Report: Native Title*, February 2012.（http://www.nntt.gov.au/Information-about-native-title/Pages/NationalReport-NativeTitle.aspx, 二〇一三年四月二〇日閲覧）。

（30）Australian Institute of Aboriginal and Torres Strait Islander Studies, "Offshore Native Title in Australia"（http://www.aiatsis.gov.au/ntru/docs/resources/issues/Offshore.pdf, 二〇一三年四月二〇日閲覧）。

（31）同前。

（32）松山利夫『ブラックフェラウェイ』御茶の水書房、二〇〇六年。

（33）友永雄吾『オーストラリア先住民の土地権と環境管理』明石書店、二〇一三年。

（34）National Native Title Tribunal, *National Report: Native Title*, February 2012.

（35）Department of Sustainability, Environment, Water, Population and Communities, Australian Government, *Department Sustainability, Environment, Water, Population and Communities website.*（http://www.environment.gov.au/indigenous/ipa/index.html, 二〇一三年四月二〇日閲覧）。

（36）ピーターソン、ニコラス「近代国家の中の狩猟採集民ーオーストラリアの人類学」（前掲、『多文化国家の先住民』二七一頁）。「先住民」概念の多様性と政治性に関しては、窪田幸子・野林厚志編『「先住民」とはだれか』世界思想社、二〇〇九年。

（37）モファットについては本書の窪田、佐和田の章を参照。

（38）*ABC News*, 26 January 2016.

参照文献

細川弘明「アボリジニー」（梅棹忠夫監修『新訂増補版世界民族問題事典』平凡社、二〇〇二年、五八―六一頁）。

鎌田真弓「ＡＴＳＩＣ：オーストラリア先住民族自決理念の制度化」（『名古屋商科大学論集』四二巻二号、一九八八年、二五七―二六九頁）。

——「多文化主義の新展開―先住民族との「和解」」（『オーストラリア研究』第十三号、二〇〇一年、四六―六四頁）。

——「アボリジニ・コミュニティの自治―マニングリダを事例として」（『名古屋商科大学論集』四八巻二号、二〇〇四年、七三―八九頁）。

——「オーストラリア先住民族の権利―土地の利用と管理をめぐって」（大賀哲・杉田米行編『国際社会の意義と限界―理論・思想・歴史』、国際書院、二〇〇八年、三二七―三四一頁）。

窪田幸子・野林厚志編『「先住民」とはだれか』世界思想社、二〇〇九年。

松本博之「トレス海峡条約」と先住の人々」（小山修三・窪田幸子編『多文化国家の先住民』世界思想社、二〇〇二年、三五―六〇頁）。

松山利夫『ブラックフェラウェイ』御茶の水書房、二〇〇六年。

ピーターソン、ニコラス「近代国家の中の狩猟採集民―オーストラリアの人類学」（小山修三・窪田幸子編『多文化国家の先住民―オーストラリア・アボリジニの現在』世界思想社、二〇〇二年、二七一頁）。

友永雄吾『オーストラリア先住民の土地権と環境管理』明石書店、二〇一三年。

ABC News, *ABC News*, 27 January 2012.

—— *ABC News*, 26 January 2016.

Attwood, Bain and Andrew Markus, *The 1967 Referendum, or when Aborigines Didn't Get the Vote*, Aboriginal Studies Press, 1997.

——, *The 1967 Referendum: Race, Power and the Australian Constitution*, Aboriginal Studies Press, 2007.

Australian Institute of Aboriginal Torres Strait Islander Studies, "Offshore Native Title in Australia" (http://www.aiatsis.gov.au/ntru/docs/resources/issues/Offshore.pdf, 二〇一三年四月二〇日閲覧)。

Brian, Bernie, "The Northern Territory's One Big Union: The Rise and Fall of the North Australian Workers' Union, 1911-1972", PhD thesis submitted to Faculty of Law, Business and Arts, Northern Territory University, 2001.

Chesterman, John and Brian Galligan, *Citizens without Rights: Aborigines and Australian Citizenship*, Cambridge University Press, Cambridge, 1997.

Cunneen, Chris and Terry Libesman, *Indigenous People and the Law in Australia*, Butterworths, 1995.

Department of Sustainability, Environment, Water, Population and Communities, Australian Government, *Department of Sustainability, Environment, Water, Population and Communities website.*（http://www.environment.gov.au/indigenous/ipa/index.html, 二〇一三年四月二〇日閲覧）。
Hokari, M., "From Wattie Creek to Wattie Creek: An Oral Historical Approach to the Gurindji Walk-off", *Aboriginal History*, Vol.24, 2000, pp. 98-116.
National Native Tribunal, Commonwealth of Australia, *Exactly What is Native Title?*（http://www.nntt.gov.au/Information-about-native-title/Pages/Nativetitlerightsandinterests.aspx, 二〇一三年四月二〇日閲覧）。
——, *National Report: Native Title*, February 2012.（http://www.nntt.gov.au/Information-about-native-title/Pages/NationalReport-NativeTitle.aspx, 二〇一三年四月二〇日閲覧）。
Spencer, Baldwin, "Preliminary Report on the Aborigines of the Northern Territory", *Northern Territory Administrator's Report 1912-1913. The Australian*, 17 November 2011.

第二章　オーストラリア・ネイションへの包摂

鎌田真弓

一　はじめに

『オーストラリア』という映画（二〇〇八年、バズ・ラーマン監督）を観られた読者諸氏はおられるだろうか。監督をはじめとして、ヒュー・ジャックマンやニコール・キッドマンなどハリウッドで活躍するオーストラリア人を起用し、その他キャストやスタッフなどオーストラリア人で布陣を固め、文字どおり「オーストラリア人の、オーストラリア人による、オーストラリア人のための」映画である。オーストラリア政府は、観光産業の振興のために四千万ドルの国家予算を使って大々的に宣伝をしたので、そのポスターを目にした方もおられよう。映画の評価は分かれるところだが、オーストラリアに関心があるならば必見である。

第二次大戦期のオーストラリア北部を舞台としたこの映画は、アウトバックの牧場と、アボリジニと、ダーウィン空襲が三大テーマになっている。映画の論評は佐和田の優れた論考[1]に任せるとして、筆者の最初の印象は、「先住民と開拓者が共にこの国の歴史を紡ぎ出してきた」という、植民者側にとって極めて心地よい「オーストラリア人の歴史物語」だ、というものであった。映画の中では、主人公の混血の男の子ナラを通して「盗まれた世代」が描かれるものの、先住民の抵抗の歴史は触れられていない。観客は、アボリジニに対する理解と愛情に溢れる主人公ドローヴァーとミセス・ボスに自己投影すれば、アボリジニの苦難も忘れそうになる。

多くのオーストラリア人にこの映画の感想を聞いたのだが概ね好評で、アボリジニの人たちからも好意的な評価を聞いた時は正直驚いた。叙事詩的映画（epic）なのだから、歴史的事実と異なっていても良いのだというが、開拓の陰で先住民は辛苦を舐めてきたのではなかったのか。先住民は、植民者から成る国家に対峙し、文化的・歴史的独自性を主張して、その権利を勝ち取ってきたのではなかったのか。先住民として、エスニック・マイノリティとは一線を画しながら、主流社会への「同化」を拒んできたのではなかったのか。

前章でも論じたように、こんにちのオーストラリアでは、先住民は政治的主体性を確立し、先住権は法制化されている。「自主決定」の理念のもと、極めて限定的ではあるが、コミュニティの自治も可能となった。主流社会の歴史認識にも変化が生まれ、「先住民」あるいは「ファースト・オーストラリアン」は、オーストラリア国家の構成員として主要な地位を獲得した。その発言力は、他のエスニック・マイノリティ集団とは別格である。

ところが現在、ノーザンテリトリーでの「強制介入政策」やケープヨーク半島での社会福祉改革に見られるように、先住民政策はかつての干渉主義的（paternalistic）な福祉重視政策に転換し、「新同化主義」とも呼べるような現象が起きているようにみえる。ただし、かつてと大きく異なるのは、多くの先住民リーダー達がこうした動きを支持し、率先して改革を行おうとしていることである。

二〇〇五年には「アボリジニ・トレス海峡諸島人委員会（ATSIC）」が廃止され、全国的な自治制度が解体された。同委員会は連邦政府の行政委員会で、先住民のみが選挙権および被選挙権をもち、連邦選挙法に基づいて選出された評議員によって構成されていた。これは先住民が主導権を握った画期的な組織ではあったが、不透明な会計や縁故主義、リーダーのスキャンダル等に対しては、非先住系オーストラリア人だけでなく、多くの先住民が批判していた。さらに、二〇〇七年には、連邦政府がノーザンテリトリーでの「強制介入政策」を導入し、先住民の社会保障改革に着手するなど、自治が後退し、先住民は国民国家の枠組みの中で周縁化しつつあるようにみえる。

こうした先住民の国家への包摂は、前章で論じたように逆説的ではあるが、先住民の権利回復運動の帰結ともいえる。先住民がオーストラリア国家で確固たる地位を得ているのは、半世紀以上に及ぶ運動の成果であることを疑う余地はない。ところがそのプロセスにおいて、先住民運動は主流社会の制度や論理を受け入れざるを得ず、結果として先住民の主流社会への吸収を助長するというパラドクスを生んだ。国家の抑圧に対して元々多様であった人々が「先住民」という政治的主体として連帯し、国家に対峙して権利要求を行い、政治過程に参画し、国家の枠組みの変更をも求めてきた。ところが、その結果として獲得した「先住民」としての承認そのものが、最終的には実定法という国家の枠組みの中で保障されることになったからである。さらに、もともと多様な集団の要求は、実定法のもとでの交渉や訴訟のプロセスで細分化し、そうしたプロセスからこぼれ落ちる集団も生まれている。

本章では、一九九〇年代以降の主流社会の歴史認識およびオーストラリア・ネイションと先住民の拮抗関係の変化を明らかにし、「謝罪と和解」および「介入」政策を通して、先住民政策の変化が意味するところと、彼らのエンパワメントのあり方を考えてみたい。

二　「和解」と「謝罪」

オーストラリアの多文化主義は、多様な出自の人々を包摂する国民統合の理念として機能してきた。しかしながら、先住民はこの多文化主義が指向するオーストラリアの多文化社会の中に位置づけてこられなかったし、先住民もエスニック・マイノリティと同等に位置づけられることを拒んできた。

しかし、一九九〇年代に提起された「先住民との和解」は、オーストラリア・ネイションに先住民をも統合する試みであったといえる。一九八八年の入植二〇〇周年は国家行事として盛大に祝われたが、そうした中で先住民は「白いオーストラリアに黒い歴史あり」というスローガンの下、一月二六日を「侵略の日」として全国からシドニーに集結し、彼らの権利の回復を訴えた。連邦結成百周年を迎える二〇〇一年に向けて、植民地の歴史の清算と先住民との和解が、オーストラリア国民にとって切実な課題として認識される機会となった。これ以降、「多文化オーストラリア」言説への先住民の取り込みが、着々と進められてきたといえる。

「拘留中のアボリジニの死亡に関する調査委員会（Royal Commission into Aboriginal Deaths in Custody）」の報告[2]を受けて、一九九一年に「和解評議会（Council for Aboriginal Reconciliation）」が十年間の期限つきで設置された。当評議会は、非先住系オーストラリア人と先住民の相互理解を深め、「和解」を謳う文書を採択することを目的としていた。事務局は、内閣官房省に置かれ、委員は先住民、政治家、財界関係者、知識人、非英語系エスニック・コミュニティの代表等二十五名から構成され、委員長には先住民運動のカリスマ的存在であったP・ドッズスン（Patrick Dodson）が就任した。評議会は多くの公聴会を開催し、大衆メディアなどを使って「和解」の重要性を訴え、アボリジニ・トレス海峡諸島人委員会と協議を重ねて先住民に対する社会的公正を達成するための改革方針を政府に答申するなど、

連邦議会におけるラッド首相の公式謝罪はオーストラリア各地で同時中継された。シドニーの中心部マーティン・プレイスに設置されたテレビに見入る人たち。（Karl Sharp 撮影）（豪国立図書館所蔵 4474035）

「和解」への機運は盛り上がっていった。[3]

しかし、一九九六年の保守連合政権への交代によって、「和解」への切迫感は急激に薄れていった。J・ハワード（John Howard）首相（当時）が親子強制隔離政策への公式謝罪を拒絶したことに対して、ドッズスン委員長を含む多くの委員がその任期終了を機に辞任して、和解評議会の士気も低下した。また、ハワード首相は、土地に関する特別な権利など、先住民政策の「行き過ぎ」を見直し、先住民に対しても一般のオーストラリア人と同様の権利のみを認めるべきだと主張した。こうして様々な修正を経て、「和解」の文書は、シドニー五輪開催前の二〇〇〇年五月にシドニーで開催された「二〇〇〇年の儀礼（Corroboree 2000）」で発表された。オーストラリア宣言―和解に向けて[4]」と題された最終文書は、過去の不正への謝罪の表現は薄められ、すべてのオーストラリア人が権利を享受しうる社会を描いた未来志向が強く、当初の目標よりも後退したものとなった。

二〇〇八年のK・ラッド（Kevin Rudd）首相（当時）による「盗まれた世代」への公式謝罪[5]は、二〇〇〇年に完結できなかった「和解」の再提起であったといえる。連邦議会での謝罪動議に続くスピーチで、ラッド首相は、過去の政策と不正を批判して、連邦政府と連邦議会を代表して謝罪し、格差是正のための協働と、憲法を改正して先住民の地位を明記することを提案した。また前政権が採択に反対した「先住民の権利に関する国際連合宣言」にも署名した。

二〇一三年二月一三日、この「謝罪」から五周年目に、「先住民を認知する法案」[6]が超党派の賛成を得て、下院を通過した。この法律は二年間の時限立法で、アボリジニおよびトレス海峡諸島の民族（the Aboriginal and Torres Strait Islander peoples）を、オーストラリアの先住民（the first inhabitants of Australia）として認め、憲法で先住民を認定するための国民投票の準備を始めることを謳ったものである。具体的な政策を提唱するものではなく、極めて象徴的な意味しか持たない法案ではあるが、野党のアボット党首が労働党政権の歴代の首相の取り組みにも言及し、労働党との協力を約束したことで、先住民との和解は理念上では決着したと考えられよう。

植民地の歴史を清算するためにも先住民の地位を認めた文書を採択しようという試みは、一九七〇年代からみられた。一九七九年には「アボリジナル条約委員会（Aboriginal Treaty Committee）」が組織されて、M・フレーザー（Malcolm Fraser）首相（当時）は先住民との対話を約束した。労働党のB・ホーク（Bob Hawk）首相（当時）も先住民との条約（Treaty）の締結には積極的で、一九九〇年までに条約を締結することを約束し、また「権利章典案（Bill of Rights）」を連邦議会に提出した。しかし、先住民を国民から除外することにもなり得る条約の締結には反対が大きく、また、憲法との整合性も問題視されて、こうした動きは実を結ばなかった。かわりに、前述したような「和解」の文書の採択と、憲法の改正によって先住民を憲法で認知する方法が模索された。

オーストラリア憲法は人権規定をほとんど有せず、カナダのような先住民や先住権への言及はない[7]。一九九九年の共和制への移行を問う国民投票で、憲法前文に先住民の存在や法の下の平等などを盛り込もうとしたが、共和制の在り方をめぐって票が割れ、僅差で否決された。二〇〇一年の「和解評議会」の任期終了にともなって、「和解オーストラリア（Reconciliation Australia）」が設立され、和解のための啓蒙活動や先住民支援プロジェクトを推進するとともに、憲法改正の可能性も議論してきた。「先住民を認知する法」の成立によって、憲法改正の動きは加速しよう。「謝罪」を経て「和解」のプロセスが完結し、「抑圧の歴史」が清算されたと解釈することによって、多文化政策への先住民の取り込みも可能になった。一九七〇年代に登場した多文化政策は、移民の国民としての統合を目的としたもので、先住民政策とは異なるアリーナで展開されてきた。一九七八年の「ガルバリー・リポート[8]」も、一九八九年の「多文化オーストラリアのためのナショナル・アジェンダ[9]」も、移民社会としてのオーストラリアを想定するもので、先住民はその射程にない。ところが、一九九九年に発表された「多文化オーストラリアのための新アジェンダ[10]」では、一九九〇年代の先住民との「和解」の動きを反映して、多文化主義はすべてのオーストラリア人に適用されるもので、先住民を含むホスト社会と移民との間の相互理解が重要であること、「和解評議会」の任期終了後も「和解」のプロセスを続けること、といった方針が示された。そうして、二〇〇八年の「謝罪」を経て、二〇一一年に連邦政府が発表した「オーストラリアの人々―オーストラリアの多文化政策[11]」では、先住民も包摂した一つのネイションとしての多文化共生が提起されたのである。

このような主流社会における先住民の認知は、植民地主義のもとでの土地の収奪や差別の歴史を認知することであるから評価はできるものの、それは他方で、塩原が指摘するように[12]、「先住民の歴史や生活を、オーストラリアのホワイト・ナショナリズムの枠組みにはめ込もうとする試み」に他ならない。つまり、「和解」が成立したならば、非先住民は植民者としての負い目を感じることなく、また先住民を特別に扱う理由も「解消」されて、同じ「オーストラリア人」として多様性を認め合いながら、その構成員として共にオーストラリア社会／国家に貢献し得ると考えるものである。本章の冒頭で言及した映画『オーストラリア』に筆者が違和感を感じたのは、このホワイト・ナショナリズムの匂いであったし、さらにそれに共感するとも見えるアボリジニの人たちの反応であった。

三　強制介入政策とコミュニティ運営の主流化

二〇〇七年、ノーザンテリトリーのアボリジニ・コミュニティでの子どもたちへの性的虐待に関する報告書『子どもたちは天からの授かりもの』[13]の発表を受けて、ハワード保守連合政権は「ノーザンテリトリー国家緊急対応法（Northern Territory National Emergency Response Act）」（以後緊急対応法）等を成立させ、いわゆる強制介入政策を実施した。ノーザンテリトリーにある人口百人以上の七三の居住地区（township）に対して、連邦政府が強制的に五年以上の借地権（lease）を得て行政地区とすることによって、入域制限制度の見直し、警察の常駐、子どもたちの健康診断の義務化、子どもの教育を徹底させられない家庭に対する福祉手当の一部凍結、酒類・ポルノの禁止、必要に応じてコミュニティに政府の業務管理官を派遣することなど、同化主義の時代への逆行とも見える介入政策が実施された。その目的は、子どもたちに対する性的虐待やネグレクトを防ぎ、不足している住宅を整備して生活環境を整え、安定的な投資や商業活動のための基盤を整えるというものであった。

ノーザンテリトリー労働党政府（当時）はこの介入に異議を唱えたが、連邦政府は強硬姿勢で臨み、ノーザンテリトリー政府のトップが辞任するという事態となった。また、多くの先住民リーダーや研究者、メディアも、この介入政策をこぞって批判した。オーストラリア人権委員会の先住民社会正義委員長も、先住民の女性と子どもたちの人権を守るという方針には賛同しながらも、その方法が「人種差別禁止法（Racial Discrimination Act）」に抵触するとして強い懸念を示した(14)。

ところが、N・ピアソン（Noel Pearson）(15)やG・ユヌピング（Galarrwuy Yunupingu）(16)やM・ラングトン（Marcia Langton）(17)といった、政府の先住民政策批判の急先鋒であった先住民のリーダーたちが当政策への支持を示して世間を驚かせた。また、A・アンダーソン（Alison Nampitjinpa Anderson）(18)やB・プライス（Bess Nungarrayi Price）(19)といった新しい世代の先住民のリーダーたちも賛意を示している。その根底には、遠隔地のアボリジニ・コミュニティでの貧困とアルコールと暴力の連鎖や、縮まらない社会格差への焦燥感がある。特に、女性の先住民リーダーたちは、男性主導のコミュニティ運営に批判的で、コミュニティにおける暴力の深刻さを訴え続けており、警察官の常駐を歓迎する声は強い。二〇〇八年に労働党に政権交代をした連邦政府下でもこの強制介入政策は継続され、二〇一二年にはさらに十年間継続すべく「ノーザンテリトリーのより堅固な未来のための法律（Stronger Future in the Northern Territory Act）」が成立した。

導入から五年以上が経過した現在、強制介入政策に対する批判は当初ほど厳しいものではないようである。遠隔地で極端に不足している住宅やインフラの整備がある程度進められたからかもしれない。また、当政策はノーザンテリトリーに限定されていて、同じ様な飲酒や暴力や貧困の問題を抱えている他州の先住民コミュニティは対象となっていない。したがって、大半の先住民の日常生活には関わりがなく、全国的な共闘を生むイシューには発展しなかったという側面もあろう。

「緊急対応法」の一つの目玉は、ノーザンテリトリーの遠隔地コミュニティの住環境の整備であった。二〇〇八年連邦政府とノーザンテリトリー政府は共同で「先住民の住宅およびインフラ整備プログラム（Strategic Indigenous Housing and Infrastructure Program: SIHIP）」を立ち上げ、一七億ドルの補助金で、強制介入を行う七三のコミュニ

西アーネムランドのマニングリダ・コミュニティ。複数の言語グループが居住している。
政府の補助金によって借家が建設されていた。家の周りのフェンスが目を引く。
（2004年8月　筆者撮影）

ティに九百戸以上の新しい住宅と三千戸近くの古い住宅の補修や建て直しを行うことを約束した。同法が期限を迎えた二〇一二年八月までに七一〇戸が新築され、二、五五一戸の中古住宅の補修が行われた[20]。強制的な五年間の借地契約は、コミュニティの自治に任せるのではなく、政府主導で住宅建設やインフラ整備を行う上で必要な措置であったともいえる。二〇一二年八月以降は、政府と伝統的土地所有者との借地契約は任意に切り替わった。

さらに「緊急対応法」の成立に先立って、ノーザンテリトリーでは自治体改革が検討されており、アボリジニ・コミュニティの行政区への組み込みが進められていた。ノーザンテリトリー政府は、二〇〇六年から二〇〇七年にかけて、ダーウィンやキャサリン、アリス・スプリングスなどの都市や比較的大きな町以外の、五七の小規模な町や村落を併合し、アボリジニの自由保有地（free hold）にあるコミュニティも含めてノーザンテリトリー全域を九つの行政区（shire）に分割した。遠隔地のアボリジニ・コミュニティも行政の管理下において公共サービスを効率的に提供することを目的としていた。現在ではアボリジニ自由保有地内のものも含め、アボリジニ・コミュニティはノーザンテリトリー政府の自治体（local government）として登録されている。

ノーザンテリトリーでは、一九七六年に成立した「アボリジニ土地権法」によってテリトリー内の約五〇パーセントがアボリジニ諸集団の自由保有地となっている。したがって、オーストラリアにおいて最も先住民コミュニティの自治が進んでいる地域でもある。また、コミュニティが、土地権利法によって認定されたアボリジニ自由保有地にあるのか、ノーザンテリトリー政府の管轄下にある居住地区だが先住民組織によって管理されているものなのか、あるいは先住民組織が準州政府からリースを取得している地域にあるのかなど、コミュニティの運営母体の地位は異なる。アボリジニ自由保有地内の土地利用に関しては、それぞれの土地信託法人が排他的な権限を持ち、公共施設（水道・電気・道路・住宅などのインフラ）の建設や維持は州・テリトリー政府の補助金でまかなわれてきたものの、その管理は各地域の先住民から選出された評議会が管理を行ってきた。しかし大半のコミュニティでは慢性的な住宅不足にあり、大勢の人が一軒の家を共有したり、また電気・水道代の支払いができなかったりと、その維持管理に大きな問題を抱えていた。政府の管理下に置くことによって、より良いメインテナンスが指向されたのである。

また、個人や事業主によるアボリジニ自由保有地のより柔軟な利用が模索されている。二〇〇六年に「アボリジニ土地権法」が改正されて、アボリジニ自由保有地にある居住地区を連邦政府と九九年リース契約することが可能になった。これによって、土地を分割して転貸することもでき、個人による土地の所有や売買、持ち家の建築、あるいは商業施設の建設などが可能になった(21)。二〇一二年の時点でタウンシップ全体の長期（八〇〜九九年）のリース契約を結んでいるのは、ティウィ諸島やグルート島、ビケルトン島の六つのコミュニティである。連邦政府は、このリース契約によって、より効率的に住宅を整備し、商業活動を活性化させ、町としての機能を改善できるとしている。また、先住民コミュニティに支払われる借地料は、住宅整備や商業活動への貸し付けなどに使われることになっている。[22]

他方、強制介入政策によって五年間の強制的なリース契約を結んだ地域に関しては、二〇一二年に契約が終了することによって、こうしたインフラは先住民組織に移管されることになった。既に複数のコミュニティは居住地域に限定した借地契約を四〇年間に延長して、住宅等の管理を政府に任せるという選択を行っている。自由保有地以外でも、アリス・スプリングスにある一七のタウンキャンプなども四〇年リースに合意し、その動きは拡大している。[23]

強制介入政策は、先住民による自治の後退であるとともに、コミュニティ運営の主流化とより柔軟な土地利用の動きと捉えることができる。それが批判を呼んだのは、個別の問題を抱える先住民コミュニティとの協議なしに、一律の介入を発表したことにあった。しかしノーザンテリトリーの自治体改革と並行して、土地権の行使に基づく「自治」よりも、一般的な町や村としての運営を選択するコミュニティが登場していることは特筆に値する。もちろん、こうしたノーザンテリトリーの中央集権的な自治体運営は、かえって遠隔地のコミュニティ運営を難しくするという指摘もある。一つの行政区が広大な地域をカバーすることになるだけでなく、行政区内にアボリジニ・コミュニティや牧場主、鉱山会社やロードハウスの経営者など多様な利害関係者を抱えることになり、その利害調整がますます難しくなると予想されるからである。[24]

さらに、次節で述べるように、強制介入政策や社会福祉改革は干渉主義的な福祉政策の側面が強いが、一方で、極めて反本質主義的で経済合理主義的な性格をもつ。そしてコミュニティが恩恵を被るものであれば、そうした方向性に先住民が積極的に関与しようとしているところが、過去の干渉主義的な政策と異なるといえる。「先住民」対「国家」という対立構造は既に崩れ、先住民のオーストラリア・ネイションへの組み込みはますます進展しているといえよう。

四　社会福祉改革

ノーザンテリトリーの強制介入政策のもう一つの側面は、社会福祉改革であった。「緊急対応法」と同時に、対象地域における福祉手当の支払いや禁止事項・罰則規定などを定めた関連法も成立した。こうした政策の目的は、各家庭に給付される様々な福祉手当が、生活費や子どもの養育費として使われることを保証するというものである。特に、福祉手当の一部凍結などの罰則を取り入れて、子どもたちの学校への出席率と保健の向上を促そうとした。

コミュニティの状況は、それぞれ大きく異なり一概には言えないのだが、雇用の少ない遠隔地では、生活は社会保障の給付金頼りで、生活が荒廃し、大量の飲酒やガソリン吸引、ギャンブルに手を出す人たちは多い。その結果、健康的な食事をすることができず、また、子どもたちへのケアも十分でない場合が多い。ただし、こうした状況はノーザンテリトリーに限らず、オーストラリア全土の遠隔地や田舎町の先住民コミュニティに見られるものである。『サムソンとデライラ（Samson and Delilah）』（ウォーリック・ソーントン（Warwick Thornton）監督、二〇〇九年）や『トゥメラ（Toomelah）』（アイヴァン・セン（Ivan Sen）監督、二〇一一年）といった映画に描かれたようなアボリジニの若者たちの状況は、暗くて重い[25]。

先住民のリーダーの一人であるN・ピアソンは、自らがリーダーシップをとるケープヨーク地域で一九九〇年代後半に社会福祉改革への取り組みを始めた。ピアソンは二〇〇〇年に『責任を負う権利[26]』を発表し、先住民は福祉の受け身からの脱却が必要で、経済や社会の発展に個人や家族やコミュニティが能動的に関わり、経済的な自立と教育や保健衛生やコミュニティ全体の生活水準の向上を目指すべきだと主張した。そのためにも、社会秩序の回復や、社会福祉依存体質の改革や様々な不正の追放には、先住民自身が責任を負うべきだとした。ピアソンは、クィーンズランド州政府や連邦政府、グリフィス大学の協力を得て、ケープヨーク研究所とケープヨーク福祉改革プロジェクトを立ち上げ、アルカン（Aurukun）、コーエン（Coen）、ホープヴェール（Hope Vale）、モスマンゴージ（Mossman Gorge）の四つのコミュニティを対象とした福祉制度改革に着手し、二〇〇七年に制度改革の骨格を発表した。[27]

この改革の基本は、福祉手当の給付に条件をつけ、先住民の経済活動を支援するというもので、中でも子どもたちの教育の保障と、持ち家率の増加による住環境の整備を目指した。当初から福祉改革に賛同してきた四つのコミュニティのみを対象として、コミュニティの長老が参加する「家族の責任を考える委員会（Family Responsibilities Commission: FRC）」を設置し、福祉手当の受給条件を満たさない先住民に対して公的介入を行うことを提案した。福祉手当を受給する条件としては、㈠原則として子どもたちの学校への出席率を一〇〇パーセントとすること、㈡子どもたちへの虐待やネグレクトがないこと、㈢薬物や酒やギャンブルへの依存、家庭内暴力がないこと、㈣公共住宅の賃貸要件を遵守することを挙げ、「家族の責任を考える委員会」は、そうした違反が認められる個人に対して生活改善をするよう警告を行い、福祉手当の条件つき凍結を決定する権限が与えられた。また、福祉手当が適切に使われていないと判断された場合は、カウンセラーが生活改善の支援と給付金の使い方に関するアドバイスを行うこととした。当初はコミュニティの反発もあり、暴力を恐れてスタッフがコミュニティから引き上げるという状況も起こったようだが、説明を重ねて長老の合意を得ることによって、新しい制度の導入が可能になった。また、親族からの借金などの様々な依頼を断れない場合も、公的介入があることにより、安心して自分の子どもに給付金を使えることができると、この制度を歓迎する女性の声も紹介されている。[28]

この改革方針は連邦政府およびクィーンズランド州政府の支持を得て、五年間の期限つきで二〇〇八年に開始された。その後、おなじような連邦政府の福祉手当の給付制限は、ウェスタンオーストラリア州キンバリーのフィッツロイヴァレー（Fitzroy Valley）やサウスオーストラリア州のピチャンチャジャラ（Pitjantjatjara）などで実施され、形態は地域によって異なるものの、二〇一二年には九つの地域で実施されている。[29] ケープヨークの四つのコミュニティでは、概ね状況は改善しており、暴力事件などを避けてコミュニティを出ていた人たちも戻っていると報告されている。[30] また、福祉手当の受給資格に問題のある個人に、厳正かつ柔軟な態度で臨む「家族の責任を考える委員会」の委員の役割にも肯定的な評価が見受けられる。[31]

五年間の試行期間を過ぎた二〇一三年三月、クィーンズランド州政府は社会福祉改革予算のカットを発表した。二〇〇八年以降百億ドルもの支援をしたのにも拘らず顕著な改善がみられない、というのがその理由であった。しかし、翌日、クィーンズランド議会はその決定をくつがえした。ピアソンは豪国営放送（Australian Broardcasting Corporation: ABC）テレビのインタビューを受けて、子どもたちの学校の出席率は四六パーセントから七一パーセントに上がってまずまずの成果を見せているが、住環境は期待したほど改善されていないと話している。いずれにせよ、先住民のエンパワメントには福祉依存体質を変えなければならず、そのためにも、教育が最重要課題であると強調した。[32]

ケープヨークでの社会福祉改革に対しては、ピアソン主導だったからこそ可能であった、という批判がある。教育改革も含めたこの福祉制度改革は、彼の故郷であるホープヴェールを含めた四つのコミュニティのみを対象とするもので、しかも公的資金の支援なしには成りたたない。ピアソンの強い指導力がなければ、政府の支援をとりつけることは困難であったであろう。もしこの試みが成功したとしても、その他のコミュニティに適用するための膨大な資金を捻出することは難しい。

二〇〇七年に連邦政府が発表したノーザンテリトリーへの強制介入政策は、ケープヨークでの社会福祉改革を模したものであった。しかも、連邦政府の政策として予算が確保されているために、ピアソンのように資金捻出に悩まされることはない。しかし、極めて限定的に、かつコミュニティの合意を得て改革に着手したケープヨークの制度改革と異なり、ノーザンテリトリーの場合は、それぞれのコミュニティの合意を得ずに連邦政府が一方的かつ一律に介入したことに大きな問題があると、前述のインタビューでピアソンは批判している。ノーザンテリトリーの「強制介入政策」では、指定された福祉手当を受け取っている場合や、行政当局が必要と判断した個人（先住民とは限らない）に対して、給付金の五〇～七〇パーセントの使途を食品、衣類、賃貸料や光熱費、医療費など生活必需品のみに限るという措置がとられ、そうした決定にコミュニティの長老などが関与する余地はほとんど残されていない[33]。

ノーザンテリトリーの強制介入政策に関しては、膨大な予算に見合った効果がみられないとの批判も出ているし、警察や軍隊の常駐は留置所や刑務所の先住民人口を増やしているだけだとの批判もある。だが、何よりも、先住民コミュニティとの協議を経ておらず、一律の施策は個々のコミュニティの実情を反映していないことへの不満は大きいようである。指導者の力量とともに、コミュニティ間の格差が生まれていることは否めず、個別の状況を反映したコミュニティの自治の在り方が問われているといえよう。

五　おわりに―先住民のエンパワメントに向けて

二〇一二年一一月から一二月にかけて豪国営放送で放送されたメルボルン大学教授のM・ラングトンによる「静かな革命―先住民の経済的エンパワメントと資源ブーム」と題する講演は大きな反響と批判を呼んだ[34]。この講演でラングトンは、かつてとは異なり鉱山会社は先住民の権利に理解を示し、鉱山開発ブームが遠隔地での先住民の雇用を生んでいること、先住民のエンパワメントには現代の経済活動への参画と経済的自立が不可欠で、鉱山開発によって先住民が受ける恩恵は大きいこと、そうした中で先住民のミドルクラスの台頭が見られることを指摘した。また、環境保全団体や左派によるアボリジニの保有地での環境保全を偏重した主張は、先住民文化を必要以上に美化（romanticize）するもので、独善的かつ差別的であり、先住民の経済発展を阻害していると論じた。その例として、カカドゥ地域のウラン鉱山開発を挙げている。

先住民に対する鉱山会社の意識変化を高く評価したラングトンの講演は、その研究プロジェクトがリオ・ティント社などの鉱山会社の助成金を受けたものであったことから、その評価の公正さが疑問視された。また、先住民コミュニティと共闘して環境保全プロジェクトを展開してきた「地球の友（Friends of Earth）」は、鉱山開発が必ずしも先住民コミュニティに恩恵をもたらしていないとするラングトンの過去の論文等を取り上げながら、先住民の土地での鉱山開発の合意プロセスや開発による利益配分に際して、先住民の利益が確保されているとはいえない、と批判した。また、ラングトンも指摘するように、環境保全活動は先住民の能動的な参加が不可欠で、先住民の土地において環境保全団体は先住民諸団体の活動を支援するものであると反論している(35)。

こうした先住民コミュニティにとっての鉱山開発の是非を論ずることは、本稿の目的ではない。ここで重要なのは、前述の強制介入政策や社会福祉改革での議論にみられるように、先住民の立場イコール反体制派あるいは革新勢力（例えば、労働党や人権・環境ＮＧＯなど）といった単純な構図は消滅していることである。オーストラリア国家に対峙した汎先住民運動は過去のものとなり、オーストラリア国民国家の正統な構成員としての権利と義務の主張が先住民の中から生まれている。そればかりか、ピアソンやラングトンの主張によれば、先住民を差別された人々として分類し支援の対象とすることこそ、経済活動から先住民を疎外し周縁化することになる。先住民自身が被害者意識から脱却することが重要だという。

このような主張は、先住民がホワイト・ネイションに包摂され「飼い馴らされた」結果であると批判することもできよう。しかしながら、オーストラリアのミドルクラスで先住民が顕在化し、傑出した先住民の起業家が生まれ、革新勢力のみならず保守勢力の主要なポストを占めることを批判することはできまい。さらにいえば、新自由主義の潮流の中で先住民のエンパワメントを追求するには、経済活動への能動的関与を進めることが不可欠で、そこでは「先住民性」は一義的な価値を喪失しているということになる。先住民の集団としての権利よりも、先住民個人のエンパワメントが模索される時代になっているともいえよう。

二〇一三年三月、ノーザンテリトリーにオーストラリアの歴史上初の「先住民首相」が誕生したと報じられた。国際石油開発帝石の招聘によって、T・ミルズ（Terry Mills）前首相が来日中の政変劇であった[36]。A・ガイルズ（Adam Giles）新首相は、ニューサウスウェールズ州の出身のアボリジニ・トレス海峡諸島人委員会や内閣省などの官僚経験者で、アリス・スプリングスに転居後二〇〇四年と二〇〇七年の連邦選挙に出馬して落選、二〇〇八年のノーザンテリトリー選挙で地方自由党（Country Liberal Party）から出馬し初当選を果たした。父方の祖母がカミラロイ（Kamilaroi）の出身であるため、先住民としてのアイデンティティをもつ。しかしガイルズは、豪国営放送でのインタビューで「自分は先住民の政治家と表明したことはないし、先住民首相でもない」と答えている[37]。経歴を見る限りにおいても、アボリジニ・トレス海峡諸島人委員会での勤務経験はあるものの先住民の社会運動に関与したわけでもなく、先住民に関するイシューは当人の政治活動の中心的課題ではない。ノーザンテリトリー議員には、A・アンダーソン、B・プライス、F・ザビエル（Francis Xavier Kurrupuwu）[38]、L・リー（Larisa Lee）[39]といった「先住民政治家」がおり、首相交代劇ではその支持を必要としたようだが、ガイルズのスタンスは彼/彼女たちとは明らかに異なる。党内で首相に推されたのも、先住民出身でありながら、「先住民政治家」ではなかったからだともいえる。

さいごに、映画『オーストラリア』について再度考えてみたい。例えば日本においても、歴史ドラマは史実に忠実なわけではないし、歴史小説も逆境を乗り越えてきた主人公を描いたものが数多くある。人生を切り拓き、能動的に歴史を創り出してきた人々が描かれた物語は、多くの日本人の共感を呼ぶ。観客や読者は、辛苦を舐める人々の物語ばかりを観たり読んだりしたくはないのだ。『オーストラリア』に描かれたように、幸せで誇りを持って生きる先住民の姿にアボリジニの人たちが共感し、またそうした姿を積極的に描き出したとしても、決して批判されるべきことではあるまい。先住民としての存在の社会的認知に伴い、彼らの物語をオーストラリアの歴史ドラマの一つとして楽しむ余裕が生まれているということであろう。

もちろん、その一方で、影のように「残された人々」も存在する。様々な改革がなされているが、必ずしも効果を挙げているわけではないし、先住民の間に格差が生まれ「周縁化」する人々が存在する。高い失業率のまま変わらないコミュニティもあれば、アルコール、ドメスティック・バイオレンスなどの日常的な暴力に晒されている人たちもある。「謝罪と和解」を経ても、苦しい生活は変わらず、被植民者としての受難を背負い続けている人々もある。彼らの苦境は、先住民としての承認やその権利を保障することによって軽減されるものではない。

第一・二章と続けて、オーストラリアにおける先住民運動と先住民政策、および先住民とオーストラリア・ネイションとの対抗関係の変容を概観してきた。そこで明らかになったのは、オーストラリア・ネイションへの先住民の包摂の不可逆性である。昨今の先住民社会運動家は、先住民としての集団的権利を主張しながらも、オーストラリア・ネイションの正統な構成員としての権利を求めている。被害者意識から脱却し、先住民であり、かつ国民としての自尊心を持って正当な権利を主張することが、今後の先住民のエンパワメントの鍵となるのかもしれない。

注

（1）佐和田敬司「国民映画としての『オーストラリア』」（早稲田大学オーストラリア研究所編『オーストラリア研究—多文化社会日本への提言』オセアニア出版、二〇〇九年、二二八－二五三頁）。

（2）Johnston, E. (ed.), *Royal Commission into Aboriginal Death in Custody, National Report*, Australian Government Publishing Service, 1991.

（3）鎌田真弓「多文化主義の新展開—先住民族との『和解』」（『オーストラリア研究』第十三号、二〇〇一年、四六－六四頁）。

（4）Council for Aboriginal Reconciliation, *Australian Declaration: Towards Reconciliation*, Council for Aboriginal Reconciliation, 2000.

（5）Rudd, K., *"Apology to Australia's Indigenous Peoples"*, 13 February 2008.

（6）Parliament of the Commonwealth of Australia, *Aboriginal and Torres Strait Islander Peoples Recognition Bill*, 2012.

（7）オーストラリア憲法は、六つの植民地が連邦を結成する折に、植民地政府から委譲されるべき連邦政府の権限を規定することを目的として成立したために、人権規定などが含まれていない。

（8）Review of the Post-Arrival Program and Services to Migrants, *Migrant Services and Programs: Report of the Review of Post-Arrival Programs and Services to Migrants*, Australian Government Publishing Service, May, 1978.

（9）Office of Multicultural Affairs, *National Agenda for a Multicultural Australia: Sharing Our Future*, Australian Government Publishing Service, July, 1989.

（10）Commonwealth of Australia, *A New Agenda for Multicultural Australia*, December, 1999.

（11）Commonwealth of Australia, *The People of Australia: Australia's Multicultural Policy*, 2011.

（12）塩原良和『変革する多文化主義へ—オーストラリアからの展望』法政大学出版局、二〇一〇年、三六－三七頁。

（13）Wild, Rex and Pat Anderson, *Ampe-Akelyernemane Meke Mekarle "Little Children are Sacred"*, *Report of the Northern Territory Board of Inquiry into the Protecting Aboriginal Children from Sexual Abuse*, Northern Territory Government, 2007.

（14）Australian Human Rights Commission, *Social Justice Report 2007*, 2008（http://www.humanrights.gov.au/publications/social-justice-report-2007, 二〇一三年四月二〇日閲覧）。

（15）一九六五年生。クィーンズランド州、ケープヨーク出身。活動家、法律家、学者。

（16）一九四八年生。ノーザンテリトリー、イルカラ出身。活動家。アボリジニの土地権運動への関わりで知られる。北部土地評議会（Northern Land Council）の議長も勤めた。

（17）一九五一年生。クィーンズランド州ブリズベン出身。学者。現メルボルン大学教授。
（18）一九五八年生。ノーザンテリトリー、ユエンドゥム出身。政治家、活動家。
（19）一九六〇年生。ノーザンテリトリー、ハースツバフ出身。政治家、活動家。
（20）Department of Families, Housing Community Services and Indigenous Affairs, *Department of Families, Housing Community Services and Indigenous Affairs website.*（http://www.fahcsia.gov.au/, 二〇一三年四月二〇日閲覧）。
（21）例えばキャンベラのある首都特別地域はすべて九九年リースであるが、リース付きの土地であっても土地や建物の市場価格での売買や転貸が行われている。
（22）Office of Township Leasing, Australian Government, *Executive Director of Township Leasing, Annual Report 2011-2012*, pp.10-11.（http://www.otl.gov.au/site/annual_report12.asp, 二〇一三年四月二〇日閲覧）。
（23）同前、p.13
（24）Sanders, William, *Changing Scale, Mixing Interests: Generational Change in Northern Territory Local Government*, CAEPR Working Paper No.79, ANU College of Arts & Social Sciences, Canberra, 2011.
（25）これらの映画に関しては、本書佐和田の章を参照。
（26）Pearson, Noel, *Our Right to Take Responsibility*, Noel Pearson and Associates, 2000.
（27）Cape York Institute for Policy & Leadership, *From Hand Out to Hand Up*, Cape York Institute of Policy & Leadership, May 2007.
（28）ABC TV, “The Cape Experiment”, *Four Corner*, 16 July 2007.（http://www.abc.net.au/4corners/special_eds/20070716/cape_york/default.htm）
（29）Department of Families, Housing Community Services and Indigenous Affairs, “Income Management”.（http://www.fahcsia.gov.au/our-responsibilities/families-and-children/programs-services/income-management, 二〇一三年四月二〇日閲覧）。
（30）ABC Radio, 26 November 2010.（http://www.abc.net.au/am/content/2010/s3076512.htm?, 二〇一三年四月二〇日閲覧）。
（31）Ford, Catherine “Great Expectations: A Bold Social Experiment on Cape York is in its Fifth Year”, *the Monthly*, November 2012, pp.22-31.
（32）ABC TV, *Lateline*, 15 April 2013.
（33）前掲、“Income Management”。
（34）ABC Radio, ABC Radio National, “53rd Boyer Lectures”. ABC主催によるラジオ公開講演で、それぞれの分野で卓越した業績のある研究者が講師をつとめる。二〇一二年は、十一月十九日から毎週日曜日の五時三〇分から五回シリーズで行われた。（http://www.abc.net.au/radionational/programs/boyerlectures/, 二〇一三年三月三〇日閲覧）。その後、Marcia Langton, *Boyer Lectures 2012, The Quiet*

Revolution: Indigenous People and the Resources Boom, Abc Books, 2013. として出版されている。

（35）Friends of the Earth Australia, "Responses to Marcia Langton's Boyer Lectures", 2013.（http://www.foe.org.au/langton, 二〇一三年四月四日閲覧）。

（36）国際石油開発帝石は、ウェスタンオーストラリア州沖で大規模なガス・コンデンセート田を開発中で、その陸上ガス液化プラントはダーウィンに建設されている。

（37）ABC Alice Springs, 19 March 2013.（http://www.abc.net.au/local/stories/2013/03/15/3716681.htm, 二〇一三年四月二〇日閲覧）。

（38）一九六一年生。ノーザンテリトリー・ティウィ諸島出身。政治家。

（39）ノーザンテリトリー・キャサリン出身。政治家。

参照文献

鎌田真弓「多文化主義の新展開−先住民族との『和解』」（『オーストラリア研究』第十三号、二〇〇一年、四六−六四頁）。

佐和田敬司「国民映画としての『オーストラリア』」（早稲田大学オーストラリア研究所編『オーストラリア研究―多文化社会日本への提言』オセアニア出版、二〇〇九年、二二八−二五三頁）。

塩原良和『変革する多文化主義へ―オーストラリアからの展望』法政大学出版局、二〇一〇年。

Australia, Commonwealth of., *A New Agenda for Multicultural Australia*, December, 1999.

Australia, Commonwealth of., *The People of Australia: Australia's Multicultural Policy*, 2011.

Australian Human Rights Commission, *Social Justice Report 2007*, 2008.（http://www.humanrights.gov.au/publications/social-justice-report-2007, 二〇一三年四月二〇日閲覧）。

Cape York Institute for Policy & Leadership, *From Hand Out to Hand Up*, Cape York Institute of Policy & Leadership, May 2007.

Council for Aboriginal Reconciliation, *Australian Declaration: Towards Reconciliation*, 2000.

Ford, Catherine, "Great Expectations: A Bold Social Experiment on Cape York is in its Fifth Year", *the Monthly*, November 2012, pp.22-31.

Johnston, E. (ed.), *Royal Commission into Aboriginal Death in Custody, National Report*, Australian Government Publishing Service, 1991.

Langton, Marcia, *Boyer Lectures 2012, The Quiet Revolution: Indigenous People and the Resources Boom*, Abc Books, 2013.

Office of Multicultural Affairs, *National Agenda for a Multicultural Australia: Sharing Our Future*, Australian Government Publishing Service, July, 1989.

Office of Township Leasing, Australian Government, *Executive Director of Township Leasing, Annual Report 2011-2012*.（http://www.otl.gov.au/

site/annual_report12.asp, 二〇一二年四月二〇日閲覧)。
Pearson, Noel, *Our Right to Take Responsibility*, Noel Pearson and Associates, 2000.
Review of the Post-Arrival Program and Services to Migrants, *Migrant Services and Programs: Report of the Review of Post-Arrival Programs and Services to Migrants*, Australian Government Publishing Service, May, 1978.
Sanders, William, *Changing Scale, Mixing Interests: Generational Change in Northern Territory Local Government*, CAEPR Working Paper No.79, ANU College of Arts & Social Sciences, 2011.
Wild, Rex and Pat Anderson, *Ampe-Akelyernemane Meke Mekarle "Little Children are Sacred"*, Report of the Northern Territory Board of Inquiry into the Protecting Aboriginal Children from Sexual Abuse, Northern Territory Government, 2007.

第三章　日本人アボリジニ研究者の可能性—パーソンフッド（personhood）理論を通じて

小坂恵敬

一　はじめに

本章は、オーストラリア先住民（アボリジニ）を対象にした、日本人研究者の人類学的可能性を考えるものである[1]。読者の中には、「既に欧米人類学やオーストラリア人類学での分厚い研究の蓄積があり、アボリジニ自身も様々に発言している中で、敢えて日本人がアボリジニ研究に参加する意味があるのか」と疑問に思う者もいるかもしれない。

結論から言えば、筆者は大いにその意義があると考えている。なぜなら、従来の文化人類学は後述するように、欧米社会の興味や関心を前提としてきたからだ。事実、日本人類学の実践の多くは、欧米人類学が追求する興味や理論的関心を「最新の研究動向」として取り込んできた。従って、日本で人類学を行うことは、欧米の見方を通して別の文化を理解してきたという側面もある。この事実を意識すれば、従来とは違った視点で異文化理解を実践することが可能になる。

本章では、その可能性の糸口を明らかにするために、パーソンフッド（personhood）論に焦点を当てる。パーソンフッドは欧米人類学で重要な研究概念の一つで、その議論は人々が「自己（self）」をどのように捉えているか、その人格観念を検討する。オーストラリアでは、西洋社会・文化を背景に持つ研究者が、太平洋メラネシア地域などの研究成果を参照しながら、西洋社会の前提を背景に、アボリジニのパーソンフッド（人格観念）を検討してきた。しかし日本人類学では、多少の研究はあるものの、パーソンフッド論はまだそれほど注目されておらず、様々な先入観で手垢にまみれた議論になる前に、別の新たな展開が可能になると期待できる。以上のような考えから筆者は本章で、日本人アボリジニ研究者がパーソンフッド論を展開する上で、どのような理論的貢献が可能となるのかを議論する。

筆者はこの議論の中で、メラネシア研究のパーソンフッド論が、アボリジニ研究に取り込まれた背景を明らかにするために、オーストラリア人類学におけるアボリジニ研究とメラネシア研究の関連についても言及する。オーストラリアでは、大学の研究活動を通じてアボリジニ研究者とメラネシア研究者の知的交流が日常から行われており、アボリジニ研究者でメラネシアでも調査を行う人類学者も少なからず存在する。こうした背景を踏まえ、メラネシア研究者である筆者は、オーストラリア人類学の歴史的展開を辿ることで、アボリジニ研究の背景にあるメラネシア民族誌の存在を明らかにする。ただし、必ずしも細部に亘る詳細な学説史ではない点には注意してもらいたい(2)。

さらに、筆者は「世界的人類学（world anthropology）」と呼ばれる、非欧米諸国を中心にした文化人類学における理論的運動の一つを意識して議論を進める。世界的人類学は、欧米人類学が「中心」となり、欧米の社会・文化に基づいた関心によって人類学的方法と理論を発展させてきた点を批判する。また、日本などの非欧米諸国の人類学が「辺境」とされ、その実践は「中心」の関心にそぐわなければ無視されてしまうと指摘する。これに対して、世界的人類学は「中心」と「辺境」の差異を解消し、欧米と非欧米での人類学研究の間に対等な交流を構築することを目指している。[3] 筆者は、アボリジニ研究はこの試みを実践する上で重要な場だと考える。こうして本章は、読者がこれを一読することにより、アボリジニ研究に留まらず異文化理解を実践する上で、従来とは違った視点を獲得するための足がかりが得られるように意図されている。

二　オーストラリア人類学の展開

オーストラリアでの本格的なアボリジニ研究の始まりは、一八七〇年代に遡る。[4] その位置づけは、世界的人類学で言う「中心」に人類学的資料を提供することで、アボリジニの民族誌資料は、当時の人類学の主要理論の構成に使用される重要なものだった。例えば、一九世紀後半から英国で議論された進化主義的人類学では、アボリジニ社会を西洋文明の起源を明かすものと捉えて、宗教の原初形態が考察された。また、近代人類学の祖の一人とされるラドクリフ＝ブラウン（Radcliffe-Brown）は、アボリジニ民族誌などを基に「構造機能主義」を展開させている。フランスでは、エミール・デュルケームが、アボリジニの使用する呪具チュリンガの意義から宗教現象の背後にある「集合表象」を論じ、その弟子のファン＝ヘネップは儀礼に共通する通過儀礼の構造を明らかにした。[5] さらに、マルセル・モースはアボリジニ民族誌などを参照し、人類学的交換論の礎ともなる贈与論を展開している。[6]

しかし、アボリジニ社会はその後、植民者との関わりの中で大きく変容していく。入植者のもたらした疫病や、彼らとの土地収奪を巡る抗争などにより、一九世紀初頭にはアボリジニの人口が激減した。これに対し、宗主国の英国で人道主義が高まったことから、植民者の間にアボリジニに対する保護主義が広まったが、この様な中でアボリジニの人々は伝統を維持しているとされる集団と、伝統を失ったとされる集団に分かれていった。

アボリジニ社会の変容に対して、オーストラリア人類学は三つの傾向を軸に展開していく。一つは、欧米文化の影響が少ないアボリジニ社会を対象に、「伝統と慣習」が失われる前に記録に留める、サルベージ（＝救出）人類学である。[7]ただ、「中心」の英国人類学界でアボリジニへの関心が失われると、オーストラリア人類学界でも一時、アボリジニは学術的な対象ではなくなった。[8]

一方、比較研究に興味を持つホグビンやメギット、ワースレイなどのアボリジニを研究した人類学者は、一九二一年に国際連盟の委任統治領としてオーストラリアの支配下に入ったパプアニューギニアに調査地を移している。[9]

これらの学術的傾向に対して、一九二五年にオーストラリア初の人類学講座がシドニー大学に設立されたことは、政府の先住民政策への貢献を目的とした応用人類学が、オーストラリアに定着する一つの転機となった。同大学の初代教授は英国から赴任した「構造機能主義」のラドクリフ＝ブラウンだが、後任のＡ・Ｐ・エルキンは一九三〇年代からアボリジニを対象とする応用人類学を推進した。[10]当時のオーストラリア政府はそれまでの保護政策から、アボリジニと非アボリジニとの「文化的差異の消去」を目指す同化政策に転換していた。エルキンはこれに従い、アボリジニ研究を政府の政策に一致させ、その目的を同化後の生活改善への貢献としている。[11]また彼は、将来アボリジニ研究の中心が、人類学から社会学に移行し、都市のアボリジニを対象にすると考えていた。[12]

またパプアニューギニアでも応用人類学が貢献している。第二次世界大戦前の応用人類学者は、植民地官僚にパプアニューギニアの民族誌的情報を整理して提供することが求められた。またシドニー大学人類学部は、パプアニューギニアに派遣される植民地官僚の研修を担っている。[13]戦中は、日本軍占領地の住民に協力を呼びかけるために、人類学者がパプアニューギニアの伝統文化に関する専門的知識を利用し、伝統的仮面の入ったチラシの作成で協力するなど、米軍やオーストラリア軍に協力した。

第二次世界大戦後、オーストラリアでは人類学の大学における制度化が進んだ。一九四六年には、オーストラリア国立大学が設立され、メラネシアなどの太平洋研究を行う太平洋学部が設置された（後にアジア研究も含むアジア太平洋学部に拡大）。またウェスタンオーストラリア大学でも、一九五五年にアボリジニ研究を中心とする人類学部が設立され、一九六四年には連邦政府がキャンベラに国立アボリジニ研究所（Australian Institute of Aboriginal Studies: AIAS; 後に国立アボリジニ・トレス海峡諸島人研究所［Australian Institute of Aboriginal and Torres Strait Islanders Studies: AIATSIS］に改組）を立ち上げている。

大学での人類学の制度化に歩調を合わせるかのように、パプアニューギニアを対象としたオーストラリア人類学にも変化が現れ始める。一九六〇年代に入り、国際世論に押されたオーストラリアがパプアニューギニアの将来の独立を決めると、これまで植民地管理の補助として機能していた人類学の役割が縮小した。それと入れ替わるように、英国や米国の人類学者が、特にハイランド地域の民族誌的研究に参画した。ただ、そうした研究者達がオーストラリアを拠点としたことで、メラネシア研究の最新の成果がオーストラリア人類学にも還元されることとなり、現在に至っている。

アボリジニを巡る状況も変化した。彼らは一九六〇年代頃からオーストラリアの「市民」と認められ、政府の政策も「同化」から「自主決定・自主管理」へと転換した。さらに一九七六年、オーストラリアでは「アボリジニ土地権法（ノーザンテリトリー）法：Aboriginal Land Rights［Northern Territory］Act」が制定され、ノーザンテリトリーの四二パーセントの土地で彼らの土地権が認められるなど、アボリジニの社会的権利を認める動きが急速に拡大した。

この変化に伴い、オーストラリア研究者には、アボリジニ政策への助言や政策の評価などの役割が求められ、オーストラリア人類学の応用的傾向がさらに強化されている。また、アボリジニ土地権法や一九九三年に制定された先住権原法に基づき（第一・二章参照）、アボリジニ集団が土地所有権を主張する際に、人類学者にはその権利の所在を裁判上で証明する役割が与えられた。こうして、オーストラリアの人類学者は、国家制度の中でアボリジニについて、彼らについて語る資格を持ち、当事者の声を汲み上げることができる「正当な語り手」となった。

近年、「正当な語り手」であるオーストラリア人人類学者の間では、アボリジニ社会への積極的な介入か、彼らの自治の尊重かで意見が二分している[14]。ただ、どちらの立場であれ、アボリジニの生活が他のオーストラリア人よりも、統計的な指標からしても「低い」状態にあることで一致している。

ここで先住民の生活を説明する際に言及されるのが、親族間の「共有要求（デマンド・シェアリング＝demand sharing）」である。これは、親族の一人が獲得し所有する食物や財、近年は金銭などに対して、他の親族が共有を求める慣行を言う[15]。共有は親族間の義務とされ、言葉に発して求められる場合もあれば、食物が調理される場に現れて存在を示す非言語的な要求もある[16]。この慣行は世界中の狩猟採集社会に広くみられ、食物が欠乏する時期には有効だが、個々人が自分の努力によって財を積み上げることを基盤とする資本主義にはなじまないと見られている。また、アボリジニの共有要求の程度は他の民族集団よりも強いという[17]。この慣習を理解する手がかりになるのが、人格観念としての「パーソンフッド」に関する議論である。

三　パーソンフッド論、アボリジニ、日本人研究者

欧米人類学は、「個人（individual）」を基礎に、「自己（self）」や「人格（person）」に焦点を当てて、非欧米社会

のパーソンフッド（人格観念）を検討してきた。[18]「個人」は欧米社会の人格モデルで、身体的にも法的にも他の成員とは明確な境界で区別された「自己」を中心とし、その意思決定は自立したものとされている。また、「個人」は自分の所有物を排他的に扱う権利を持ち、所有物の交換は排他的権利の移動を意味する。[19]一方、非欧米社会の人格モデルは、「社会依存的（social）」、「関係主義的（related）」とされてきた。いずれも行為や倫理が他者との社会関係に規定され、土地などを共同体で所有する点が議論されてきた。[20]

太平洋地域では、レーナルトがニューカレドニアのカナック社会で、彼らの人格観念が社会関係の束と規定されると指摘し、「個人」との違いを議論したことを嚆矢とする。[21]一方、オーストラリア人類学では、リードが、パプアニューギニアの南ハイランド州に住むガフクーガマ族の人格観念を「社会的個人（social individuals）」と論じている。[22]

その後、英国人類学者でメラネシア研究者のマリリン・ストラザーンが、非欧米の人格モデルを一括する「関係主義的」人格とは別に、メラネシアの贈与交換の民族誌的理解を深める目的で「分割的（dividual）」人格モデルを提示した。このモデルでは、人は贈与交換儀礼を通じて、自己の身体・存在、あるいは自己の一部を表象する交換財を相手に与えるとされる。また受け手は交換財を、送り手の身体・存在の一部として受け取り、かつ自分の一部とし受け入れる。こうして、送り手と受け手が共通の「部分」を共有することで、両者の社会関係が形成される。交換儀礼は社会的役割や立場を決める人生周期の節目に行われることから、親子関係、親族関係、姻戚関係が、交換財の「共有」により規定される。米国人類学者のロイ・ワグナーも類似の概念として、「自己相似的（fractal）」な人格モデルを提唱している。[23]

ここで注意すべきは、贈与で前提される人格観念の違いだ。欧米社会でも、社会関係の構築を目的として贈与が行われるが、贈与物は贈与者の身体・存在の一部とは理解されない。「個人」の身体的・人格的境界が明確な欧米社会では、贈与物は自己と独立しているからだ。自分を象徴するモノを相手に与えたつもりでも、受け手は相手の存在の一部として受け取って自己の存在の一部とする訳ではない。そのように考える人々がいても、それは「個人」の思い入れに過ぎず、メラネシアのような贈与観念や人格モデルが顕著に見られる訳ではない[24]。

一方、アボリジニの人格については、「社会中心的」、「関係的」とする議論が、「遠隔地」とも呼ばれる北部や中央・西部砂漠地帯のほか、地方のアボリジニ社会、あるいは都市アボリジニについて議論されてきた。さらに、共有要求や社会関係に着目し、ストラザーンの分割的人格を検討した議論も出てくるなど、メラネシア人類学の影響が見られる[25]。ここからアボリジニ問題に関わる論者の中には、アボリジニ社会が発展するには、共有要求を義務とする関係的・分割的人格から脱却し、自らの才能と努力で獲得した所有物を、他者から要求されることのない「個人」を確立すべきだと考える者もいる[26]。

しかしいずれの議論であれ、欧米系研究者と研究対象となる非欧米人の二項的対置から逃れていない。オーストラリア人類学界で言えば、欧米社会を背景とするオーストラリア人研究者と、メラネシアやアボリジニの人々との二元的な構図がある。近年、欧米人類学が研究対象として来た社会から、自社会・文化を対象に人類学的研究を行う「ネイティブ人類学者（native anthropologist）」が現れているが、パーソンフッド論に限れば、彼らは欧米対非欧米の二項対置から脱却する議論を展開している訳ではない。実は日本人研究者も、日本の人格モデルを、アボリジニやメラネシア人と同じように「社会的」、「集団的」、「関係的」とするなど、二項対置を再生産してきた経緯がある[27]。こうした研究は、桑山が指摘するように「日本とアメリカ（西欧）を差異化・分離」する危険性を持っている[28]。

ただ、日本人人類学者が非欧米人でありながら非欧米社会の研究を行ってきた点を意識すれば、パーソンフッド論に別の視点を持ち込みうる可能性が出てくる。例えば、アボリジニ研究者の山内は、近年まで狩猟採集民として生活してきたアボリジニと、高度に産業化された社会に生きる日本人が、欧米社会のアカデミズムの中で、同じ「関係的」として一括された状況に異議を呈している。(29) ベネディクトの『菊と刀』で「民族誌の逆読み」を提示した桑山に倣うなら、異なる二つの社会が「関係的」と表される状況は、欧米人類学者の自己意識が反映された結果である。こうした認識から始めることで、パーソンフッド論の構造を再検討することが出来ると筆者は考えている。

筆者は従来のパーソンフッド論を組み替える可能性は、他の日本人アボリジニ研究者や、アボリジニ社会に関心を持つ者に等しく開かれていると考える。どの方向に進むかについては今後の展開に期待したいが、例えば親族論が盛んな頃に日本人類学が「イエ」概念に注目したように、人格に関わる日本の民俗概念でアボリジニを検討する手段も可能性の一つだろう。

さらにパーソンフッド論を手がかりに日本人がアボリジニ研究を展開することは、欧米文化を背景に持つ研究者がアボリジニの「正当な語り手」とされる状況を突き崩す可能性をもたらす。アボリジニ研究の第一人者の一人であるニコラス・ピーターソンは、アボリジニ研究者に必要なことは「(西洋に代表される：筆者注）第一世界の文化についての深い理解」、「国家の役割、行政機関、官僚制や法体系を理解すること」だという。ただし、「単に官僚的プロセスの特徴や政策決定の経緯を理解するというだけでは不十分であり、むしろ自由民主主義国家の根底にある哲学的基盤に関する検討が必要」と指摘している。(30) つまり、彼が想定する理想のアボリジニ研究者は、欧米（オーストラリア）の社会・政治システムを理解し、そこに生きてきた「個人」となる。これに関連して、ある日本人アボリジニ研究者によれば、一部のオーストラリア人アボリジニ研究者は、アボリジニについての語りは自分たちが行うべきで、非欧米諸国から来た日本人が関わることを嫌がる者もいるという。そこまで極端ではないが、これに似た構図はメラネシア人類学で感じることもある。

確かに、これまで土地権調査や、オーストラリア政府への政策提言などに関わった日本人アボリジニ研究者はほとんど聞かない。こうした分野で議論を仕掛けても無視されるかもしれない。しかし、パーソンフッド論なら対話を生む可能性がある。なぜなら、この議論は欧米（オーストラリア）人類学者にとって、西洋的「個人」という自分たちの存在を前面に出さなければ成立しない議論だからだ。パーソンフッド論は、欧米（オーストラリア）人対アボリジニ（あるいはメラネシア人）という二項対置で行き詰まりの感もあるが、筆者は日本人アボリジニ研究者に議論の膠着状態を打ち破る可能性を見ている。

四　おわりに

アボリジニの民族誌は人類学の興隆期に重要な議論を生み出したが、彼らが「未開」ではなくなったことから、一時、欧米人類学で興味が失われた。しかし、現在の人類学的実践では、国家と集団との関係に関する考察は必須とされ、アボリジニ研究は「第四世界の諸民族にかかわる自国での人類学」として、「理論的あるいはその他の諸問題を提示するための新しくも興味深い研究分野として台頭してきている」[31]。アボリジニ研究の重要性が再び高まる中、オーストラリア人類学ではパーソンフッドの議論が続けられている。

しかし本稿で指摘したように、欧米（オーストラリア）型社会の英語圏研究者が中心となってパーソンフッドを検討してきたことで、欧米社会とアボリジニやメラネシア社会などの非欧米社会との対比が繰り返されてきた。本章はこの閉塞した議論に対して、日本人アボリジニ研究者の可能性について議論した。また、この二項対立はパーソンフッド論のみならず人類学という学問全体に大きな影を投げかけており、この構図を問う上で日本人人類学者のできることは少なくないはずである。

日本人類学は、冒頭で指摘したように「周辺」にある。しかし、「世界的人類学」の観点から言えば、「中心」の知的行為を客体化することで、対象社会を通して自社会を見ようとする欧米社会のあり方を客体化し、改めて「日本人」としての存在を考察することが可能になる。この可能性により、日本人アボリジニ研究者は、オーストラリアの公共空間で正当な発言を持つとされるオーストラリア人研究者の言説を、批判的に検討することができるだろう。その試みは、同じ状況が見られるメラネシア研究でも、大いに参考となるものである。

注

（1）本稿では「アボリジニ研究者」は、アボリジニを出自とする研究者ではなく、アボリジニの社会や文化を対象とする研究者を意味する。本編で取り上げるテーマは、アボリジニ研究全体に関わるものである。ここではその一例として文化人類学を取り上げている。

（2）オーストラリアの人類学の歴史については、Lea, Tess, "Contemporary Anthropologies of Indigenous Australia", *Annual Review of Anthropology* 41(1), 2012,pp.187-202; 大野あきこ「『マルチカルチュラル』オーストラリアにおける人類学」（『国立民族学博物館研究報告』三三巻三号、二〇〇九年、三五九－三九五頁）; Peterson, Nicolas, "Studying Man and Man's Nature: The History of the Institutionalisation of Aboriginal Anthropology", *Australian Aboriginal Studies* 2, 1990,pp.3-19; ピーターソン、ニコラス「近代国家の中の狩猟採集民―オーストラリアの人類学」（小山修三、窪田幸子編『多文化国家の先住民―オーストラリア・アボリジニの現在』世界思想社、二〇〇二年、二六一－二八三頁）。

（3）代表的な議論としては、例えばRestrepo, E. and Escobar, A., "Other Anthropologies and Anthropology Otherwise: Steps to a World Anthropologies Framework", *Critique of Anthropology* 25, 2005,pp.99-129がある。

（4）前掲、"Studying Man and Man's Nature: The History of the Institutionalisation of Aboriginal Anthropology", *Australian Aboriginal Studies* 2, 1990,pp.3-19.

（5）チュリンガ（churingaあるいはtjurunga）は、中央オーストラリアのアランタ族などが使用する呪具で、各部族が祖先とする動物の精霊（トーテム）が刻印されている。木や石などで作られており、ブルローラー（唸り木）の機能を持つものもある。

（6）Radcliffe-Brown, A., *Structure and Function in Primitive Society: Essays and Addresses*, Routledge and Kegan Paul, 1952; デュルケーム、エミール『宗教生活の原初形態』岩波書店、一九七五年; van Gennep, A., *The Rites of Passage*, University of Chicago Press, 1960; モース、マルセル『贈与論』勁草書房、一九六二年。

（7）サルベージ人類学は、非欧米社会の民族文化が、欧米社会など外部との接触によりその純粋な姿が失われていくと考え、「消え行く文化」を救出（サルベージ）して記録に残しておくことを目的とした人類学的実践を云う。

（8）前掲、「『マルチカルチュラル』オーストラリアにおける人類学」（前掲、『国立民族学博物館研究報告』三六九、三七〇－三七一、三八九頁）。

（9）Gray, G., *A Cautious Silence: The Politics of Australian Anthropology*, Aboriginal Studies Press, 2007, p.4.

（10）同前、p.4, pp.13-21.

（11）前掲、「近代国家の中の狩猟採集民―オーストラリアの人類学」（前掲、『多文化国家の先住民―オーストラリア・アボリジニの現在』二六六頁）。

（12）前掲、*A Cautious Silence: The Politics of Australian Anthropology*, 2007,pp.218-219.

（13）前掲、「『マルチカルチュラル』オーストラリアにおける人類学」（前掲、『国立民族学博物館研究報告』三七〇頁）。

（14）Altman, Jon. and Hinkson, Melinda（eds）.*Culture Crisis: Anthropology and Politics in Aboriginal Australia*, University of New South Wales Press, 2010.

（15）Peterson, Nicolas, "Demand Sharing: Reciprocity and the Pressure for Generosity Among Foragers", *American Anthropologist* 95（4）, 1993,pp.860-874.

（16）映画『裸足の一五〇〇マイル（原題：Rabbit Proof Fence）』では、主人公が隔離先から故郷まで逃げ帰る途中、牛肉を持ったアボリジニの男性の前に現れ、無言のジェスチャーを示して「共有要求」を行っている。

（17）共有要求に関する研究の広がりや、他のフィールドでの検討は以下で、複数の人類学者が行っている；Musharbash, Yasmine and Barber, Marcus（eds）, *Ethnography and the Production of Anthropological Knowledge—Essays in Honour of Nicholas Peterson*, ANU E Press, 2011.

（18）出口顯『レヴィ＝ストロース斜め読み』、青弓社、二〇〇三年、四七－七七頁。

（19）「個人」については以下を参照：Dumont, Louis, *Essays on Individualism: Modern Ideology in Anthropological Perspective*, University Of Chicago Press, 1986; Macpherson, C. B., *The Political Theory of Possessive Individualism: Hobbes to Locke*, Oxford University Press, 1962.

（20）例えば、Shweder, Richard A. and LeVine, Robert Alan, "Does the Concept of the Person Vary Cross-culturally?"（Shweder, Richard A. and

LeVine, Robert Alan (eds) *Culture Theory: Essays on Mind, Self, and Emotion*, Cambridge University Press, 1984,pp.158-199).

（21）レーナルト，モーリス『ド・カモ：メラネシア世界の人格と神話』せりか書房、一九九〇年。

（22）Read, K.E., "Morality and the Concept of the Person among the Gahuku-Gama", *Oceania* 25, 1955,pp. 233-282.

（23）Strathern, M., *The Gender of the Gift: Problems with Women and Problems with Society in Melanesia*, University of California Press, 1988; Wagner, R., "The Fractal Person"（Godelier, M. and M. Strathern,（eds）, *Big Men and Great Men: Personifications of Power in Melanesia*, Cambridge University Press, 1991,pp. 159-173）.

（24）社会的関係の構築のための贈与儀礼・慣行は日本にもあるが、欧米社会やメラネシアと同じ原理や人格観念が前提とは限らない。もし他文化の慣行が自分たちのそれと類似した「普通」のものに見えたなら、事象の背景にある差異を見落としてしまう危険性がある。

（25）遠隔地や地方については、Berndt, R.M. and C.H. Berndt, *The World of the First Australians*, Ure Smith, 1968; Macdonald, G., "Economics and Personhood: Demand Sharing Among the Wiradjuri of New South Wales",（Wenzel, G.W., Hovelsrud-Broda, G. and N. Kishigami,（eds）, *The Social Economy of Sharing: Resource Allocation and Modern Hunter-Gatherers*, National Museum of Ethnology, 2000,pp. 87-111）―など。また都市アボリジニついては、Yamanouchi, Yuriko, "Managing 'Aboriginal Selves' in South-Western Sydney", *Oceania* 82（1）,pp.62-73; アボリジニの分割的人格を議論したものでは、Glaskin, Katie, "Anatomies of Relatedness: Considering Personhood in Aboriginal Australia", *American Anthropologist* 114（2）, 2012,pp.297-308.

（26）例えば、Pearson, Noel, "Individualism, the Unnatural Enemy of Communalism", *The Weekend Australian*. August/2011, pp.6-7.

（27）Befu, Harumi, *The Group Model of Japanese Society and an Alternate Model*, Rice, 1980; Lebra, Takie Sugiyama, *Japanese Patterns of Behavior*, University of Hawaii Press, 1976; Lebra, Takie Sugiyama, "Migawari: The Cultural Idiom of Self-Other Exchange in Japan",（Ames, Roger T., Kasulis, Thomas P. and Wimal Dissanayake,（eds）, *Self as Person in Asian Theory and Practice*, State University of New York Press, 1994,pp.107-123）; 中根千枝『縦社会の人間関係』、講談社、一九六七年。

（28）桑山敬己「日本人が英語で日本を語るとき―『民族誌の三者構造』における読者／聴衆について―」（『文化人類学』七一巻二号、二〇〇六年、二四三－二六五頁）。

（29）Yamanouchi, Yuriko, "Neither Western nor Native", The Canadian Anthropology Society Annual Conference（CASCA）, University of Alberta, Edmonton, May, 2012.

（30）前掲、「近代国家の中の狩猟採集民―オーストラリアの人類学」（前掲、『多文化国家の先住民―オーストラリア・アボリジニの現在』二七四頁）。

（31）同前、二六三頁。

参照文献

出口顕『レヴィ＝ストロース斜め読み』、青弓社、二〇〇三年、四七－七七頁。

デュルケーム，エミール『宗教生活の原初形態』岩波書店、一九七五年。

桑山敬己「日本人が英語で日本を語るとき—『民族誌の三者構造』における読者／聴衆について」（『文化人類学』七一巻二号、二〇〇六年、二四三－二六五頁）。

レーナルト，モーリス『ド・カモ：メラネシア世界の人格と神話』せりか書房、一九九〇年。

モース，マルセル『贈与論』勁草書房、一九六二年。

中根千枝『縦社会の人間関係』、講談社、一九六七年。

大野あきこ「『マルチカルチュラル』オーストラリアにおける人類学」（『国立民族学博物館研究報告』三三巻三号、二〇〇九年、三五九－三九五頁）。

ピーターソン，ニコラス「近代国家の中の狩猟採集民—オーストラリアの人類学」（小山修三、窪田幸子編『多文化国家の先住民—オーストラリア・アボリジニの現在』世界思想社、二〇〇二年、二六一－二八三頁）。

Altman, Jon. and Hinkson, Melinda（eds）, *Culture Crisis: Anthropology and Politics in Aboriginal Australia*, University of New South Wales Press, 2010.

Befu, Harumi, *The Group Model of Japanese Society and an Alternate Model*, Rice University, 1980.

Berndt, R.M. and C.H. Berndt, *The World of the First Australians*, Ure Smith, 1968.

Dumont, Louis, *Essays on Individualism: Modern Ideology in Anthropological Perspective*, University Of Chicago Press, 1986.

Glaskin, Katie, "Anatomies of Relatedness: Considering Personhood in Aboriginal Australia", *American Anthropologist* 114（2）, 2012, pp.297-308.

Gray, G., *A Cautious Silence: The Politics of Australian Anthropology*, Aboriginal Studies Press, 2007.

Lea, Tess, "Contemporary Anthropologies of Indigenous Australia", *Annual Review of Anthropology* 41（1）, 2012, pp.187-202.

Lebra, Takie Sugiyama, *Japanese Patterns of Behavior*, University of Hawaii Press, 1976.

—— "Migawari: The Cultural Idiom of Self-Other Exchange in Japan",（Ames, Roger T., Kasulis, Thomas P. and Wimal Dissanayake,（eds）, *Self as Person in Asian Theory and Practice*, State University of New York Press, 1994, pp.107-123）.

Macdonald, G., "Economics and Personhood: Demand Sharing Among the Wiradjuri of New South Wales",（Wenzel, G.W., Hovelsrud-Broda, G. and N. Kishigami,（eds）, *The Social Economy of Sharing: Resource Allocation and Modern Hunter-Gatherers*, National Museum of Ethnology, 2000, pp.87-111).

Macpherson, C. B., *The Political Theory of Possessive Individualism: Hobbes to Locke,* Oxford University Press, 1962.

Musharbash, Yasmine and Marcus Barber, (eds), *Ethnography and the Production of Anthropological Knowledge—Essays in honour of Nicholas Peterson,* ANU E Press, 2011.

Pearson, Noel, "Individualism, the Unnatural Enemy of Communalism", *The Weekend Australian,* 2011, pp.6-7. 2011.

Peterson, Nicolas, "Studying Man and Man's Nature: The History of the Institutionalisation of Aboriginal Anthropology", *Australian Aboriginal Studies* 2, 1990, pp.3-19.

—, "Demand Sharing: Reciprocity and the Pressure for Generosity Among Foragers", *American Anthropologist* 95 (4), 1993, pp.860-874.

Radcliffe-Brown A., *Structure and Function in Primitive Society: Essays and Addresses Published,* Routledge and Kegan Paul, 1952.

Read, K.E., "Morality and the Concept of the Person among the Gahuku-Gama", *Oceania* 25, 1955, pp. 233-82.

Restrepo, E. and A. Escobar, "Other Anthropologies and Anthropology Otherwise: Steps to a World Anthropologies Framework", *Critique of Anthropology* 25, 2005, pp.99-129.

Shweder, Richard A. and Robert Alan LeVine, "Does the Concept of the Person Vary Cross-culturally?", (Shweder, Richard A. and Robert Alan LeVine, (eds), *Culture Theory: Essays on Mind, Self, and Emotion,* Cambridge University Press, 1984, pp.158-199).

Strathern, M., *The Gender of the Gift: Problems with Women and Problems with Society in Melanesia,* University of California Press, 1988.

van Gennep, A., *The Rites of Passage,* University of Chicago Press, 1960.

Wagner, R., "The Fractal Person", (Godelier, M. and M. Strathern, (eds), *Big Men and Great Men: Personifications of Power in Melanesia,* Cambridge University Press, 1991, pp. 159-173).

Yamanouchi, Yuriko., "Neither Western nor Native", The Canadian Anthropology Society Annual Conference (CASCA), University of Alberta, Edmonton, May, 2012.

—"Managing 'Aboriginal Selves' in South-Western Sydney", *Oceania* 82 (1), 2012, pp.62-73 .

第四章　日本におけるオーストラリア先住民表象史

飯嶋秀治

一　はじめに

日本における「オーストラリア先住民」の表象史は、表現を厳格に「先住民indigenous people（s）」に限定するなら、その歴史はか細いものとなる。けれども「アボリジニ」「原住民」「土民」「土人」など、その対象を、オーストラリア大陸およびトレス海峡諸島においてイギリスの植民地化以前に生きていた諸民族およびその子孫、と捉えれば、その歴史は百数十年遡ることになる。

そのような広い意味での「オーストラリア先住民」の表象史について、近年分野別に研究の蓄積ができてきたことにより、これまでは描かれてこなかったような、分野を越えた包括的な表象史を描く準備が整いつつある。そこで本章では、紙幅の制限があるので裾野を広げる分点描状にならざるをえないが、特に学術分野に限定することなく、その他の分野での表象も含めて日本での表象史を振り返ってみる。そうすることで、時代変遷のみならず、各分野での表象の性質の違いを明らかにでき、読者が埋め込まれていた環境を相対化して振り返れるという利点があろうためである。

二　表象の起源

上述したような広義のオーストラリア先住民と日本人の交流は、おそらく一八七八年に英国潜水夫であった野波小次郎の真珠貝採取の頃から始まっている。(1) だがそうした交流が、文書や図像で、記され始めたのは九一年、新聞記者の三島一雄が、海軍の軍艦に乗って渡豪し、オーストラリアの探検家たちが出遭った「数群の土民」や「土民の村落」の報告をしたことに始まるようだ。(2) また、すぐ後の一八九三年から九四年には、オーストラリア北・中部を探検し、外務省に日本人入植と資本家参与の可能性を報告した渡邊勘十郎がいた。彼は「彼等【オーストラリア先住民】ノ性質ハ懶惰ニシテ執念深ク而シテ復習心強ク然レドモ邪悪ナ念ナク其自然ノ性ヲ曲ゲザルノ点ニ於イテハ亦聊カ取ル所アリ」と両義的な評価をする一方で、彼らの境遇を時代的な「免レザルノ境界」として社会的な環境に帰因させつつ、住居、衣服、食物の他、見聞した「土人保護局」や「酒屋」との関係を報告していた。(3)

これらの時代の表象から分かるのは、日本がオーストラリアの先住民について記録を残し始めたのは、資源開発としてのオーストラリア大陸の一部としてであり、その関心も第一には軍事・経済的な関心であったため、それまで国内外で培ってきた統治の眼差しがそのままオーストラリアの先住民にも適用されているようすである。

三　戦前期の文献表象一八九二－一九四五

以上のような時代背景において、オーストラリア先住民を扱った最初期の学術的報告としては、東京帝国大学人類学教室教授であった坪井正五郎の記事が挙げられよう。一八九二年、ロンドン在住中の坪井は「考古学と土俗学」について、「アウストラリヤ土人中には今尚ほ純然たる石器時代の生活をしている者がござります」[4]として、一連の報告や考察を発表した。また当時、東京帝国大理科大学の人類学教室助手に就いていた鳥居龍藏も、スペンサー（Baldwin Spencer）とギレン（Francis James Gillen）の新刊紹介をし、『人種誌』[5]に「あうすとりあ土人」の記述を寄せ、スペンサーの功績、体質、開化風俗、武器利器、古代頭骨との類似、等を報告していた。坪井は後にも、上述の諸論考の一部を加筆修正して『婦人と小児』[6]を書き、「濠太利亞の土人」について「諸人種の小児生活（太平洋諸島の部）[7]」も書いているが、そこでは生殖観念や婚姻形態の違い、食人や間引きを紹介しながらも「可愛い情に於ては他の国の人と変わった事はないのであります、子供を愛すると云う事は今申しましたような訳で、濠太利亞でも変わりはないのであります」と指摘した。こうした表象は、その学術的関心が、統治の眼差しからはかけ離れ、博物学的な細部に注がれがちな人類学にあって、そうした視線が、差異と同様に同質にも考えを広げられる梃子になったためであろう。

だが学界でも東京帝国大学の人類学教室とそこを中心とする東京人類学会が、松村瞭に率いられて自然科学化・自然人類学化すると、[8]オーストラリア先住民への視線も変容する。例えば一九二八年から三一年に刊行された『日本地理大系』「海外発展地篇」に、「濠洲」が紹介されており、そのなかで、東京帝国大学理学部助手の佐々木彦一郎が「濠洲先住民たる土着人」を「これらの土人は世界の現存人集中最も低級のものであり、原始的なもの」と紹介し、海南産業株式会社取締役会長の龍江義信は、「真珠貝採集」や「土人の船」という題名で写真を寄せていた。[9]また三〇年、『世界地理風俗大系』が刊行されると、早稲田大学人類学研究室教授だった西村眞次が、「人種」記事を書き、オーストラリア先住民について「その社会慣習は複雑で、神話は甚だ豊富」と評価する一方で、「オーストラリヤ土人の生活様式は旧石器時代を帯びており、「多くの原始的特質を帯」んでおり、[10]数字は一と二しかないことなどを挙げている。同シリーズには、東京商科大学助教授の佐藤弘も「オーストラリヤの人種」を「最劣等の人種」であり「知識は人類中最劣等で、一と二以上の数字はもっていないのみならず、家畜の飼養をしらず、野生植物の根や実を採集して生活する状態である」[11]とし、写真の解説の記事とはいえ、外務省参事官の秋山理敏の担当箇所の写真には「最も醜い民族」、理学博士の浅井治平の担当箇所の写真には「蛮人の漁労」といった見出しがつけられている。こうした論は、オーストラリア先住民について、劣位の徴候を強調することで、それらが既定の事実として受容される効果があったようである。

そこに一九三三年、満州・中国の権益を巡り英米と対立し国際連盟から脱退し、三六年「国策ノ基準」において南方地域への進出を主張する南進論が国家構想の中に正式に記され、四〇年大東亜共栄圏構想が登場。四一年に太平洋戦争に突入し、在豪邦人が引き揚げると、白豪主義への批判が強調され、それまで多くは「土人」と呼称されていた先住民達が、「共栄圏の自発的に有力な協力者」として「原住民」と呼称するよう提言される。[12]こうした当時の動きを体現していたのが、戦前に唯一、そして初めて人類学的素養を担った人物としてオーストラリア入りを果たした小寺廉吉の諸論文である。小寺は、東京高等商業大学を卒業後、フランスで経済地理学者と人文地理学者に学び、上述の佐々木彦一郎の仲介で郷土生活研究所の調査員として民俗調査も行っていた。当時、小寺はダーウィンに初入港した日本船に乗って書いた「ポート・ダーウィン覚書」において、「原住土人Aborigines[13]」の人口・人種・文化社会問題を紹介していたが、[14]翌年（一九四二）には大東亜共栄圏内の「原住民」の起源、隔離及び孤立の影響、生活における諸問題を取り扱い、さらに翌年（一九四三）には「濠洲の原住民政策」を説くに至っていた。こうした表象は、四二年のオーストラリア北部空爆の後になると、先の引き揚げ者達自身の著作も含む多くのオーストラリア論が「南方共栄圏」の枠内で出版され始め、例えば、太平洋協会弘報部次長であった井口一郎は「先ず英国移民との接触によって、原住民は結核性疾患に感染した。次に、与えられた古着を着用することによって、原住民は、その健康を害した。さらに英国移民の、この大陸南東部沿岸地方より発足せる西方への牧畜業による進出は、原住民との間に軋轢を生起するにいたった」[15]と、被虐待者としての先住民像を呈示するようになる。「彼等［先住民］は文化生活に同化することの出来ない民族であるかもしれない。しかし、彼等の滅亡の経路は戦慄すべく、嫌悪すべき一大悲劇であって、われわれは湧き上がる義憤を禁じ得ない」[16]とまで述べられ、いわば「亡び行く原住民と悪質遺伝の濠洲人」[17]という構図であった。

ここまで、学術界を中心に、三種の表象を見てきた。この三種の表象は、対象との直接接触を欠き、国内外の先行研究の表象に依ってきたことで、これらの表象が、国家間の関係に相関した三種の表象として先住民像の変容をあからさまにしている。すなわち、一つは博物学的関心に基づいた同質性の表象であり、一つは自然科学的な人種研究に影響を受けた劣等性の表象であり、さらに一つは日豪の政治関係を反映した、先住民の被抑圧者もしくは、要保護者としての表象である。そして、こうした蓄積が出来てくると、次にはその全体像が問題となることになる。

こうして一九四三年になると、南方年鑑刊行会編『南方年鑑』が出版され、オーストラリアの認識の体系化が図られた。そこには、太平洋協会嘱託として人類学・考古学に長く関心を寄せていた清野謙次、三〇年にデュルケームの『宗教生活の原初形態』を翻訳し民族研究所の部長となっていた古野清人、台北帝国大学の土俗人種学教室を卒業し台北先住民調査を始める直前の馬淵東一らが揃って本書にオーストラリア先住民の民族・宗教・社会について寄稿した。清野は、「オーストラリア土人」は「其体質に於て、又其文化に於て極めて劣等であったので、生存競走に容易に打ち敗け」「濠洲の広大なる面積に於て五萬人而も其多数は内陸の荒蕪地に住居して居るので、濠洲経営には此原住民の統治は殆ど問題でなくなって了った。従って今日に於いて濠洲土人の研究は主として学問上の興味にあり、「学問上から考えると濠洲土人の役割は中々重要」で「彼等の体質には幾多の劣等性—分かり易く云えば類人猿或いは猿人に似た性質を具備しておるためで、人類体質の進化を考える上に役立つし、其生活様式にも幾多の原始的自然生活の状態が残って居るから、人類の文化生活の進化を考察する場合に大いに参考となる[18]」との考えであったが、こうした認識は、馬淵や古野にも共有されていた[19]。また、この前後に早稲田大学を卒業してすぐ民族研究所で古野の指導を受けていた鈴木二郎は、「昭和十八年から翌年前半にかけて、オーストラリアの原住民と絶滅したタスマニア人とを勉強することになっていた。しかしもちろん現地調査の機械に恵まれず、ついに文献だけに頼ることになった[20]」と書いているよう、研究体制の自律化の中でオーストラリア先住民の現地調査は目前に迫っていた。

他方でそうした蓄積に基づいて、徐々に「民族学的教養」を「専門学徒」から「一般の方々」へと普及しようとする著書も出版されはじめ[21]、例えば初期の渡豪者として、開業していたにもかかわらず、引き揚げとなった兼松商店では、現地の研究成果を紹介しながら「然し斯如従順無害な彼等も英国植民地の開始に依り、白人の一歩前進は、原住民の一歩退却を意味する様になり、虐げられた生活は本来知らなかった悪徳に接したのも當然であり、之は英国の罪である」「原住民の大切な食料であるカンガルーや其他の動物が英植民の為にどしどし銃殺されて減少し、之に牛や羊を盗んで食うとか、牧場の附近を彷徨して、牧草の根を掘り、水穴の水を飲んだとて、凡て之を原住民の罪に帰することは酷であろう。然るに、彼等は英国人に依り鼠の如く毒殺され、犬猫の如く撲殺されたのである[22]」と、先住民の被虐待性を梃子にして、「英国人側」への敵意が増し、翌年編纂されて書籍となった際には、序に「太平洋の永久的平和を希う皇国として濠洲を敵の制圧下に残存さすべきでない、況や大東亞共栄圏の確立に絶対不可欠の一大陸であるに於いてをやである[23]」と明確化していた。

こうした学術的関心と、学術外の関心との間にあって、政府は一九四二年、農林省総務局南方資源調査室に『濠洲及新西蘭ニ於ケル原住民ニ関スル調査』をまとめさせ、「以上ノ如ク濠洲ノ原住民オーストラリヤ人ハ其ノ数モ少ナク特定ノ地域ニ居住シ政府ヤ宗教団体カラ手厚ク保護サレ、恰モ我国ニ於ケルアイヌノ如キ状態ニアル。従ッテ政治的ニ重要性ヲ有シナイ。今後濠洲ガ東亜共栄圏ノ一翼トナリ皇威ニ服スルトキ問題トナルノハ白人デアロウ[24]」という帰結を導いていた。また厚生省研究所人口民族部の秘密文書『大和民族を中核とする世界政策の検討』全三千頁以上の第2篇第8章第9節「濠洲民族事情」がおかれた際には、「原始民族としての濠洲土人」は「人口数が甚だ少なく而も何らの社会的、経済的政治力も持たないので特に民族政策の対象となるだけの価値も有しておらない」とされながらも、「人類学上より見るならば濠洲土人は現存する最も未開な種族として特殊な意義を持っている[25]」とされ、「アボリ人」の言語分類や体質的特徴、文化様式が述べられていても、「殆んど文化の進歩を示して居らない[26]」との判断が下され、第3篇第3節「オーストラリア」でも、「いずれにせよ、現在オーストラリアの民族問題上、彼等原住民の存在は最早何等の意義をも有せざるに至っている[27]」と判断されていたので、当時の政府がオーストラリア先住民の民族問題を取り上げる可能性は殆んどなかったと言えよう。

こうして、戦前期の文献研究での表象は、博物学的な関心から自然科学的な関心へと移行するにつれ、オーストラリア先住民像を人類進化のみならず知識や美醜の序列の最底辺に位置づけたが、戦下における占領の要請が、彼らを被虐待者と化し、もって自らの侵入を「永久的平和」の名の下で正当化する契機と化さしめた。またそのような蓄積に基づいて、学術界、経済界、政治界のそれぞれの関心に引き付けられた先住民の表象が描かれることになった。

四　戦後の文献表象一九四五―一九六三

一九四五年、敗戦と被占領後のオーストラリア先住民研究は、他地域の人類学者同様、国外の調査になど一歩も出られない状況において、資源としての重要性を失い、協力の必要性も失ったオーストラリア先住民は、戦前の「原始的」という認識を更新しないまま五一年から日豪国交が回復し、オーストラリア政府の先住民政策への理解の浅さと相俟って、専門家の研究さえ上述したような程度であった。こうした中で新たな試みが見出されるのは、戦後の人類学が資料を総合化する中で、である。

例えば戦前に原型が出来上がっていた、鈴木二郎の『未開人の社会組織』は、本来、本書を『オーストラリア原住民の社会生活』と題すべきはずのものであった、と述べているように、戦前に作成されていた原稿を約半分に縮減したオーストラリア先住民の研究であった[28]。本書は日本人による初のオーストラリア先住民研究の単著で、日常生活や女性独自の儀礼などの研究成果を取り入れ、まず「社会組織」から始まり、次にこの社会組織に則り「食物、経済、日常生活」「出生、成年式」「死、病」「トーテミズム、宗教」が説明されるという構成であった。

他方で戦前にも、「土人芸術[29]」のような表象があったが、この当時建築学者増田友也による総合的アランタ（Aranda）民族研究もあった。東洋の古代建築という展望の中で建築論を展開していた村田治郎の下、研究を進めていた増田は、実存主義的現象学とゲシュタルト心理学の理論でサンドイッチにしながら、アランタ民族の儀場を「建築空間の原始的構造」として位置づけた博士論文を提出したが、これはデュルケームの資料操作を批判的に再構築して、空間の二項対立的組織化を身体行為と建築の相互作用として読み解こうとする研究であった[30]。

こうした総合化の作業は、日本が高度経済成長期を迎えた時、再び変容してゆくことになる。それが明瞭に見られるのが、一九六〇年に出版された『図説世界文化史大系』の一冊、岡正雄編『世界の民族』である。そこには、編者となった岡正雄から川田順造に至る九名の世代を超えた研究者がオーストラリア先住民について何らかの言及をしているため、「オーストラリア土人」の呼称が用いられる一方で、トーテミズムを世界観として捉える視点も登場している[31]。また同年の『現代文化人類学』でも、例えば東京都立大学で社会人類学を専攻した山田隆治はトーテミズムを「各集団がある動植物を宗教的・儀礼的に管理するという一種の分業関係をとおして、お互いに結びつき合い、全体としてうまく自然に順応しているといえる[32]」と書き、戦後も続いた「人種」概念から離床して、共時的な機能的環境順応としての「文化」、あるいは世界観としての「文化」を解釈する認識が見て取られるようになった。

そうなると上述した芸術界の系譜も、オーストラリア先住民の「芸術」作品が本格的に入ってくる。実際、吉川逸治編『原始美術』が一九六三年に刊行されると[33]、六四年にはロンメルの『美のあけぼの―オーストラリアの未開美術』が大林太良の手により翻訳。六五年には新宿で「オーストラリア原始美術展」が開催、六九年にはベネットの『オーストラリア未開美術』が原ひろこの手により翻訳されて、前衛芸術、舞踏、美術、批評などが台頭した六〇年代に、日本の人類学と芸術が相補って異国情緒を掻き立てていった。こうしてついに海外旅行の自由化が実施されると、「探検の大衆化現象[34]」へと結実していったのである。

以上をまとめれば、戦後には、戦前期にあったような切迫した状況を離れた結果、アメリカの占領下で人類学の再組織化を図ることとなり、先行研究の総合化を行い、人類学が機能主義パラダイムの下でのオーストラリア先住民像を描くに至ったことが分かる。ところがこの期間は、同時に、アフリカでの発掘により人類のアフリカ起源説が確固としてきた時期でもあり、オーストラリア先住民研究は、戦前の文献研究も、その基礎となった蔵書も、後続の研究者達にも殆ど活用されることなく忘却されていったようである。研究の継承とは、文献と研究者とが同じ場所にそろっていて、初めて継承され得る可能性が高まる事を以って知らせる事実と言えよう。

五　戦後の表象一九六三－二〇一一

戦後オーストラリア先住民のフィールド研究で、最初に彼らを描いたのは、一九六三年、「早稲田大学探検部オーストラリア内陸踏査隊の寿里茂と川瀬浩邦以下五人の学生が、オーストラリア原住民の調査を行った[35]」ものである。海外渡航が自由化される直前のこの年、日豪協会、産経新聞、フジテレビを後援につけ[36]、アリス・スプリングスを中心に、九つのコミュニティに立ち寄った[37]。

次に、一九七一年に渡豪した言語学の角田太作は、クィーンズランド州のワロコ語を調査して七四年に修士論文に仕上げ、さらにウェスタンオーストラリア州のジャル語を調査して七八年に博士論文を仕上げ、帰国後東京大学で研究し続けた。先住民言語を話せるようになった日本人研究者は角田が初めてであろうし、日本人の先住民文化研究者による英語論文での寄与はこれが最初であろう。

一九七三年から七六年、オーストラリア先住民の歴史の中では、自主決定政策の公表直後からノーザンテリトリーでのアボリジニ土地権法成立という、象徴的な期間、オーストラリア先住民を取材したのが、当時ＮＨＫシドニー特派員の福島健次であった。福島は帰国後、『オーストラリア』二巻本を出版するが、それは福島がオーストラリアに入っていった経緯をなぞるような章立てで、最終章直前に先住民に出くわす構成になっていた。福島はニューサウスウェールズ州を中心に、複数のコミュニティを撮影したが、「取材に出発する前、私は全面的に原住民の側に立っていた。原住民は、何と言っても被害者であり、少数者である。しかし取材から帰った時、私は問題がそれほど単純ではないことを理解していた[38]」と書いているように、福島が直面したのは、「オーストラリアを知るうえでは欠かすことのできない問題[39]」であった。

一九七七年から七八年にかけてオーストラリアに入った新保満の場合、ノーザンテリトリーの教育省からオーストラリア先住民の教育状況の調査を要請されて四〇以上のコミュニティを回り、当該の省に提出した報告書に加え、『野生と文明—オーストラリア原住民の間で』を出版し、第一部を先住民の歴史に焦点を当てながら説明し、第二部をダーウィン周辺の現状、第三部をアリス・スプリングス周辺の現状に当てた[40]。また『オーストラリアの原住民—ある未開社会の崩壊』ではより学術的な体裁で第一章を伝統社会の文献研究、第二章を社会変動の文献研究から書き、第三章でノーザンテリトリーのコミュニティの現状を、政策、経済、教育といった側面から考察した[41]。日本人によるオーストラリア先住民のフィールド研究を日本語で初めて書籍にしたものであり、翻訳の際の語彙選択をある程度規定したのも、本書と言えよう。

新保と同じく一九七七年にオーストラリアに入ったのが鈴木二郎である。鈴木の場合、戦後は人種偏見を主題とする研究を行っていたので、当時のオーストラリア先住民の社会状況にはうってつけの研究者であった。鈴木はオーストラリアに渡ると、ヴィクトリア州、ニューサウスウェールズ州、クィーンズランド州を回り、同年朝日新聞に「未開から現代の間—自立する豪原住民の世界」という記事を一〇回にわたって連載した。これらのフィールド研究は、先住民の問題を現在化したし、日本の部落解放の文脈と接続することも、彼の仕事を始めとするものである。

新保らの後、一九七八年から八一年までオーストラリアに入ったのが、新聞記者の中野不二男であった。中野が

150年におよぶ白人のオーストラリア統治で、我々アボリジニが手にしたものは…
何も作れないような、砂漠の居留地と……
都市のスラム街の生活だ!!

©さいとう・たかを（SPコミックス『ゴルゴ13』60巻「シンプソン走路」/リイド社）

出入りしたのはシドニーのレッドファーンのパブや、アリス・スプリングス周辺の新しいセツルメントで自社会を立て直そうとする先住民、当時のキャンベラで社会運動にコミットする先住民の姿であった。中野の仕事は新保らの研究を補うものとなり、『アボリジニーの国―オーストラリア先住民の中で』を出版して上述したような先住民の各地での新しい気運について報告した後、直ぐ翌年には、日本人の真珠貝採取潜水夫マサトラと、その妻となった先住民マリーを中心としたブルーム周辺の歴史を描き[42]、更に八七年には、調査時に知り合ったチャールズ・パーキンスの半生を翻訳、伝統的なオーストラリア先住民の姿を複数化した。

戦後一九七〇年代までにおけるオーストラリア先住民の表象は、戦後初の直接接触とその表象をもたらした。そこでは、今後にも見られる三種の表象が出てきたと言えよう。六〇年代の探検はその未分化な姿であったが、そこから、角田のように特定主題を厳密に描く科学表象、福島のようにオーストラリアの全体像を広く紹介しようとする報道表象、そして、新保のように特定民族の生活の在り方を多面的に描こうとする民族誌表象である。これらの三種の表象は動きつつあるオーストラリア先住民を捉えるための、三つの関係の在り方と言っても良かろう。

さて、一九八〇年代にはいると、新たなオーストラリア先住民像が次々と出版され始める。まず一九八三年になると、漫画家のさいとう・たかをは、劇画『ゴルゴ13』で、「シンプソン走路」を発表するが、オーストラリア先住民と白人との間で複雑な関係が生れており、鉱山開発、福祉手当、アルコール依存の諸側面が社会問題化している現状を取り上げ、こうした現状に苛立った一部の先住民が軍事政権を狙って立ちあがるが、ゴルゴ13に撃たれる、という物語を描いている。これは日本でオーストラリア先住民の表象が創作に取り込まれた最初の例であろう。

他方、一九六七年から毎年のように調査に出かけていた、関西学院大学教授の大島穣二が七五年から七九年にかけ、北大路弘信、杉本尚次、松本博之、久原脩司ら九名による学術調査から『トーレス海峡諸島調査報告資料』を編み、八三年に『トレス海峡の人々―その地理学的・民族学的研究』をとなったが、これは地誌から文化、社会・経済を取り込む先進的かつ包括的なトレス海峡諸島把握の試みであった。

また追手門学院大学オーストラリア研究所で親族呼称の論文を発表した杉本一郎らは、八一年及び八六年、遠山嘉博をリーダーとするウェスタンオーストラリアの調査に入り、杉本の「オーストラリア先住民（Aborigines）をめぐる社会問題の概観と課題」[43]や山中雅夫の「アボリジニの土地権とオーストラリア工業開発」[44]などを著し、杉本は土地権、資源開発、ウラニウム論争、健康・食事・住居、教育といった現在的な諸争点を全体的に報告し、また山中は鉱業開発に焦点を絞り、先住民との間の問題を日本に紹介する嚆矢となった。

またこうした研究者達との接触なしに、オーストラリアに入ったのが、現在日本のオーストラリア先住民研究の主流派になる国立民族学博物館の研究調査隊であった。リーダーの小山修三は、一九八〇年に海外標本資料収集でオーストラリアに出向いたことから先住民研究に入ることとなった。しかし先住民を取り巻く研究状況はこの間、大きな変容を迎えてきており、小山は、民族学博物館の代理人として先住民の資料収集と展示という新たな関係を築きつつ、自らが研究者として計量人類学的手法を中心にオーストラリア先住民研究の人口論を進めながら『狩人の大地―オーストラリア・アボリジニの世界』を出版、さらに先住民研究に奥行きと広がりを持たせるために後進を育てるという、いわば三足の草鞋を並行させざるを得なかった[45]。これは、小山と一緒にオーストラリア先住民の調査に入っていた松山利夫においても同様であった。松山も最初期のフィールド研究者として、三足の草鞋にならざるを得なかったが、民族学博物館の代理人としては多くの映像作品を撮り、また食物規制、儀礼、生活史といった民族誌的研究として『ユーカリの森に生きる─アボリジニの生活と神話から』を出版、そして松山の場合、都市研究のように一般主題の下に他の地域との間に連携を組んでいった[46]。こうして、この二人を核に、先の中野不二男や山中雅夫を含め、ニコラス・ピーターソン、杉藤重信、細川弘明、窪田幸子、久保正敏、鈴木清史、上橋菜穂子、鎌田真弓らと毎年のように共同調査に入り、九〇年代に独自の展開をする共同研究者を増やしていった。

また一九八四年、大陸北部には、村井吉敬により、歴史研究の眼が注がれつつあった。「日本に輸入されるエビを追いかけていたら、オーストラリア先住民（アボリジニー）と出会った」[47]。そこで村井は、これまであった北部・中央部の先住民とも、都市の先住民とも異なった「『普通の』アボリジニー」[48]に注目し、エビやナマコを通じて一九〇七年まで持続していたオーストラリア先住民とインドネシア諸島民の交流史をまとめ、「国境に閉じ込められる歴史」の不自然さを指摘した[49]。また現実に研究がまとまったのはやや後になるものの、鶴見良行も、八七年‐オーストラリア北部を訪問し、『ナマコの眼』[50]を出版。こうした研究関心は、後に日本人によるオーストラリア先住民研究の中でも、オーストラリアという国民国家の枠にとらわれない、庶民に拠点を持つ研究のあり方の端緒となった。

こうした学術界の表象の変容は、オーストラリア国内における先住民の直面する課題の変容と共に、日本人研究者との関係の変容を表している。オーストラリア国内では、一九七二年に採用された先住民の自主決定・自主管理政策が、七六年のノーザンテリトリーのアボリジニ土地権法成立を介して、八九年に「アボリジニ・トレス海峡諸島人委員会（Aboriginal and Torres Strait Islander Commission: ATSIC）」へと具体化する。こうした状況内で、表象形式とし

©雁屋哲・花咲アキラ（『美味しんぼ』37巻／小学館）

ては、戦前から国内で発達してきた創作（漫画）への取り込みが登場して広範な読者に新たな表象を広めはじめ、他方で長期的関与から現地人の視点を重んじる民族誌表象が根付き、特に国立民族学博物館を通じ、研究と展示の両面で新たな先住民の民族誌表象を広めていった。

一九九〇年代に入って特異なのは、一方で、『美味しんぼ』「激突アボリジニー料理！」のような創作界が成長してくることである。雁屋哲はそこに、主人公の山岡士郎と海原雄山に料理の素材を提供するもの言わぬ「アボリジニー」を登場させている。また九五年に翻訳され日本でも広範な読者を獲得したのが、マルロ・モーガンの『ミュータント・メッセージ』であった。そこでは、アメリカ人女性が、ふとしたことから先住民の一部族と旅をし、この地上に生まれたミュータント（白人を典型とする物質主義文明）へメッセージを託される、という構成だが、まるで体験記のような表象形式をとっているため、未だに多くの読者がこれを創作と受け止め損ねている。創作界のこうした表象は、私的な体験内で可視的な徴候か不可視の精神世界が強調される傾向があるようだ。九七年の降旗学の『残酷な楽園』はノン・フィクションであるが、九八年の海美央の『アボリジニの教え―大地と宇宙をつなぐ精霊の知恵』も同様の構成と傾向がみてとれる。

他方で経済界では一九八五年の『海外興業情報』から「アボリジニー」が問題となっていたが、九二年にはマボ判決が出たことで先住民の権原法が認められ、九三年「先住原住民（アボリジニ人）」が鉱山開発に「悪影響」を与えると大きな不安材料となり、九五年には日本貿易振興会が『オーストラリアの先住民族問題と資源開発等への影響』を出版したほどであった。

そうしたなか八〇年代にオーストラリア入りしていた国立民族学博物館の研究者達は、九〇年代に入ってそれぞれ独特な研究成果を上げてゆき、例えば杉藤重信と窪田幸子は、八〇年代の小山と松山の組み合わせにも似て、杉藤はコンピュータを駆使して、文化人類学の調査現場で家族・親族関係を把握し、データベース化するアプリケーションの開発に取り組み、より汎用性のあるアプリケーション開発に取り組んだ。対して窪田幸子は、こうしたマクロな研究を補うかのように、アーネムランドのヨルング達の工芸品製作と個人選択における活動の調査を中心に、婚姻、居住、生業、神話といった領域におけるジェンダー枠組みの変化を『アボリジニ社会のジェンダー人類学―先住民・女性・社会変化』（二〇〇五）にまとめた。窪田の研究の特徴は、綿密なフィールド資料と根気強い先行研究との対話から、複雑な社会変化の諸相を着実に描き出すことにあるが、こうした確実な根拠を以て、近年では世界各地の先住民の研究を組織化している。

また既に諸種の統計から『アボリジニー―オーストラリア先住民の昨日と今日』（一九九三（一九八六））で、歴史的過程を踏まえ、今日の先住民の状況を人口、社会経済的地位、教育、保健医療と社会福祉、住宅問題、法律、土地所有権問題、政治参加の八つの分野から分析していた鈴木清史は、いわゆる遠隔地に住む先住民は、先住民の中では少数派で、今や多数派は都市に住む先住民であることから、八九年より改めてシドニーのフィールド研究に取り組み、『都市のアボリジニ―抑圧と伝統のはざまで』を出版した。そこでは、そこで判明してくるのは、先住民としての確かな表徴も背景を持たない先住民人口の存在である。そうであるがゆえに、彼らは白人に自己呈示する必要から、大学やダンス・スクールを通じて、客体化されたアボリジニ文化を学習により獲得しようとするが、こうした表象を自らの出自として共有する「アーバン・アボリジニ」は、まあたらしい集団であることを論じる(51)。

こうして九〇年に入ると、既にアーネムランドを中心とする遠隔地文化研究も、シドニーを中心とする都市文化研究もあるなかで、上橋菜穂子は、ウェスタンオーストラリア州中西部のミンゲニュー及びジェラルトンに入ることで、伝統的でも都市的でもないがゆえにオーストラリア各地に広く存在する「地方」の先住民の姿を伝えることとなった。上橋の仕事には、現地の先住民女性の語りを前面に押し出し、上橋自身は殆んど注釈者と語りの舞台回しに徹した『隣のアボリジニ―小さな町に暮らす先住民』（二〇〇〇）から、その背後にあって、そうした現状を生み出した国家の先住民像や州法、学校教育の研究へと進み、こうした制度化された中で、先住民側から試みられた新たな地域学校や長老委員会の試みを伝えている(52)。

さらに既に八六年にウェスタンオーストラリア北西部ブルームに赴いていた細川弘明は「先住民の土地権を保障する法的措置がまだ整ってはいないが、それでもキンバリー土地協議会をはじめ、いくつかの先住民団体が結成され、さまざまな活動が始まって」おり、「筆者はいつのまにか老人達の代弁者として文字通り走りまわる役を演じるようになっていた(53)」。その後、細川の研究は、環境と共鳴する先住民の身体に基礎を置きながら、それを囲む行政や司法といったマジョリティの言説との間に生じる環境問題に身を投じ、先住民という主題をタスマニア州からのウッドチップ輸入の問題(54)や、ジャビルカからのウラン輸入問題(55)として、問題を読者の生活世界と切り結ぶ努力を払ってお

ボクの作品のテーマはズバリ大地と精霊!!
アボリジニーの先祖から受け継いだ記憶と伝統を現代によみがえらせたいのです!
©細野不二彦（『ギャラリー・フェイク』31巻/小学館）

り、「日本」という想像の共同体に風穴を穿つ寄与をしている。

一九九〇年代、日本は九一年にバブル経済の崩壊に直面したのに対し、先住民は、九三年に国連の世界の先住民の国際年を迎え、いわば一つのピークに達した。一方で創作界の先住民表象で私的な精神世界が真実性を以て現れてきたのにも、他方で民族誌表象では、遠隔地、都市、地方、国際関係にまで研究が揃ってきたのにも、こうした背景が影響したのであろう。これらの二つの表象は、その媒体に接してくる読者層が異なるため、先住民表象が分裂を招いたものであろうが、国際関係の事実を見れば、私的な精神世界の真実性に止まろうとするには既に無理があるのである。

二〇〇〇年代に入ると、オーストラリア先住民の表象は、それまで特に先住民に触れてこなかったそれぞれの分野に登場することになる。全ては取り上げられないが、創作界では、片山恭一の『世界の中心で、愛をさけぶ』に「アボリジニ」が、また細野不二彦の『ギャラリー・フェイク』「エアーズ・ロックの主」には、「アボリジアン美術家」が登場するが、水木しげる[56]のような例外を除くと、学術界と創作界の平行線は現在もなお続いている。

他方、学術界では藤川隆男編『オーストラリアの歴史』などでオーストラリア史に大きく先住民史を取り上げたし、トレス海峡諸島研究でも前川啓治の『開発の人類学 - 文化接合から翻訳的適応へ』も公刊された。朝水宗彦は『多文化社会オーストラリアにおけるエスニック・ツーリズム形成過程に関する研究』でオーストラリア観光史に、有満保江は『オーストラリアのアイデンティティ―文学にみるその模索と変容』で文学史に、さらに佐和田敬司は、『現代演劇と文化の混交―オーストラリア先住民演劇と日本の翻訳劇との出会い』で演劇史に、それぞれ先住民史を位置づけた。これらは書籍化された一部だが、これ以外にも、多くの論文群がある。

そこで、これまで見てきた諸表象の到達点の一つとして、保苅実を見て見よう。保苅は、オーストラリア先住民史の中では六〇年代の社会運動の発火点として、象徴的な存在、グリンジのフィールドに赴いた（第一章参照）。そこで彼はジミー爺さんから、白人の起源としてのジャッキー・バンダマラの存在や、それを説明する際に用いられる空間表象の在り方に魅入られ、彼らのオーラル・ヒストリーから、労働争議と言われてきた事件が、実は彼らのカントリーの主体的再構築であったことを説得的に論じた[57]。だが、保苅が「戦略的歴史学者」として狙ったのは、「歴史への真摯さ」を梃子に、両者に対等なギャップ越しのコミュニケーションを齎すよう呼びかけることであった[58]。このため彼は、ナショナル・ヒストリーの中ではマイナー化されざるを得ない少数民族や先住民族の歴史をつなぎ合わせるアンチ・マイノリティ・ヒストリーの場を構想し、また以上のような手続きで先住民の歴史を紐解けば、そこにはアジア系移民や労働者との長い交渉史があるので、和解の開放性を主張することで、歴史家としての責任の果たし方を問うた。これだけギャップ越しに各領域をつなげようとした研究者は他にはいなかったと言って過言ではあるまい。

それゆえ、保苅の早過ぎる死には、オーストラリア先住民研究者を超え、日本からもオーストラリアからも、惜しむ声が集まった。

六　おわりに

オーストラリア先住民の表象史は、対象となったオーストラリア先住民とその背後にあったオーストラリア社会、それらに接した人々とその背景にあった日本社会との間で、百数十年、変容し続けた。戦前の直接接触以前には、まさにそれゆえに、この関係に大きな影響を受けた表象が見られた。戦前にも見られた学術界、経済界、政治界といった界によりその表象は時に大きく在り方を変えていたが、戦後は学術界と経済界の軸の間で、科学表象、民族誌表象、報道表象、創作表象という対象との関係の仕方で四つの在り方を整理した。これらはメディアが異なるため前者の表象ほど限定され、後者ほど普及したが、それらは併存し、交流がなかった。それゆえ、本章では、この忘却の歴史を想起し、ギャップを越す試みをしたのであった。

注

（1）藤崎康夫編・山本耕二写真『写真・絵画集成　日本人移民四　アジア・オセアニア』日本図書センター、一九九七年。
（2）末廣一雄『濠洲印度探検誌』日本講演協会、一九四三年（一八九一年）。
（3）渡邊勘十郎『濠洲探検報告書』外務省通商局第二課、一八九四年、一―五頁、一一―一六頁、一二一二頁。
（4）坪井正五郎「考古学と土俗学」（『東洋学芸雑誌』第九巻第一二四号、一八九二年、一〇頁）。
（5）鳥居龍蔵編輯・坪井正五郎校閲『人種誌』嵩山房、一九〇二年。スペンサーに関しては本書第一章の彼に関する記述を参照。ギレンは一八九九年のスペンサーとのアボリジニに関する共著で知られる。

(6) 坪井正五郎「婦人と小児」(上笙一郎編『婦人と小児　坪井正五郎　児童に関する迷信　坂井千代』日本〈子どもの歴史〉叢書一三、久山社、一九九七年〔一九〇七年〕、一一-一八二頁)。
(7) 坪井正五郎「諸人種の小児生活(太平洋諸島の部)」(『東京人類学会雑誌』第二五巻第二九二号、一九一〇年、三七五-三八八頁)。
(8) 坂野徹『帝国日本と人類学者一八八四-一九五二』勁草書房、二〇〇五年、四〇四頁。
(9) 佐々木一彦・龍江義信「太洋州概説」(山本三生編『日本地理大系』海外発展地篇下巻、改造社、一九三一年、二二七頁)。
(10) 西村眞次「人種」(飯本信之ほか編『世界地理風俗体系』第二三巻、新光社、一九三〇年：六〇頁)。
(11) 佐藤弘「人種と民族」(仲摩照久編『世界地理風俗体系』第二五巻、一九三一年、七四-八〇頁)。
(12) 平野義太郎「序」(平野義太郎・清野謙次『太平洋の民族＝政治学』日本評論社、一九四二年、一-四頁)。
(13) 小寺廉吉「ポート・ダーウィン覚書—濠洲の北端、その二」(『研究論集』高岡高等商業学校研究会、一九四一年a：一四九-一七六頁)。
(14) 小寺廉吉「ポート・ダーウィン覚書(続)—濠洲の北端、その二」(『研究論集』高岡高等商業学校研究会、一九四一年b：三〇五-三三七頁)。
(15) 井口一郎「濠洲の地政学的概観」(佐藤弘・飯本信之編『濠洲・ニュージーランド太平洋諸島』南太平洋地理体系八巻、ダイヤモンド社、一九四二年、八一頁)。
(16) 宮田峯一『濠洲連邦』紘文社、一九四二年、一六一頁。
(17) 縄田正造『南方圏の展開』明治図書株式会社、一九四三年、二九五-二九七頁。
(18) 清野謙次「オーストラリア民族誌　附タスマニア人」(太平洋協会編『濠洲の自然と社会』中央公論社、一九四三年、二三七頁)。
(19) 馬淵東一「南方圏の社会」(南方年鑑刊行会編『南方年鑑』東邦社、一九四三年、一六一-一六四頁)、古野清人「南方圏の宗教」(南方年鑑刊行会編『南方年鑑』東邦社、一九四三年、五三八頁)。
(20) 鈴木二郎『未開人の社会組織』世界書院、一九五〇年。
(21) 勝谷透『南方未開社会の文化』湯川弘文社、一九四三年。
(22) 兼松商店調査部『濠洲の原住民族』濠洲事情解説集第一四輯、改洋社、一九四二年、六頁。
(23) 林荘太郎「序」(兼松商店調査部『濠洲』国際日本協会、一九四二年、二頁)。
(24) 農林省総務局南方資源調査室編『濠洲及新西蘭ニ於ケル原住民ニ関スル調査』農林省総務局南方資源調査室、一九四二年、一一一-一一三頁。
(25) 厚生省研究所人口民族部『大和民族を中核とする世界政策の検討(其三)』民族人口政策研究資料第5巻(戦時下に於ける厚生省研

究部人口民族部資料）文生書房、一九八二年（一九四三年）、一二一九－一二三〇頁。
（26）同前、一二四四頁。
（27）同前、一五六一頁。
（28）前掲、『未開人の社会組織』、一九五〇年。
（29）木村幸一郎監修『濠洲及南洋土人芸術』洪洋社、一九二五年。
（30）増田友也『建築的空間の原始的構造―Aruntaの祭場とTodasの建築との建築学的研究』ナカニシヤ出版、一九七八年（一九五五年）。アランタとはオーストラリア中央砂漠のアリス・スプリングス周辺の伝統的土地権利者であるアボリジニのグループ。英語ではArrente, Arunta, Arrarntaなどともつづる。
（31）川田順造「トーテムとタブー」（岡正雄編『図説　世界文化史大系2　世界の民族』角川書店、一九六〇年、二二〇頁）。
（32）山田隆治「宗教と儀礼」（泉靖一・中根千秋編『人間の社会〔Ⅱ〕』現代文化人類学四、中山書店、一九六〇年、一三三頁）。
（33）吉川逸治編『原始美術』講談社版世界美術大第一巻、講談社、一九六三年。後述のロンメルは、一九五四－五五年にかけての、当時ミュンヘン国立民族博物館の館長であったロンメルのオーストラリア北西部のキンバリーから北東アーネムランドにかけての調査に基づく。また「オーストラリア原始美術展」はドロシィ・ベネット・コレクションにより構成され、『オーストラリアの未開美術』はドロシィの息子、ランスの手による。詳しくは松山利夫「「オーストラリア原始美術」展とその民族学的背景－日本最初のアボリジナル美術展をめぐる資料の紹介－」（『国立民族学博物館研究報告』三三巻二号、二〇〇八年、一四九－二三六頁）参照。
（34）松島駿二郎「日本人によるオセアニア探検　野心とロマンの南洋行」（石毛直道編『オセアニア』民族探検の旅第一集、学習研究社、一九七六年、一五五頁）。
（35）同前、一五五頁。
（36）早稲田大学探検部『早稲田大学オーストラリア内陸踏査隊計画書』早稲田大学探検部、一九六三年。
（37）早稲田大学探検部OB会部史編集委員会編『早稲田大学探検部三〇年史』早稲田大学探検部OB会、一九九〇年。
（38）福島健次『オーストラリアⅡ』日本放送出版協会、一九七八年、一四七－一四八頁。
（39）同前、一九一頁。
（40）新保満『野生と文明―オーストラリア原住民の間で』未来社、一九七九年。
（41）新保満『オーストラリアの原住民―ある未開社会の崩壊』日本放送出版協会、一九八〇年。
（42）中野不二男『マリーとマサトラ―日本人ダイバーとアボリジニーの妻』文藝春秋社、一九八六年。
（43）杉本一郎「オーストラリア先住民（Aborigines）をめぐる社会問題の概観と課題」（『オーストラリア研究紀要』一二、一九八六年、一

－一五頁)。
(44) 山中雅夫「アボリジニの土地権とオーストラリア工業開発」(『オーストラリア研究紀要』一二、一九八六年、一七－三七頁)。
(45) 小山修三『狩人の大地―オーストラリア・アボリジニの世界』雄山閣、一九九二年、小山修三編(『国立民族学博物館研究報告書』別冊一五号、国立民族学博物館、一九九一年)。
(46) 松山利夫『ユーカリの森に生きる―アボリジニの生活と神話から』NHKブックス、日本放送教会出版協会、一九九四年、松山利夫「ヌンガから再びアボリジナルへ―アデレードの先住民」(青柳清孝・松山利夫編『先住民と都市―人類学の新しい地平』岩波書店、一九九九年、三一－二一頁)。
(47) 村井吉敬『スラウェシの海辺から―もうひとつのアジア・太平洋』同文館、一九八七年、一三頁。
(48) 同前、一三頁。
(49) 同前、六五頁。
(50) 鶴見良行『ナマコの眼』筑摩書房、一九九〇年。
(51) 鈴木清史『都市のアボリジニ―抑圧と伝統のはざまで』明石書店、一九九五年。
(52) 青柳まちこ・上橋菜穂子・内藤暁子「先住民と学校教育―アボリジニとマオリの場合」(石川栄吉監修・清水昭俊・吉岡政徳編『オセアニア③　近代に生きる』東京大学出版会、一九九三年、一一五－一三八頁)。
(53) 細川弘明「先住民の政治的復権と第四世界の言語運動―オーストラリア先住民の事例から」(『言語』七月号、一九八九年、三四頁)。
(54) 細川弘明「先住民族と資源開発・環境問題―少数者化・生態学的ダンピング、そして『持続可能な加害』構造の中で」(『平和研究』二一号、一九九六年、一六－二七頁)。
(55) 伊藤孝司・細川弘明『日本が破壊する世界遺産―日本の原発とオーストラリア・ウラン採掘』風媒社、二〇〇〇年。
(56) 水木しげる絵・大泉実成文『精霊の楽園オーストラリア　アボリジニ　妖怪の古里紀行』翔伝社、二〇〇〇年。
(57) HOKARI Minoru, *Gurindji Journey:A Japanese Historian in The Outback*.UNSW Press. 2011.
(58) 保苅実『ラディカル・オーラル・ヒストリー―オーストラリア先住民アボリジニの歴史実践』御茶の水書房、二〇〇四年。

参照文献

HOKARI Minoru, *Gurindji Journey: A Japanese Historian in The Outback*. UNSW Press. 2011.
青柳まちこ・上橋菜穂子・内藤暁子「先住民と学校教育―アボリジニとマオリの場合」(石川栄吉監修・清水昭俊・吉岡政徳編『オセアニア③　近代に生きる』東京大学出版会、一九九三年、一一五－一三八頁)。

井口一郎「濠洲の地政学的概観」（佐藤弘・飯本信之編『濠洲・ニュージーランド太平洋諸島』南太平洋地理体系八巻、ダイヤモンド社、一九四二年、七五－一〇六頁）。

坂野徹『帝国日本と人類学者　一八八四－一九五二』勁草書房、二〇〇五年。

伊藤孝司・細川弘明『日本が破壊する世界遺産―日本の原発とオーストラリア・ウラン採掘』風媒社、二〇〇〇年。

上橋菜穂子『隣のアボリジニ』ちくまプライマリーブックス、筑摩書房、二〇〇〇年。

勝谷透『南方未開社会の文化』湯川弘文社、一九四三年。

兼松商店調査部『濠洲の原住民族』濠洲事情解説集第一四輯、改洋社、一九四二年。

川田順造「トーテムとタブー」（岡正雄編『図説　世界文化史大系２　世界の民族』角川書店、一九六〇年、二一四－二二〇頁）。

木村幸一郎監修『濠洲及南洋土人芸術』洪洋社、一九二五年。

清野謙次「オーストラリア民族誌　附タスマニア人」（太平洋協会編『濠洲の自然と社会』中央公論社、一九四三年、一三五－一五六頁）。

窪田幸子『アボリジニ社会のジェンダー人類学―先住民・女性・社会変化』世界思想社、二〇〇五年。

厚生省研究所人口民族部『大和民族を中核とする世界政策の検討（其三）』民族人口政策研究資料第五巻（戦時下に於ける厚生省研究部人口民族部資料）文生書房、一九八二年（一九四三年）。

小寺廉吉「ポート・ダーウィン覚書―濠洲の北端、その二」（『研究論集』高岡高等商業学校研究会、一九四一年ａ：一四九－一七六頁）。

――「ポート・ダーウィン覚書（続）―濠洲の北端、その二」（『研究論集』高岡高等商業学校研究会、一九四一年ｂ：三〇五－三三七頁）。

小山修三『狩人の大地―オーストラリア・アボリジニの世界』雄山閣、一九九二年。

小山修三編『国立民族学博物館研究報告書』別冊一五号、国立民族学博物館、一九九一年。

佐々木一彦・龍江義信「太洋州概説」（山本三生編『日本地理大系』海外発展地篇下巻、改造社、一九三一年、二一六－二四二頁）。

佐藤弘「人種と民族」（仲摩照久編『世界地理風俗体系』第二五巻、一九三一年、七四－八〇頁）。

新保満『野生と文明―オーストラリア原住民の間で』未来社、一九七九年。

――『オーストラリアの原住民―ある未開社会の崩壊』日本放送出版協会、一九八〇年。

杉本一郎「オーストラリア先住民（Aborigines）をめぐる社会問題の概観と課題」（『オーストラリア研究紀要』一二、一九八六年、一一－一五頁）。

鈴木清史『増補アボリジニ―オーストラリア先住民の昨日と今日』世界差別問題叢書五、明石書店、一九九三年（一九八五年）。

――『都市のアボリジニ―抑圧と伝統のはざまで』明石書店、一九九五年。

鈴木二郎『未開人の社会組織』世界書院、一九五〇年。

末廣一雄『濠洲印度探検誌』日本講演協会、一九四二年（一八九一年）。

縄田正造『南方圏の展開』明治図書株式会社、一九四三年：二九一－三一三頁。

坪井正五郎「考古学と土俗学」（『東洋学芸雑誌』第九巻第一二四号、一八九二年、八－一二頁）。

――「諸人種の小児生活（太平洋諸島の部）」（『東京人類学会雑誌』第二五巻第二九二号、一九一〇年、三七五－三八八頁）。

――「婦人と小児」（上笙一郎編『婦人と小児　坪井正五郎　児童に関する迷信　坂井千代』日本〈子どもの歴史〉叢書一三、久山社、一九九七年（一九〇七年）、一－一八二頁）。

鶴見良行『ナマコの眼』筑摩書房、一九九〇年。

鳥居龍蔵編輯・坪井正五郎校閲『人種誌』嵩山房、一九〇二年。

中野不二男『マリーとマサトラ―日本人ダイバーとアボリジニーの妻』文藝春秋社、一九八六年。

西村眞次「人種」（飯本信之ほか編『世界地理風俗体系』第二三巻、新光社、一九三〇年：五八－八〇頁）。

農林省総務局南方資源調査室編『濠洲及新西蘭ニ於ケル原住民ニ関スル調査』農林省総務局南方資源調査室、一九四二年、一－一三頁。

林荘太郎「序」（兼松商店調査部編『濠洲』国際日本協会、一九四二年、一－三頁）。

平野義太郎「序」（平野義太郎・清野謙次『太平洋の民族＝政治学』日本評論社、一九四二年、一－四頁）。

福島健次『オーストラリアⅡ』日本放送出版協会、一九七八年。

藤崎康夫編・山本耕二写真『写真・絵画集成日本人移民四　アジア・オセアニア』日本図書センター、一九九七年。

古野清人「南方圏の宗教」（南方年鑑刊行会編『南方年鑑』東邦社、一九四三年、八五－一一八頁）。

保苅実『ラディカル・オーラル・ヒストリー―オーストラリア先住民アボリジニの歴史実践』御茶の水書房、二〇〇四年。

細川弘明「先住民の政治的復権と第四世界の言語運動―オーストラリア先住民の事例から」（『言語』七月号、一九八九年、三〇－三七頁）。

――「先住民族と資源開発・環境問題―少数者化・生態学的ダンピング、そして『持続可能な加害』構造の中で」（『平和研究』二一号、一九九六年、一六－二七頁）。

増田友也『建築的空間の原始的構造―Aruntaの祭場とTodasの建築との建築学的研究』ナカニシヤ出版、一九七八年（一九五五年）。

松島駿二郎「日本人によるオセアニア探検　野心とロマンの南洋行」（石毛直道編『オセアニア』民族探検の旅第一集　学習研究社、一九七六年、一五二－一五五頁）。

松山利夫『ユーカリの森に生きる―アボリジニの生活と神話から』ＮＨＫブックス、日本放送教会出版協会、一九九四年。

――「ヌンガから再びアボリジナルへ―アデレードの先住民」（青柳清孝・松山利夫編『先住民と都市―人類学の新しい地平』岩波書店、

一九九九年、三－二二頁）。

――「「オーストラリア原始美術」展とその民族学的背景－日本最初のアボリジナル美術展をめぐる資料の紹介－」（『国立民族学博物館研究報告』三三巻二号、二〇〇八年、一四九－二三六頁）。

馬淵東一「南方圏の社会」（南方年鑑刊行会編『南方年鑑』東邦社、一九四三年、一六二－一六四頁）。

水木しげる絵・大泉実成文『精霊の楽園オーストラリア　アボリジニ　妖怪の古里紀行』翔伝社、二〇〇〇年。

宮田峯一『濠洲連邦』紘文社、一九四二年。

村井吉敬『スラウェシの海辺から─もうひとつのアジア・太平洋』同文館、一九八七年。

山田隆治「宗教と儀礼」（泉靖一・中根千秋編『人間の社会（Ⅱ）』現代文化人類学四、中山書店、一九六〇年、一一四－一五五頁）。

山中雅夫「アボリジニの土地権とオーストラリア工業開発」（『オーストラリア研究紀要』一二、一九八六年、一七－三七頁）。

吉川逸治編『原始美術』講談社版世界美術大系第一巻、講談社、一九六三年。

早稲田大学探検部『早稲田大学オーストラリア内陸踏査隊計画書』早稲田大学探検部、一九六三年。

早稲田大学探検部ＯＢ会部史編集委員会編『早稲田大学探検部三〇年史』早稲田大学探検部ＯＢ会、一九九〇年。

渡邊勘十郎『濠洲探検報告書』外務省通商局第二課、一八九四年。

第二部　日本とオーストラリア先住民

第五章　日本人とオーストラリア先住民[1]の交流史

山内由理子

一　はじめに

まだ筆者がオーストラリアに留学したての二〇〇二年にオーストラリア有数の観光地となったウルル（エアーズ・ロック）を訪ねた事があった。そこでたまたま出会った日本人観光客に自分がオーストラリア先住民を研究していることを話すと、その彼女に「アボリジニってどこにいるんですか?」という質問を投げかけられた。仕事（?）柄アボリジニの人々と日々接触していた私は、多少驚いたが、とりあえず、アボリジニの人口が統計上一番多いのはシドニーであるが、オーストラリア各地に住んでいること、ウルルもアボリジニの聖地であり近くに居住地域があること、を伝えた。彼女は礼を言いながらも、それでも自分は一度もアボリジニをオーストラリアで見たことがない、と首をひねりながら去っていった。

この女性がアボリジニを「見た」ことがない、あるいはないと思っている一因は現在「アボリジニ」とカテゴライズされている人々の多くが、混血が進み、ぱっと見では日本人が観光客向けパンフレットで見るような「アボリジニ」のイメージとは程遠いことが挙げられるかもしれない。しかしその一方で現在の日本人の多くにとって、アボリジニあるいはオーストラリア先住民はなかなか直接接触する社会的状況にないのではなかろうか。これは日本人側の話だけではない。筆者の博士論文の調査地はシドニー南西部郊外でオーストラリア第二の先住民人口を誇る地域であるが、この低収入層の多い郊外で、私が接触した先住民の殆どにとっては、私が最初に知り合った「日本人」であった。しかし目を北部オーストラリアに転じてみると、様相はがらりと異なる。そこにあるのは日本人とオーストラリア先住民の間の長く深い交流の歴史である。本章ではその歴史を概観し、それが今日の日本人に対し意味するところを考えてゆきたい。

二　北部オーストラリアの日本人移民

日本人がオセアニアに関する知識に触れるのは江戸時代後期であるが、日本人とオーストラリア先住民の接触は鎖国時代の終了後である。開国と共に多くの日本人が海外へ渡っていったが、その中で、日本人とオーストラリア先住民のまとまった接触の歴史を形作ったのは北部オーストラリアに渡り、真珠貝（白蝶貝）採取やさとうきび産業に従事した出稼ぎ移民たちであり、その繁栄に魅かれて集まってきた人々であった。

真珠貝採取というのはボタンの原料の真珠貝の採取である。現在の様なプラスチックのボタンの普及は一九六〇年代からであり、それ以前のボタンはヨーロッパの貴婦人等の衣服を飾る高級品であった。北部オーストラリアで真珠貝が一八六〇年代にヨーロッパ人により「発見」されると、真珠貝採取は瞬く間に北部オーストラリアの主要産業の一つとなった。そのためのダイビング等の労働力として最初は先住民が使役されたが、彼等の雇用が制限されると、東南アジア人、日本人等が導入された。日本人最初の真珠貝採取ダイバーの記録は一八七六年のトレス海峡の木曜島におけるものであるが[2]、それを機に、日本人移民は木曜島を初めウェスタンオーストラリア州のブルームやダービー、コサック、ノーザンテリトリーのダーウィン等真珠貝採取業の拠点となった北部オーストラリアの各地に流入していった。日本人は、やがて真珠貝採取業のダイバーの職をほぼ独占し、一八九三年には木曜島の同産業において最大のエスニック・グループとなる。真珠貝採取業のもう一つの大きな拠点となったブルームは、木曜島より少し遅れて一八九〇年代に発展し、同産業のピークとなる第一次大戦直前には、千人を超えるオーストラリア最大の日本人コミュニティを作った。

真珠貝採取業以外では、クィーンズランド州のさとうきび産業に従事した人々がいる。そこでは従来南太平洋諸島の人々が労働者として使われていたが、一八八九年に禁止されるに及び、次の労働力として日本人が導入され、一八九八年には二千三百人がさとうきび産業に従事していた。また、前二産業ほど大人数ではないが、真珠貝採取場と重なり合う地域でナマコや高瀬貝の採取にも日本人は従事していた。

一九〇一年の時点では、オーストラリアの日本人の数は三、六〇二人といわれているが、その大多数は大陸の北部に存在した。一九〇一年、移民制限法（Immigration Restriction Act 1901）が成立し、有色人種の移住が実質的にほぼ排除されると、クィーンズランドのさとうきび産業の労働者は契約終了と同時にほぼ全員帰国したが、真珠貝採取業の日本人ダイバーは白豪主義の例外とされ、一九一一年の時点で木曜島とブルームで一、八二四人の日本人が働いていた[3]。

三　北部オーストラリアの多民族社会

この戦前の日本人コミュニティが存在したブルームや木曜島などの北部オーストラリア社会では、白豪主義を標榜するオーストラリアの一部でありながら、日本人、白人、マレー人と総称された東南アジア人、マニラメンと呼ばれたフィリピン人、ティモール人、南太平洋諸島人、中国人、スリランカ人、そしてオーストラリア先住民等と多様なエスニック・グループが共生していた。彼らをひきつけたのは真珠貝採取業である。そこでは異なるエスニック・グループ間の交流や結婚もある一方、ヨーロッパ系白人を最上層、アボリジニを最下層とするエスニック・ヒエラルキーが存在し、例えばブルームのサン映画館では、白人、日本人、その他のアジア人、アボリジニと座席も料金も別々で、最上級の席は白人、その次の列には日本人が座った(4)。

日常生活では日本人は基本的に日本人街に住み、あまり他のエスニック・グループと交わらなかったと言うが、その一方、真珠貝採取業で乗るラガー船ではクルーは主に日本人とマレー人であり、友好的な関係もある一方衝突もしょっちゅうあった。白人の雇い主と日本人の間でも、労働条件や賃金に関するトラブルが起こった。それでは、オーストラリア先住民と日本人の関係はどのようなものだったのであろうか?

小川平の『アラフラ海の真珠』は北部オーストラリアへの移民を多数輩出した和歌山県紀南地方において元真珠貝採取やナマコ取りのダイバー達の経験を著者が聞き取り、集めたものであるが、その一章に「未開人種ブッシュマン(5)」という節がある。そこでは「東濠州山地や、西濠州のジャングル地帯に住むブッシュマン(6)」は「未開の人食人種といわれる全くの原始生活者で、農耕を知らず、絶えず食物を求めて奥地を放浪(7)」すると描かれている。彼らは動物並みの鋭い嗅覚や視覚を備え、ある地方の女性には発情期も存在するという。真珠貝やナマコ採取に出漁した船は、長期間海上に出、近郊の沿岸に上陸して水や燃料を補給したが、しばしばこの「ブッシュマン」に襲撃された[8]。この「ブッシュマン」はどうやらその地域に住む大陸のアボリジニと考えられるが、それでは彼らは日本人にとって全く敵対的な存在だったのだろうか？

日本人がアボリジニと衝突したケースは小川以外にも記録されている。例えば、一九三二年には日本人船員数人がノーザンテリトリーのカーペンタリア湾内のカレドン（Caledon）[9]湾で殺されており、それはアボリジニの女性を巡ったトラブルが原因だったと伝えられている。水や燃料を補給に来た日本人船員にしても、「補給」の方法として現地の先住民にしては「略奪」と見られたケースもあったかもしれない。

その一方、オーストラリア北西部、ブルームの位置するキンバリー地方のアボリジニとアジア人の関係に関しユー（Yu）は同様な構図の下にあるもう一つの関係のあり方を述べる。前述のごとく真珠貝採取等に従事する船は近くの沿岸に上陸して水や燃料の補給を行ったが、その際、しばしばタバコ、酒、小麦粉等を求める現地のアボリジニと取引を行った。これらの取引は、当人達にとって両者の必要なものを交換する平和的で満足のいくものであった。更に、現地のアボリジニの性的規範は白人キリスト教徒のように一夫一婦制に固執するものではなかったようで、取引内容に「女性」が含まれることも彼等の間では倫理的な確執も非難も引き起こさないものだったというのである[10]。小川とユーの双方を見比べてみると浮かび上がってくるのは、「ケース・バイ・ケース」といえるような状況である。以下は筆者の推測であるが、真珠貝やナマコ取りの船が付近の沿岸に上陸した場合、往々にして現地の先住民と「女性」を含む取引が行われた。中には繰り返し同じ場所に上陸し、それなりに友好的で平和的な顔なじみの間柄になることもあった。だが、取引がうまく成立しなかったり、暴力に訴えて船員が略奪したケースも存在し、それに対し先住民も暴力で対抗した。両者の間柄は決して一様ではなかったのではなかろうか。

また、真珠貝採取船にはトレス海峡諸島人やアボリジニが様々な形で雇用されていた。小川も同じ船で働く気心の知れた仲間としての「島民」について言及しているし、ガンター（Ganter）は、日本人は白人とは異なり、出先で雇ったアボリジニをその居住地まで仕事が終わるとちゃんと送り届けたり、また、同じものを食べ同じ場所で眠ったりなどしたため、アボリジニとは友好的な関係にあったとしている。ダイバーと作業員というヒエラルキー関係の中でも、一緒に働く事で相互にある程度の親しみと理解が生じたのかもしれない。

更に、先ほど沿岸部の先住民との「女性」取引について触れたが、先住民女性と日本人移民の関係はそれ以上のものがあった。当時のアジア人社会は真珠貝採取などの出稼ぎ労働者中心で女性が決定的に不足していた。例えば一九〇一年の国勢調査では、ブルームには日本人男性三〇三人に対し日本人女性は六三人である[11]。この様な状況で、日本人男性は先住民や混血で先住民の血を引く女性たちと結婚、同棲、一時的な関係等様々な形で関係を結んだ。小川もトレス海峡諸島において日本人移民が「島民の娘」や先住民の血を引く混血の女性と交渉を持ち、「日本人との混血児も相当[12]」存在した、と言及している。日本人船員の出漁先における一時的な交渉の他に、拠点となる町では関係が長期的になる例もあった。オーストラリア政府は、先住民とアジア人の混血の人々の増加を嫌って彼等の結婚や同棲を禁止したが、混血の人々の数は増え続け、現在も北部オーストラリアには日本人と先住民の子孫が残っている。

以上を総合してみると、日本人と先住民はヒエラルキー社会の制約の下、時には友好的、時には敵対的な関係を結んだ。それは白人による被差別的状況を共有すると同時に、先住民の土地や資源の収奪システムの一部に加わる、というオーストラリアにおける日本人の両義的な位置の反映だったのかも知れない。

四　戦争と抑留、そして戦後

第二次世界大戦が勃発するとオーストラリアの日本人の殆どが強制収容所に送られた。その中にはオーストラリア生まれでオーストラリア国籍を持つ者、日本人と他のエスニック・グループとの混血の者、日本人ではないが日本人と親しくしていたと当局に考えられた者まで含まれ、日本人と先住民女性とのカップルも五組あった。大戦後、これらの日本人は、オーストラリア国籍あるいはイギリス国籍の者と結婚した人々を除き、ほぼ全員日本に送還された。ブルームに戦後帰還したのは九人のみで、うち一名は日本人と中国人の混血であり、木曜島に戻ったのも三〇人であった。(13) 戦争と共に日本人が妻子を残して引き上げてしまったケースもある。

しかし、戦後早くも一九四六年から真珠貝採取業者は日本人ダイバーの再導入に向けて積極的なロビイングを始めた。木曜島においては、日本人の再導入にクィーンズランド州の退役軍人会が非常な抵抗を示し、当時アメリカの占領下にあった沖縄よりダイバーを一九五八年に導入するという妥協策がとられた。この試みの成果はあまり芳しくなく、三人を残して殆どの沖縄人ダイバーは帰国した。ウェスタンオーストラリア州においては、日本人ダイバーの再導入が許可され、一九五三年には三二人の日本人が入国し、その大多数がブルームへ向かった。彼等のリクルートが太地町の元ダイバーを通じて行われたため、その大半は太地町出身者であった。一九五五年の末には一〇六人の日本人が真珠貝採取業に従事するまでになり、出稼ぎ労働者の導入は一九六九年まで続いた。

一九六〇年代に入ると安価なプラスチックのボタンが普及するようになり、真珠貝採取業は衰退に向かったが、それに代わって北部オーストラリアに真珠養殖業が入ってきた。その殆どが日豪合弁企業である。一九五六年に、オーストラリア企業と提携した日宝真珠がブルームの東北三〇〇キロほどのクリ・ベイに養殖場を設けたのを皮切りに、(14)

一九七六年の時点でトレス海峡地域に五社九事業場、ノーザンテリトリーに一社一事業場が設けられた[15]。この真珠養殖は養殖場の運営や挿核技術者としての日本人の新たな流入をもたらした上に、一定の数の先住民の雇用が義務付けられたので、日本人と先住民が共に働く仕事環境が再び出現した。養殖場でも日本人と先住民は住居や食事なども別々で、あまり交流のないケースもあったようだが[16]、中には先住民の血を引く女性や戦前より木曜島にいた日本人家族のメンバーが真珠養殖業のために訪れた日本人と結婚するケースもあった。また、トレス海峡諸島で現地の人々を雇用する際に、戦前より木曜島にいた日本人が日本企業との仲介を助けるケースもあった[17]。

しかしトレス海峡では一九七〇年代初頭にタンカーによる石油流出事故があり、二〇一〇年の筆者の調査時点では金曜（フライデー）島に個人経営の一真珠養殖場が存在するのみとなった。ウェスタンオーストラリアでは、元真珠貝採取の日本人ダイバーが真珠養殖の母貝を採取してクリ・ベイの養殖場に提供する形で、一九七六年には二〇人が働いていた[18]。また、クリ・ベイでは労働力として一九六三年よりトレス海峡諸島人を雇い、そのうちの幾人かはウェスタンオーストラリアに留まった。しかし一九八三年にはクリ・ベイの操業場は原因不明の貝の異常斃死のために閉鎖され、後にオーストラリア資本の会社によって再開されている。日本人は徐々に引き上げたり、南部の都市に移ったりなどして、二〇一〇年において真珠貝採取業のルーツを引きつつブルームに残る日本人は四人を残すのみになった。

五　現在

木曜島には戦後、八家族が帰還したが、二〇一〇年の時点で木曜島で見られるのはそのうち四家族の名前であり、彼ら及び定着した沖縄人三名とその家族、そして木曜島の隣の金曜島で真珠養殖を行う日本人一名とそこで働くワーホリの人々数人が日本人あるいはその子孫として在島している。その他にも、日本人の血を引きながら特にそれを名乗らない人々も存在する。ブルームやその周辺地域では前述の四人の家族を含め、戦前の日本人移民から続く三家族などを合わせて一〇家族ほどが日本人の苗字を持っている。また、日本人の血を引くが、日本人の苗字を持っていない人々も存在する（本書収録のマーティン・中田の章及びL・T、コーリン・増田のコラム参照）。

ブルームや木曜島にこの様な形で残った人々の殆どは先住民か先住民の血を引いた混血の女性と一緒になり家族を作っている。勿論、エスニック・ヒエラルキー社会を経てきた中で、「先住民」や「先住民の血を引く」、といっても様々であるが、敢えて「日本人」と「先住民」という事に焦点を絞ってみると、その間柄にも変化があった事が見られる。一九六〇年代においても日本人は会社の提供する「日本人キャンプ」で滞在することが多かったらしいが、一九六〇年代のブルームを調査したダルトン（Dalton）は日本人は他のアジア人や混血を含めたアボリジニとは交わらず、彼らと結婚したものは事実上村八分の仕打ちを受けると書き、その例としてアボリジニ女性と結婚したアキマロ（Akimaro）という人物を載せている。[19] しかし、この描写はかなり一方的なものとみられる。筆者の調査によれば、当時ブルームでこの「アキマロ」に該当し得るのは「オカムラ」と呼ばれた太地出身の奥村政太郎であるが、奥村とそのアボリジニの妻マリーの伝記を書いた中野は、奥村がマリーと一緒になった時、彼を白い目で見るものもいたが、好意的に祝福するものも多かった、と記している。[20] この曖昧さの影には、白人であるダルトンが日本人社会を十分調査できなかったという可能性もあるが、中野が示唆するように、日本人のアボリジニへの態度が時代とともに軟化した可能性もある。[21] 日本人だけでなく、エスニック・ヒエラルキーの象徴であったサン映画館も一九七〇年代にエスニック・グループ別の座席制を廃止している。

木曜島に建立されたトレス海峡諸島で死亡した日本人のための慰霊塔。
(2010年　筆者撮影)

現在木曜島でもブルームでも、日本人やその子孫の人々が一緒に集まることは少なくなり、其々が自分の家族と共に日々を送っている。日本人の血を引くものとしての世代や経験、日本の親族との関係も多種多様な中で、日本人コミュニティとしてまとまりを作るのは困難なのかもしれない。強制収容を経験し、「日本人としての遺産」を残すことに熱心な父親に対し、その息子は「自分はそれを経験してない」と淡々としているケースもある。現在四〇代半ば以上の人々は、エスニックなヒエラルキーが存在する中で育ち、「混血」としてどちらのカテゴリーにも属さない、という被排除感を味わった経験を持つが、若い世代にはぴんとこない。だが、日本との繋がりが全く絶えてしまったわけではなく、家族によっては日本の親族との関係を保ち、日本への訪問を経験した人々もいる。ブルームは一九八一年に紀南地方の太地町と姉妹都市関係を結び、中学生の交換留学を実施してきた。二〇〇〇年には毎年行うシンジュ・マツリで太地からの代表者が鯨踊りを披露している。木曜島でもこれまでに紀南地方の串本町から数回墓参が実施され、二〇一一年に姉妹都市関係が締結された。

この様な中で日本人と先住民の双方の血を引く人々は双方の間を其々の形でナヴィゲートしている。[22] 例えばブルームで日本人の父親と先住民の血を引く母親の間に生まれたカイノ・タズコは母親に先住民の集まりに連れて行かれたりして先住民としての知識とアイデンティティを授けられる一方、日本人の父親により日本人キャンプに連れて行かれて、お菓子をもらったりして「甘やかされた」経験の両方を自分の話しとして語る。[23] これは真珠貝採取業に支えられたアジア人と先住民の混交の歴史に基づく「ミックス」のアイデンティティである。二〇〇九年に太地町でのイルカ漁を題材にしたドキュメンタリー映画の公開により、ブルームと太地町との姉妹都市関係が凍結されかけた時に、アジア人とアボリジニのコミュニティがブルームの歴史における太地との関係の重要性を主張して凍結を差し戻させたのは、その歴史に基づくミックスのアイデンティティの発露であった。しかし、この「ミックス」のアイデンティティは戦前の歴史に固定されたままではなく、その後の様々な波を潜り抜けてきたはずである。一九六〇年代以降、先住民政策は変化し、「混血」というカテゴリーはなくなり、先住民の血を引いていれば「先住民」の枠に組み込まれるようになった。先住民への各種の差別是正措置の制定や先住権原の導入は「先住民」の側より受け継いだものを見直させるようになったかもしれない。ブルームは一九八〇年代より観光地化が進み、町の人口は数十倍に膨れ上がった。トレス海峡諸島の行政の中心地となった木曜島でも、それに従事するための「余所からの人々」の流入が続いている。自らの町の歴史を知らない「よそ者」の中で、彼らはより大きな声で自分達のルーツを主張しなくてはならないと感じたのかもしれない。そして、彼等のアイデンティティはまた、仕事や教育を求めての南部への移住や資源豊かな北部に押し寄せる鉱山開発や環境保護運動など、新たな波の中で形を変えてゆくのであろう。

最後にもう少し鳥瞰的な視線から北部オーストラリアの日本とオーストラリア先住民の関係を見てみたい。一八七

ブルームのタウンビーチ。鳥居が建立されている。（2010年　筆者撮影）

〇年代より北部オーストラリアに流入した日本人は基本的に貧しさを背景とし、植民地主義的資本主義関係に組み込まれた中で先住民と接触した。現在豊かとなった日本からオーストラリアに流入するのは企業の駐在員、留学生、ワーホリ、観光客といった人々であり、彼等の多くは南部の都市に集中している。現在流入する日本人達は未だに多くが社会の底辺に追いやられている先住民と日々接触するような社会的経済的状況にはおかれていない。その一方、二〇一一年にブルームの北六〇キロの地点で液化天然ガス（liquefied natural gas: LNG）開発の協定が取り決められた。この地は先住権原認定に関する審査がまだ決着しておらず、その土地にかかわりを持つ先住民の間でも意見の対立が終わらないままの取り決めであった。これに関して、現地の日本人の血を引く人々の何人かは、その場所はブルームに近く、ブルームの「ローカル」の人々にとっても大切な場所だとしてプロテストに参加している。一方開発に関係するウッドサイド（Woodside）社の合弁パートナーの一つはジャパン・オーストラリアLNG（Japan Australia

LNG）（三井・三菱）であり、二〇一〇年のオーストラリアから日本への輸出品目の一位は石油ガス類であって全体の二十三パーセントを占める。[24] 過去の日本人と先住民の両義的な、しかしダイレクトな接触と、現在の現地の人々より顔の見えない「日本」の関わり。現在の日本を背景とする日本人がオーストラリア先住民について考えると、この皮肉にも見える図式が重みを持って浮かび上がってくる。[25]

注

（1）オーストラリア先住民はアボリジニと呼ばれる大陸の先住民と木曜島を含むクィーンズランド州北部のトレス海峡諸島の先住民、トレス海峡諸島人に大別される。本章ではオーストラリア先住民という場合には両者を包含し、両者を区別する必要がある場合には「アボリジニ」「トレス海峡諸島人」と表記する。
（2）この人物の渡豪年代は文献によっては一八七八年とするものもある。ブルームの元ダイバーによるとブルームの北八六〇キロほどのところに明治八年（一八七三年）の日本人の墓がある。しかし、現在のところ、この説を補強するその他の資料が見あたらないため、ここでは注における言及に留めておく。
（3）シソンズ、デイビッド「1871-1946年のオーストラリアの日本人」（『移住研究』二巻十号、一九七四年、二八頁）。
（4）現在木曜島には映画館は存在しないが、かつては同様のエスニック・ヒエラルキーに基づく座席指定を行う映画館があった。（松本博之教授よりのコメント）。
（5）小川平『アラフラ海の真珠』あゆみ出版、一九七六年、一九〇－一九六頁。
（6）同前、一九〇頁。
（7）同前、一九〇頁。
（8）同前、一九〇－一九六頁。
（9）ベーンの著書『真珠貝の誘惑』の足立による翻訳では「ケールドン」となっているが、音としては「カレドン」の方が正確である。
（10）Yu, S., "Broome Creole: Aboriginal and Asian Partnerships along the Kimberley Coast", *Queensland Review*, 6 (2) 1999, pp.61-65.
（11）前掲、「1871-1946年のオーストラリアの日本人」（『移住研究』、四八頁）。
（12）前掲、『アラフラ海の真珠』、一九七六年、一七六頁。
（13）永田由利子「『和解』のないままに―日系オーストラリア人強制収容が意味したこと―」（『オーストラリア研究』第十五号、二〇〇三年、九三－九五頁）。

（14）この養殖場は当時の日宝真珠の社長（栗林徳一）の名をとってクリ・ベイ（Kuri Bay）と呼ばれている。

（15）大島襄二『トレス海峡の人々―その地理学的・民族学的研究―』古今書院、一九八三年、五一二－五一四頁。

（16）荒堀氏、藤井氏とのインタビューによる。

（17）藤井氏とのインタビューによる。

（18）前掲『トレス海峡の人々―その地理学的・民族学的研究―』一九八三年、五一六頁。

（19）Dalton, P., "Broome: a Multi-Racial Community: a Study of Social and Cultural Relationship in a Town in the West Kimberley, Western Australia", Honours Thesis, The University of Western Australia, 1962, pp.170-172.

（20）中野不二男『マリーとマサトラ―日本人ダイバーとアボリジニーの妻』文藝春秋、一九八六年、一〇七頁。

（21）同前、一二五頁。

（22）これは敢えて日本人と先住民の二極間に絞った話である。こういった人々は通常そのほかのアジア系の血も引いており、彼等のナヴィゲートは単純な二極間だけのものではない。

（23）Kaino, T., "A Very Special Family",（Rice, P.L.（ed.）, *Holding Up the Sky: Aboriginal Women Speak*, Magabala Books, 1999, p.95）.

（24）日本外務省「オーストラリア連邦」『日本外務省ホームページ』（http://www.mofa.go.jp/mofaj/area/australia/data.html, 二〇一二年一月二六日閲覧）。

（25）二〇一三年、同プロジェクトはコストがかかりすぎるとして中止が発表された。

参照文献

ベーン、メアリー・アルバータス『真珠貝の誘惑』（足立良子訳）、勁草書房、一九八七年。

Dalton, P., "Broome: a Multi-Racial Community: a Study of Social and Cultural Relationship in a Town in the West Kimberley, Western Australia", Honours Thesis, The University of Western Australia, 1962.

Ganter, R., *Mixed Relations: Histories and Stories of Asian-Aboriginal Contact in North Australia*, University of Western Australia Press, 2008.

Kaino, T. "A Very Special Family",（Rice, P.L.（ed.）, *Holding Up the Sky: Aboriginal Women Speak*, Magabala Books, 1999, pp.89-105）.

永田由利子「『和解』のないままに―日系オーストラリア人強制収容が意味したこと―」（『オーストラリア研究』第十五号、二〇〇三年、九一－一〇三頁）。

中野不二男『マリーとマサトラ―日本人ダイバーとアボリジニーの妻』文藝春秋、一九八六年。

日本外務省「オーストラリア連邦」『日本外務省ホームページ』、(http://www.mofa.go.jp/mofaj/area/australia/data.html, 二〇一二年一月二六日閲覧)。

小川平『アラフラ海の真珠』あゆみ出版、一九七六年。

シソンズ、デイビッド「1871-1946年のオーストラリアの日本人」(『移住研究』第一一巻十号、一九七四年、二七－五四頁)。

大島襄二『トレス海峡の人々—その地理学的・民族学的研究—』古今書院、一九八三年。

Yu, S., "Broome Creole: Aboriginal and Asian Partnerships along the Kimberley Coast", *Queensland Review*, 6 (2) 1999, pp.58-73.

インタビュー：増田晃氏、浪木芳明氏、藤井一人氏、荒堀寅男氏。ここに直接名前を挙げた方々の他にもブルームや木曜島、紀南地方の方々との話より、筆者は多くの情報とインスピレーションを得た。紙数の都合により全員の名前を掲載できないのを深くお詫びする次第である。また、本章に関し松本博之教授より貴重なコメントを頂いている。

第六章　戦争とオーストラリア先住民

鎌田真弓

一　はじめに

日本人にとって太平洋戦争は、真珠湾攻撃に始まり原爆投下で終わる対米戦争という認識が一般的である。日本とオーストラリアが交戦国であり、日本軍が一八万人もの戦死病者を出したニューギニア東部は、当時オーストラリア領であったこと[1]を知る日本人は多くない。他方、オーストラリアでは、太平洋戦争はまさしく対日戦争であった[2]。第二次大戦で海外に展開していた豪軍五五万人のうち半分以上が、ニューギニア本島とその周辺部に派遣された。またアジア太平洋方面では、二二、七〇〇人の豪軍将兵が日本軍の捕虜となり、そのうちの約三分の一が死亡している。さらに、特殊潜航艇によるシドニー湾攻撃やダーウィンを含む豪北部への空襲など、日本はオーストラリア本土を攻撃した唯一の国でもある。

オーストラリアにとって戦争は、「アンザック精神（ANZAC Spirit）」に象徴されるように、国民のアイデンティティ創出に重要な役割をもつ。第二次大戦や太平洋戦争も、こうした国民の集合的記憶として語り継がれ、オーストラリアの歴史の重要な一幕となっている。第一次大戦の戦死者を追悼するために始まったアンザック・デイ(3)は、こんにちでは過去の戦争すべての戦死者を追悼する祝日で、多くの市民が式典に参列する。従軍体験者が市中でパレードを行い、豪兵を顕彰する記念日でもある。特筆すべきことは、一九九〇年代以降参列者の数は毎年増え、戦争体験のない若者や子供たちも参加していることである(4)。第一次船団のシドニー上陸を記念するオーストラリア・デイ(5)以上に、ナショナリズムが盛り上がる日といってもよい。セレモニーを通じて兵士の体験は国民の戦争体験として共有される。

これらの戦争には、オーストラリア先住民も様々な形で参加していたが、一九九〇年代以降は先住民の国防への貢献を顕彰する動きが顕著になっている。キャンベラでは、国立戦争記念館での夜明けの礼拝に続いて、記念館の裏手にあるエインズリー山の麓のアボリジニの記念碑で先住民の戦死者に対する特別の追悼式が行われるのが恒例となっている。シドニー近郊のレッドファーンでアボリジニの従軍経験者がパレードを行ったり、パプアニューギニアの従軍体験者が豪軍のパレードに参加することもある。また、太平洋戦争中にオーストラリアでの日本兵戦争捕虜第一号となった豊島一を発見・保護したティウィ・アボリジニのマティアス・ウルングラ（Matthias Ulungura）のことも知られるようになり、ダーウィン空襲追悼式の折に、バサスト（Bathurst）島で退役軍人省大臣による献花式が行われたこともある(6)。

こうした動きは、オーストラリア社会における先住民の権利やその歴史・文化の承認に伴うもので、それまで忘れられてきた先住民の国防への貢献を認知するものである。それは同時に「白人」中心主義のオーストラリア・ナショナリズムへの先住民の包摂の動きと捉えることができる。他方先住民側は、戦争体験を通したネイションへの「同化」に必ずしも同調しているわけではなく、彼ら独自の戦争体験を語り継ごうとしているようにも見える。例えば、アンザック・デイのような式典でのパレードは部隊毎に行われるもので、元将兵の出自は関係がない。先住民に限定されたレッドファーンでのパレードや、アンザック・デイのアボリジニ戦死者記念碑での式典など、ナショナルな追悼式典とは別個に先住民が追悼式典を行うのも、彼らの「クニを守る行為」が必ずしも入植者たちとは同じではない、という意思表示でもあるように思う。

本章では、特に第二次大戦に注目して、豪先住民がいかに戦争遂行に関与したかを概観するとともに、戦争が彼らの生活や非先住民社会との関係にいかなる変化をもたらしたのかを考察したい。

二　先住民の市民権運動と従軍

第二次世界大戦の足音が近づく一九三八年、豪国内でも募兵が開始され、一九三九年九月には八万人のオーストラリア人が入隊した。先住民の「同化」[7]が進んでいた大陸南部の都市では、アボリジニの人たちも募兵に応じ、一九三九年九月までには、少なくとも二二人の先住民が豪帝国陸軍（Australian Imperial Force: AIF）に入隊した。また、ダーウィンでは五〇人の「混血」[8]のアボリジニがダーウィン防衛の国民軍（Militia）に入隊している。[9]第二次大戦中に約三、〇〇〇人のアボリジニとトレス海峡諸島人が入隊し、一五〇〜二〇〇人が非正規軍として組織され、三、〇〇〇人が豪軍の労働者として働いた。[10]

先住民の側からは、先住民の人たちの入隊はそれを通じての市民権の獲得運動の一環として位置づけられていた。一九三〇年代には、オーストラリア南東部のリザーブやミッションで育ったアボリジニを中心に、アボリジニが連帯して権利回復を求める動きが始まっていたからである。先住民の権利回復運動の指導者で「オーストラリア・アボリジニ連盟」の書記長でもあったウィリアム・クーパーが、オーストラリア・デイを「追悼の日」として呼びかけたのは、入植一五〇周年であった一九三八年のことである。「オーストラリア・アボリジニ連盟」は、アボリジニから編成される部隊の設置を提案していた[11]。「アボリジニ進歩組合（Aborigines Progressive Association）」や「アボリジニの発展のための連盟」も、戦争を先住民の市民権獲得の好機と捉えていた。

第一次大戦には四〇〇～五〇〇人の先住民が従軍し、戦死傷者数はその三分の一に達したが[12]、先住民の帰還兵は他の豪兵と同様の権利を認められなかった。特に、クィーンズランド州、ウェスタンオーストラリア州、ノーザンテリトリーでは先住民の保護法が導入されて、選挙権が付与されなかったばかりか、彼らの生活は政府の厳しい管理のもとに置かれていた。第二次大戦中の一九四一年一一月、オーストラリアの帰還兵連盟（Returned Sailor's, Soldier's and Airmen's Imperial League of Australia: RSSAILA: 退役軍人連盟RSLの前身）は先住民の軍人に市民権を付与することを要求し、陸軍大臣はその旨約束をしたが実施予定は示されなかった[13]。このような動きに対して、オーストラリア・アボリジニ連盟もより強硬に「市民権あっての従軍」を主張するようになっていった。

豪軍はアボリジニ部隊の編成には関心を示さず、一九四〇年には「十分にヨーロッパ系と認められる者」以外は、徴募から除外することを決定した。しかしながら、空軍は帝国防衛訓練計画が要求する人材確保に応じることが難しくなり、方針を緩和せざるを得なくなった。英帝国空軍は「有色人」であっても従軍を許可していたし、国防委員会も外国人（aliens）や非ヨーロッパ系の空軍入隊に同意していた。豪空軍は「空軍兵は純粋なヨーロッパ人の子孫」であることを規定していたが、戦局の進展に伴ってそうした規制を廃止せざるを得なくなったのである。他方、豪戦時内閣は、非ヨーロッパ系の陸軍や海軍への従軍は「不要かつ望ましくない」との判断を示し、豪帝国陸軍はその規定で、志願兵は「十分にヨーロッパ系」であることを明記した。とはいえ、「混血」の先住民を判別することは難しい場合があったし、「純血」のアボリジニの入隊が禁止されたものの、徴募の現場では混乱をきたしていた。

豪軍の人種規定は、先住民の市民権運動のリーダー達の批判を招いた。例えば、一九四〇年から四一年にかけて、アボリジニの兵士が陸軍を除隊させられて帰郷するという事件があった。本人たちの適正に問題があったわけではなく陸軍の人種規定に沿ったものであったために、オーストラリア・アボリジニ連盟の会長Ａ・Ｐ・Ａ・バデュ（Arthur Burdeu）は、このような措置は先住民のコミュニティの士気を下げ、国家への反発を生むと強く批判した。さらに、アボリジニの発展のための連盟会長のＷ・オナス（William Onus）は、戦争遂行に対する先住民兵への市民権の付与を求めた首相宛の手紙で、アボリジニの兵士の市民権を認めないということは、戦争遂行に対する先住民の十分な貢献を得られないということであるし、また、先住民は彼らから土地を奪った人々のためにオーストラリアを防衛することになるのだ、と訴えた[14]。

こうした従軍による市民権獲得という動きは、当時主流となりつつあった同化主義を前提とするものであったといえる。一九三七年には、連邦と州政府の原住民担当部局の代表者が一堂に会した会議が開催された。先住民問題に関する全国規模の会議はこれが初めてで、各州がアボリジニに対する同化政策を導入する端緒となった。一九三九年には、連邦テリトリー担当大臣であったＪ・マキュワンが、連邦政府の同化政策の導入の方針を示していた。シドニー大学の文化人類学教授Ａ・Ｐ・エルキンは、白人とアボリジニの接触を促し、市民権を持つ資格があることを白人社会に認識させる好機となるとして、先住民の従軍や軍での補助的作業を推奨した[15]。しかしながら後述するように、先住民の管理体制を持つ諸州は、先住民を軍の管理下におくことに強い抵抗を示したのである。

三　敵か味方か

日本軍が上陸すれば、豪北部の先住民が日本人に協力するのではないかという恐れは、かなり広く流布していたようである。特に、先住民や日本人に会うことがほとんどない、大陸南部の都市部の白人社会にその傾向が強かった。一九世紀末盛んになった真珠貝採取業ではピーク時で二千人近い日本人契約労働者が働いており、ブルームや木曜島では同産業で最大のエスニック集団を形成していた。真珠貝採取船には東南アジア各地からの契約労働者、トレス海峡諸島人、ソロモン諸島やパプア人等も乗船し、少数ではあったがアボリジニも働いていた。出漁中は薪や真水を手に入れるために沿岸部に上陸することがあり、真珠貝採取の漁師とアボリジニとの接触はかなり頻繁に行われていた。さらに、一九三〇年代後半になると、パラオを拠点とした日本の真珠貝採取船が豪北部の海域に進出し、ノーザンテリトリーの沖合には百隻を超える日本漁船が操業していたのである。

ノーザンテリトリー行政府は日本漁船に多数のスパイが乗り込んでいると警戒し、また、日本人漁師が地元のアボリジニと接触することに強い不快感を示していた。一九三六年、ノーザンテリトリー政府は巡視船を購入して、北部沿岸の警備を始めた(16)。太平洋戦争の勃発と同時に、豪北部に居た日本人および日系人は南部の強制収容所に抑留された。混血の子どもたちや先住民の妻も一緒に抑留されている。特に、トレス海峡諸島では、日本人と先住民が緊密な関係を築いていたために、豪軍の諜報部はケープヨーク半島に日本軍が上陸した際に、アボリジニが協力するのではないかと懸念していた。

他方、文化人類学者D・トムソンは日本人を嫌うアボリジニが多いことを指摘していたし、豪北部でミッションを開設して活動していた宣教師たちは、アボリジニの忠誠心は高いと評価していた。カーペンタリア管轄教区の主教も、アボリジニは彼らの土地を侵略した白人への抵抗と同じように、日本人の侵略に対しても抵抗するであろうという意見であった。そのうえ、太平洋戦争の勃発とともに豪北部のミッションのアボリジニの豪南部への疎開も始まり、残った彼らの移動も極めて厳しく管理されていた。ウェスタンオーストラリア州では、牧場に雇用されていないアボリジニは南部のモーアリバー（Moore River）セツルメントに収容された[17]。豪政府の監視の目が届かない先住民集団があったとすれば、アーネムランドや砂漠地帯で伝統的な生活様式を保っていた少数の集団に過ぎなかったといえる[18]。

日本軍が上陸して激戦地となったニューギニア島東部では「縮れ毛の天使たち（fuzzy wuzzy angels）」が活躍し、豪国内で賞賛された。ニューギニア戦線で現地の人々が豪兵を助ける様子は、ニュース映画や新聞によって伝えられ、特にベロス（Sapper Bert Beros）が書いた「縮れ毛の天使たち」という詩は新聞や雑誌に転載されて、オーストラリアの学校の生徒達によって暗唱されるようにまでなった。しかし実際は、連合国側か日本軍側に協力を強いられ住民の間での暴力と対立を生んだ場合もあれば[19]、戦争開始とともに現地住民によって略奪が行われたり、あるいは戦闘の影響を受けていない孤立した地域もあって、現地の人たちへの戦争の影響は様々であった。日本軍が侵攻する直前のニューギニアでは、約四万人の労働者が年季契約で働いており、そのうちの一万五千人は故郷から遠く離れた場所にあって、戦闘からの避難は困難を極めた。他方、プランテーションや鉱山が少ないパプアでは、一万人の労働者が、大半は故郷の近くで働いていた[20]。

豪政府のパプアとニューギニアでの戦争準備は十分であったとはいえなかった。豪軍は日本軍のニューギニアへの攻撃を予想していなかったわけではないが、シンガポールを拠点とした英帝国の防衛体制を信頼しており、精鋭部隊は中東・ヨーロッパ戦線に派遣されて、開戦当初のパプアやニューギニアには、豪北部同様に守備隊しか配備されていなかった。特にニューギニアに対しては、豪政府は委任統治領の条件を厳密に守り、第二次大戦勃発までニューギニアには防衛施設を建設せず、防衛任務のための現地住民の募集も行っていなかった。一方パプアでは、パプア人が豪軍に採用されていた。一九三九年には五八人のパプア人が砲兵隊に入隊し、ポートモレズビー守備のために派遣された。一九四〇年には、警察隊出身の志願兵による「パプア歩兵大隊（Papuan Infantry Battalion）」の中隊が編成され、砲兵隊が編入された。一九四二年一月までに、パプア歩兵大隊の人員は二百人に増え、最大時で六四〇人となった。戦争後期には、ニューギニア人の大隊も編成されて、それらを統合して「太平洋諸島連隊（Royal Pacific Islands Regiment）」が結成された。

さらに豪政府は、太平洋戦争勃発とともに、プランテーション運営と豪軍労働者として必要な数千人のパプア人男性の徴用を開始した。オーエンスタンレー山脈を縦断するポートモレズビーへの山道の整備や、食料や弾薬の前線への運搬、負傷兵の後方への搬送など、パプア人は過酷な任務を負担した。多くのパプア人やニューギニア人は豪軍のために献身的に働いたが、他方で、脱走や、豪兵やヨーロッパ人への反抗・暴力といった事件も散発していた。

パプアやニューギニアでは、戦闘の直接的な影響のみならず、敵側への協力者の処刑、他村落の住民による略奪や報復、食糧などの欠乏、外部から持ち込まれた疾病の蔓延などの被害を受けて、人口が激減した地域が多く見られた。人口の六割が死亡した村もあったという。戦後は、パプアニューギニアとしてオーストラリア連邦政府の管轄下に置かれ、村々への豪行政官の巡察が強化された。また、人々は貨幣経済に組み込まれ、現金を手にするようにもなった。戦闘を直接体験したパプアニューギニア人は実は少数派であったのだが、戦争はその社会に甚大な影響を及ぼしたといえる。

四　豪先住民の正規軍・非正規軍の編成

日本軍の南方への進駐とともに、オーストラリアの先住民部隊の編成は現実味をおびることになった。本土防衛のための豪軍の強化が喫緊の課題となったからである。特に、トレス海峡は国防上の要所と認識された。一九四一年六月にトレス海峡諸島での徴募が始まり諸島人六六人が入隊、十月には一〇六人となった。一九四三年のピーク時には七四五人が入隊しており、戦争中を通じて八三〇人のトレス海峡諸島人が従軍した。ケープヨーク半島のミッションでもアボリジニの徴募が行われた。クィーンズランド州の原住民保護局長は軍に協力的で、トレス海峡諸島人の徴募をスムーズに行うための助言を行った。また、軍での諸島人の月給は三ポンドが適当であるとし、一般の兵士の月給八ポンドよりもずっと低く設定された。豪軍は一般兵と同じ給与を支給することを望んだのだが、低い給与基準はクィーンズランド政府の要請によるものであった。「トレス海峡歩兵大隊（Torres Strait Light Infantry Battalion）」や「トレス海峡工兵中隊（Torres Strait Pioneer Company）」が編成され、大半の諸島人はこれらの部隊に配属された。一九四一年一二月の日本軍の真珠湾攻撃とともに、豪北部に住んでいた日本人・日系人、あるいは日本人の真珠貝採貝夫や漁師は、敵性外国人として大陸南部の収容所に強制収容された。他方、アジア系であっても市民権を持つ中国系、フィリピン系やマレー系の住民は入隊が奨励され、彼らの給与は一般の豪兵の基準と同じであったために、諸島人やアボリジニ兵の不公平感が強まった。

当時のトレス海峡諸島の人口は四千人程度で、人口の五分の一以上が従軍して島を離れたために、島の社会に甚大な影響を与えた。働き盛りの男手を失った島々では、食糧の入手すらも困難であった。また、島々の基盤産業であった真珠貝採取業は壊滅し、役人を含めた白人は南へと避難した。軍は島に残る諸島人の家族に対して隔週で一〇シリ

トレス海峡地域司令部で整列するトレス海峡歩兵大隊の兵士たち。1945年10月木曜島。（豪国立戦争記念館所蔵119170）

ング六セントを支給したが、生活を維持するには十分な額ではなかった(21)。

日本軍はニューギニアやティモール島に侵攻し、一九四二年二月にはダーウィンが、三月にはトレス海峡のホーン島やウェスタンオーストラリアのブルームが日本軍による空襲を受けて、日本軍の豪本土上陸が差し迫った危機として認識されるようになった。

ノーザンテリトリーでは、文化人類学者で空軍大尉となっていたトムソンが、アーネムランドのアボリジニを使って日本軍上陸に供えた偵察部隊を創設することを提案していた。トムソンはケープヨーク半島や、ニューギニア、アーネムランドなどでのフィールドワークの経験を持つ文化人類学者で、アボリジニの部隊を編成する利点を次のように説明した。アボリジニ諸集団は彼らの生活の場に精通しており、狩猟をしながら移動するので食糧の確保に困ることはない。日本軍の上陸を察知すれば、夜の闇に紛れて小集団で行動し、敵に気づかれることなく襲撃することができる。さらに、彼らにはライフルなどの装備や制服の支給は不要で、かえって伝統的な武器である槍と裸足での行動が、敵の不意をつくことができる。このようなトムソンの提案は豪軍に採用されて、アボリジニ五〇名、ソロモン諸島人六名、トレス海峡諸島人一名、白人の下士官数名から成る偵察部隊が組織された[22]。

皮肉なことに、トムソンの部隊の中心メンバーとなったのは、カレドン（Caledon）湾事件[23]での日本人漁師殺害犯として終身刑となった、アーネムランドのイルカラ族の長老ウォング（Wonggu）の三人の息子達であった。トムソンは、フィールドワークを通じてウォングと親しくなり、三人の息子の釈放に尽力した。さらにトムソンは、ウォングのグループと敵対関係にある集団とも緊密な関係を築き、こうした敵対グループを取り込んで部隊を編成することに成功した。真珠貝漁やナマコ漁を通じて日本人との接触が多かったにも拘らず（あるいは、頻繁な接触があったからこそ）、この地域のアボリジニの日本人に対する感情は敵意の方が強かったようであるが、トムソンの活動により、この地域のアボリジニの日本人に対する好意的な感情は完全に払拭された。

トムソンの指揮の下、一九四二年三月に「ノーザンテリトリー特別偵察部隊（Northern Territory Special Reconnaissance Unit）」は偵察を開始した。移動手段は船一隻と徒歩で、部隊のアボリジニには斧やナイフや釣り糸と釣り針が支給され、手当として一週間にたばこ三本と、米、小麦粉、缶詰、砂糖、紅茶などが定期的に支給された。部隊のアボリジニは、入隊の審査を受けておらず正規の軍人としての地位にはなかったために、給与の支払いは行われていない。結局、日本軍の上陸はなく、前線はニューギニアに移り、トムソンの部隊は活躍することなく一九四三年四月に解散した。トムソンはその後、ニューギニア島西部での任務に赴いた。

同じころ、豪陸軍内に隠密裡に「北部オーストラリア監視部隊（North Australia Observer Unit）」が編成された。

一九四二年五月、文化人類学者のW・E・H・スタナー（William Edward Henley Stanner）の指揮の下で編成された当部隊は正規部隊で、スタナーにはその補助員としてアボリジニを雇用する権限が与えられた。「カーティン首相のカウボーイ」と呼ばれたこの部隊は、機動性のある騎馬隊で、カーペンタリア湾奥からアーネムランド、ウェスタンオーストラリア州北海岸にいたる地域を三つの小隊が担当した。五九人のアボリジニ（一三人のアボリジニの妻を含む）が雇われて、内陸部の移動ルートや、ブッシュの中で水や食料を入手する方法など、彼らの知識は部隊の活動にとって不可欠な役割を果たしたとされる。当部隊は上記のトムソンの部隊を統合する予定であったが、日本軍上陸の可能性が無くなったために、トムソンの部隊と同様に、一三ヶ月後に解散した。[24] さらに連合軍の情報局は、ケープヨーク半島やキンバリー地域でも、トムソンの部隊をまねた部隊の設置を検討したが、実施されなかった。

こうした部隊の他にも豪北部では、日本軍の上陸に備えた偵察と警備、事故や戦闘で遭難した米・豪兵の救助のために、小規模な非正規部隊が複数組織された。ノーザンテリトリーのメルヴィル（Melville）島とバサスト島では、メルヴィル島のスネークベイ（Snake Bay）配給所の監督官であったJ・グリブル（John Gribble）が、入隊と同時に三六人のアボリジニを使って非正規の沿岸警備隊を組織した。また、軍事情報局員だったJ・マレイ（Jack Murray）は、一九四二年にダーウィンの対岸にあるコックス（Cox）半島に開設されていたデリサヴィル・アボリジニ居住区（Delissaville Aboriginal Station）の監督官に就任し、「ブラック・ワッチ」というアボリジニ五十五人からなる沿岸警備隊を組織した。豪空軍は、バサスト島、アーネムランドのエルコ（Elcho）島、グルート島（Groote Eylandt）のエメラルドリバー（Emerald River）・ミッション、カーペンタリア湾のモーニントン（Mornington）島やウェッセル（Wessel）諸島にあるレーダーなどの空軍施設の警備や沿岸監視のために、アボリジニを雇っていた。ウェスタンオーストラリア州北西部の沿岸の警備にも、少数のアボリジニが海軍に雇われていた。

特にウェスタンオーストラリア北部のキンバリー地域の防衛が手薄であったために、陸軍は二五〇人規模のアボリジニの部隊の編成が画策したのだが、ウェスタンオーストラリア州政府や牧場主の反対にあって挫折した。その理由は、牧場でのアボリジニの労働力が必要とされていたこと、また、アボリジニが武器を持つことによる反乱を恐れた、というものであった[25]。

五　アボリジニ労働者[26]

戦争は、従軍という形以外でも豪北部のアボリジニ社会にも多大な変化をもたらした。第二次大戦開戦とともに豪北部防衛のためのインフラ整備が急ピッチで進められた。ダーウィンは豪北部防衛の最前線基地となり、ノーザンテリトリーに駐留する豪・米軍は一九四二年末までに三六、〇〇〇人に増加し、最大時には六四、〇〇〇人が駐留していた。市民には一九四一年一二月に避難命令が出され、一九四二年二月のダーウィン空襲後はノーザンテリトリー行政府もアリス・スプリングスへと避難し、三月以降はアリス・スプリングス以北は軍の管轄地域となった。ダーウィンへの物資の供給路を確保するため、クィーンズランド東海岸および大陸南部との都市を結ぶ二つの幹線道路（バークリー・ハイウェイ、スチュアート・ハイウェイ）の整備が進められ、軍が投入された。

駐留軍の増強に伴って労働力不足が深刻となった。宿営地での雑役夫の需要が高まり、食糧の増産も必要だったが、この地域の白人男性の大半は入隊していたからである。アボリジニの雇用に関しては、当初は軍も行政府も消極的であった。開戦直前のダーウィンでは、港湾労働者のストライキが頻発して軍や行政府を悩ませていたのだが、アボリジニの雇用は検討されず、ニューギニアから労働者を移入させることを考えたほどである。さらに、行政府は

指紋を押捺して給金を受け取る豪陸軍施設のアボリジニ労働者。1943年9月ノーザンテリトリー、キャサリン。（豪国立戦争記念館所蔵 057361）

アボリジニと白人労働者や軍人との接触を避けるための対策を講じた。建設中であったスチュアート・ハイウェイの両脇五マイルの地域を、アボリジニの入域禁止区域に指定した。被雇用許可を得ているアボリジニ以外は市街地への入域も禁止していたし、市街地や海岸で野営していたアボリジニを一斉検挙してメルヴィル島へ移送した。バゴット（Bagot）収容施設も閉鎖して駐留豪軍に貸し出し、アボリジニはダーウィン湾の対岸にあるコックス半島のデリサヴィルへと移動させた。

しかし、一九四二年に豪軍はアボリジニ労働者の投入を決定し、ノーザンテリトリー行政府に協力を求めた。行政府や原住民局はアボリジニの雇用に慎重な姿勢を示したが、週六日間の労働で五シリングの賃金と食料や衣類、生活必需品を配給することが決定された。アボリジニの雇用に尽力したのは、当時デリサヴィル居住区の監督官であったB・ハーニー（Bill Harney）で、豪陸軍の作業部隊の担当官に働きかけ、まず六〇人が雇用された。アボリジニ労働者による建設作業や製材、糞尿処理や政争などの仕事の成果は良好で、雇用者数は一七〇人に増員された。その後も豪軍によるアボリジニの雇用は増え、スチュアート・ハイウェイ沿いの豪軍宿営地近くに、アボリジニ労働者用の居住施設が設置された。

豪陸軍は原住民雇用担当官を任命し、アボリジニ労働者の雇用と監督にあたった。ノーザンテリトリー原住民局はアボリジニ居住区の管理権限を主張し、陸軍もそれを認めたものの、原住民局の職員はタイピストを含めても十人にも満たず、実質的には陸軍が居住区の監督を行った。アボリジニ労働者は、メリヴィル島やアーネムランドや内陸部からも集められ、最大時では七百人以上が陸軍関係施設で働いていた。建設作業や陸軍宿営地での様々な雑役に加え、陸軍に食料を供給するための屠殺作業や菜園の維持にも、アボリジニの労働者は欠かせないものであった。

豪陸軍による雇用が、行政府の管理下の雇用と大きく異なったのは、僅かではあっても、賃金がアボリジニ個人に支払われたことである。しかも、一九四三年には週給一〇シリングに賃上げされた。さらに、陸軍のアボリジニ労働者用の居住施設では、台所や衛生的なシャワーやトイレも完備し、衣類や石鹸、タオル、毛布といった生活必需品に加えて、食事も毎日三回支給された。また、南部の町の店に品物を発注できるクーポン券も支給された。政府によって管理されていたアボリジニの雇用では、雇用主は雇用ライセンス料と賃金を政府に支払い、政府はその基金で配給の費用を賄っていたし、個人に支払われるべき賃金も政府が管理していたため、アボリジニ個人に現金が渡ることはなかったのである。しかも、配給は小麦粉、砂糖、紅茶とわずかな衣類で、アボリジニは慢性的な困窮状態にあったため、豪陸軍の労働環境とは雲泥の差であった。労働者用居住区では、家族で暮らすことも認められていた。

豪空軍も、滑走路やレーダー施設の建設のためにアボリジニを雇用した。これらの施設の大半は、教会が運営するミッションに建設された。豪北部には、カトリック、メソジスト派、聖公会、長老会派などのミッションが点在しており、約一三、〇〇〇人のアボリジニが収容されていた。ミッションには給水施設や菜園に加えて、船と船着き場や無線設備を備えていた。ミッションの牧師たちは所有する船を提供して、物資の輸送や沿岸警備に貢献し、乗組員として、あるいは荷揚げ作業や施設建設の労役夫として、アボリジニの労働力を提供した。ノーザンテリトリー、ウェスタンオーストラリア州、クィーンズランド州にまたがる豪北部地域では、九〇〇人近いアボリジニおよびトレス海峡諸島人が空軍に雇用されていた。豪空軍に雇用されていたアボリジニには、週給五シリングから日給五シリングが支払われていたが、ミッションに支払われたために、この賃金がアボリジニに渡ったことはほとんどなかった。アボリジニには、ミッションを通じて必需品が支給されただけであった。

軍事施設の建設にともなって、豪北部沿岸の人口動態にも大きな変化が起こった。トラスコット飛行場が建設されたドライスデールリバー（Drysdale River）にはピーク時で七〇〇人の空軍兵士と三〇〇人のアボリジニが、ミリンギンビ（Milingimbi）やエメラルドリーバーにも千人近い空軍兵士とアボリジニが駐在していた。こうした空軍施設は、日本軍の空襲の対象ともなって、ミリンギンビではアボリジニ一人が、ドライスデールリバー・ミッションでは五人のアボリジニと牧師一人が死亡している。豪北部沿岸部で雇用されていたアボリジニは、豪・米軍パイロットの救難にも多大な貢献をした。

六　第二次大戦が先住民社会に与えた影響

終戦間近になると軍の宿営地は縮小され、アボリジニも元の牧場や彼らの土地へと戻り、終戦とともに南部に疎開していたアボリジニの多くもミッションや収容施設に帰ってきた。ノーザンテリトリーでは、ダーウィンに戻った行政府の火急の課題は、豪軍に雇用されていた千人近くのアボリジニ労働者の雇用をどうするかということにあった。

テリトリー各地のセツルメントやリザーブのアボリジニにも配給を開始しなければならなかったし、駐留兵が撤退した後のミッションでも、戦時中のような雇用や物資をアボリジニのために確保することは不可能であった。さらに、戦時中に移動を経験した僻地のアボリジニは、ミッションの船やカヌーでダーウィンとの間を頻繁に行き来するようになっていた。行政府は、アボリジニのダーウィンへの流入を止めるために、雇用の創出を図り、メルヴィル島のスネークベイセツルメントに製材所を開設した。アーネムランドのマニングリダ（Maningrida）にも交易所と配給所が設置され、後にセツルメントも開設された。

陸軍の雇用を経験したアボリジニ労働者は、戦後も賃金の受け取りと労働環境の改善を求めるようになっていた。行政府や牧場主は「原住民を甘やかした」と軍を非難したが、アボリジニに対する最適な賃金を検討せざるを得なくなっていた。依然として信託基金への振り込みで、アボリジニ個人が現金を自由に引き出すことはできなかったが、行政府はアボリジニ男性の最低賃金を週給五シリングから一二シリング六ペンスに引き上げ、最高で一ポンドにまで引き上げられた。

このような状況で、北豪労働組合や共産党の支援を得て、アボリジニによる労働運動が組織され、戦後の市民権回復運動の端緒が開かれていった。一九四六年から四九年にかけて、ウェスタンオーストラリア州のピルバラ地域のアボリジニの農牧場労働者によるストライキが組織され、牧場で働くアボリジニ労働者の待遇改善の動きが始まった。ダーウィンでも、一九四七年二月に、市街地で働く百人が労働集会を開き、一九五〇年には賃上げと労働環境の改善を求めてストライキが行われた。行政府はこうした動きに強い警戒感を示し、アボリジニの運動家を他のセツルメントや施設に強制移動させることを要請し、労働運動に参加するアボリジニの配給も一部凍結したが、運動はますます激化していった。一九五一年一月のダーウィンでのデモ行進では指導者が逮捕され、二月の労働争議では主導者のフレッド・ウォーターズ（Fred Nadpur Waters）は南部のセツルメントへと強制移動させられた。当局による締め付けが厳しくなるにつれて、支援グループも組織された。一九六七年の国民投票で主導的な役割を果たした「アボリジニとトレス海峡諸島人の発展のための連邦評議会（FCAATSI）」もその一つである。一九五一年には、市民権回復を運動目標に掲げた「ハーフカースト進歩組合」も創設された(27)。

軍での「白人」との接触も、先住民の人種観や社会観を変えた。生活を共にし、戦場での体験を共有することによって、先住民と非先住民との間に軍人同士のより対等な関係が築かれた。先住民兵士の中には昇進を経験し、下士官や士官となった者もあった(28)。退役軍人連盟は、帰還した先住民兵の社会的地位を高めるよう首相に要望し、帰還兵に市民権を付与し、酒類禁止を免除するよう訴えた。

後方支援の場でも、先住民は「白人」と同等の能力を発揮した。駐留兵は、アボリジニに対して北部の牧場主のように暴力をふるったり、露骨な差別をしたりすることはなかったといわれる。さらに、「黒人」兵を多く抱える米軍との接触では、肌の色の違いを越えることが可能なことをアボリジニに認識させる機会となった。従軍体験や軍による雇用は、先住民にとって新しい教育の場ともなった。それまでは、ミッションによる教育で限られた技術しか教えられなかったが、基地や部隊では大工仕事や機器の操作などより高度な技術を得ることができた。こうした体験は、ミッションの宣教師たちの影響力を相対的に下げることにもなった(29)。

豪陸軍での雇用による現金収入は、前述のように、先住民の市民としての権利意識を高める結果となったが、図らずも彼らの「同化」を進めることにもなった。先住民が「白人」社会で対等に働くことは不可能ではなく、これまでの牧場労働のような劣悪な生活環境から脱出できることを示すものであった。一九四四年から四六年にかけて、内陸部にある牧場でのアボリジニの雇用状況を調査した文化人類学者のバーント夫妻（Ronald M. Berndt, Catherine

Berndt）は、アボリジニ労働者が慢性的な飢餓状態にあり、乳児死亡率も極めて高い集団があることを示した。[30]R・ホール（Robert A. Hall）も、軍の居住区での食事が豪北部のアボリジニ人口の減少に歯止めをかけた要因となっており、多くのアボリジニは戦時中の生活を懐かしく語ると述べている。[31]

C・D・ロウリー（Charles D. Rowley）が指摘したように、[32]戦時中の先住民との接触は、オーストラリアの主流社会にも変化をもたらし、結果的に遠隔地の先住民社会の崩壊を止めた。先住民には経済的機会が与えられ、社会正義の問題がより明らかになったからである。大陸南部出身のヨーロッパ系の兵士たちの体験を通じて、豪北部の先住民が置かれた状況が伝えられ、変革の必要が認識されるようになったといえる。バーント夫妻が「一時代の終わり（End of an Era）」と称したように、太平洋戦争は北部のアボリジニ社会と外部との接触を進め、先住民の市民としての権利意識を高めたとともに、非先住民社会で先住民の存在が積極的に評価される機会となった。

オーストラリアの先住民政策の文脈においては、第二次大戦中は空白の時代という印象が強い。連邦テリトリー担当大臣であったJ・マキュワンが一九三九年に新政策「アボリジニに関する連邦政策」を発表して同化政策が提唱されたものの、第二次大戦の勃発と戦時体制への移行によって、同化政策の具体化は一九五一年にP・ハズラック（Paul Hasluck）連邦テリトリー担当大臣の主導で開催された連邦・州政府先住民政策担当者会議以降に持ち越されることになった、と説明される。しかし戦時中の豪軍による施策は、主流社会からは隔絶された世界にあった豪北部のアボリジニ社会を国家の枠組みの中に取り込み、アボリジニと白人社会の接触を進めた。閉鎖的だった先住民政策にも外部の視点が取り入れられ、その後の同化政策の展開を容易にしたといえる。

ただし、同化政策への転換が、先住民社会に必ずしも社会的公正をもたらしたわけではない。例えば、戦後のアボリジニ労働者による権利要求に対して、ノーザンテリトリー行政府は、「アボリジニ条例」を改正して、「混血」を保護の対象から除外した。それは、「混血」を市民として承認することではあったが、「純血」のアボリジニとの区別がより明確になり、アボリジニ集団の中での断絶を生んだ。先住民の権利の部分的承認が、より強力な差別のシステムを作り出したことになる。

七　おわりに

先住民の戦争での貢献をオーストラリア社会に認知させたのは、本稿でも引用したR・ホールによる功績が大きい。一九八〇年代の先住民の権利要求の高まりとともに、第二次大戦中に豪軍に雇用された先住民が、当時受け取るべき賃金が支払われなかったとして、豪国防省に対して不足分を請求するというケースが相次いだ。現役の軍人であったホールは、個々の請求が妥当であるかどうか検証することを任じられ、報告書[33]をまとめた。その後のホールの学位論文や先住民の戦争体験に関する詳細な研究は、この調査が契機となっている。ホールは一貫して、先住民の貢献がオーストラリア社会で十分に認知されていない、と訴えてきた。今日のオーストラリアでは、格段にその認知度は高まっている。

しかしながら、先住民の国防への貢献を賞賛することは、先住民としての存在基盤を侵食する行為となり得るというパラドクスを、本稿を結ぶにあたって指摘しておきたい。それは、先住民としての差異を尊重するのではなく、オーストラリアの主流社会への包摂を意味するからである。一九九〇年代以降の先住権の承認にともない、オーストラリア国民は植民者としての歴史の負の遺産をつきつけられてきた。自分たちのクニが本来は自分たちのものではない、あるいは先住民の「聖地」の議論のように、自分たちのクニの中で疎外感を味わう、という居心地の悪さを感じさせられてきたのである。[34] それを払拭する上では、「多文化主義」と同様に「戦争の記憶」は都合が良い。差異を包摂しながら、「白人」主流社会の優位性も保てるからである。[35]「先住民も我々も一緒にクニを守るために共に戦ったのだ」という認識は、国民的体験の強要でもある。オーストラリアのナショナリズムに対して先住民がどのような立ち位置をとろうとしているのか、「戦争の記憶」の有り様に留意が必要であろう。

注

（1）ニューギニア島は東経一四一度で分断され、西側はインドネシア、東側がパプアニューギニアである。島の南東部にあたるパプアは、一八八四年から英領ニューギニアで、一九〇六年にオーストラリア連邦に編入され、ポートモレズビーに行政府が置かれた。島の北東部のニューギニアは、一八八四年からドイツ領となっていたが、一九一四年の第一次大戦の開始とともにオーストラリアが占領し、戦後は国際連盟の委任統治領としてオーストラリアの統治下に入った。豪領ニューギニアは、ラバウルに行政機構が置かれ、ニューギニア諸島、ブーゲンビル島や、ブカ島などを含んでいた。第二次大戦後の一九四九年、オーストラリアは南東部と北東部を一つの行政区域に統合してパプアニューギニアとし、パプアニューギニアは一九七五年に独立した。

（2）鎌田真弓編『日本とオーストラリアの太平洋戦争―記憶の国境線を問う』御茶の水書房、二〇一二年。

（3）オーストラリア・ニュージーランド合同軍（Australia and New Zealand Army Corps: ANZAC）が第一次大戦中にトルコのダーダネルス海峡入り口のガリポリ半島に上陸した日で、全国で戦死者の追悼式が行われる。ガリポリ上陸作戦は一九一五年四月二五日から十二月に撤退するまでに、多くの戦死者を出して失敗に終わった。その後作戦の決行日は、戦死者を追悼するとともに、豪兵の献身と勇気を讃える記念日として毎年式典が行われている。

（4）鎌田真弓「オーストラリアン・アイデンティティと戦争の記憶」（早稲田大学オーストラリア研究所編『オーストラリア研究―多文化社会日本への提言』オセアニア出版社、二〇〇九年、一六六－一八四頁）。

（5）オーストラリア・デイに関しては、第一章「国家と先住民」注（3）参照。

（6）鎌田真弓「アボリジニ労働者の戦争体験」（前掲、『日本とオーストラリアの太平洋戦争』、二〇一二年、一一八－一三七頁）。

（7）「同化」は植民者側の認識であることに留意する必要がある。英語を話し「白人」社会に適応して生活をしていても、アボリジニあるいは特定の氏族集団としての強固なアイデンティティを保っており、緊密な親族関係を維持している場合も多い。

（8）当時は、混血（half-caste）や純血（full blood）という用語が行政上で使われていた。有色人（coloured）や白人（whites）も同様である。

また、「先住民」という概念はなく、原住民(natives)が一般的であった。本稿でも当時の状況を説明する際に、必要に応じて用いる。

(9) 英国の伝統に基づき、オーストラリアでも徴募は志願兵によるもので、海外派兵の戦闘部隊は、豪帝国陸軍(Australian Imperial Force: AIF)、帝国空軍((Royal Australian Air Force: RAAF)、帝国海軍(Royal Australian Navy: RAN)から成り、ニューギニアを含む守備隊は国民軍(Militia)に属していた。一九四三年に部分的な徴兵が導入された際も配属は国民軍に限られ、派遣地域も豪本土とニューギニアと東南アジアに制限されていた。

(10) Hall, Robert A., *The Black Diggers*, Aboriginal Studies Press, 1997, p.189.

(11) 同前、pp.8-10.

(12) Dennis, Peter et al., *The Oxford Companion to Australian Military History* (*second edition*), Oxford University Press, 2008, p.3.

(13) 前掲、*The Black Diggers*, 2008, p.20.

(14) 同前、pp.13-22

(15) 同前、p.27

(16) 鎌田真弓「ダーウィンの真珠貝産業と日本人」(『名古屋商科大学論集』第五七巻二号、二〇一三年、一一三―一二九頁)。

(17) 前掲、*The Black Diggers*, 2008, pp.125-127; Peta Stephenson, *The Outsider Within*, UNSW Press, 2007, pp.102-126.

(18) このような人々については、文化人類学者のC・P・マウントフォードの一九四〇年と一九四二年調査フィルムがある。詳しくは第一章「国家と先住民」注(9)参照。

(19) 太平洋戦争中のパプアとニューギニアの村々で、戦争に巻き込まれ、状況がわからないままに日本軍か連合国軍に徴用された人々の体験を描いたドキュメンタリー映画に、ハンク・ネルソン他、(Hank Nelson, Gavan Daws, Andrew Pike)監督・制作、'*Angels of War*'(1982)がある。

(20) ニューギニアの状況に関しては、ハンク・ネルソン「自分のクニが他国の戦場となるとき」(前掲、『日本とオーストラリアの太平洋戦争』二〇一二年、一五八―一七四頁)参照。

(21) 同前、二七―四七頁。

(22) 同前、八七―八九頁。前掲、*The Oxford Companion to Australian Military History* (*second edition*), 2008, p.4; Donald Thompson, *Donald Thompson in Arnhem Land*, The Meghunyah Prss, 2005, pp. 194-229.

(23) 一九三二年、アーネムランドの東海岸にあるカレドン湾で、ナマコ漁の日本人漁師五人が地元のアボリジニに殺害された事件。ダーウィンの日本人墓地に、この事件の犠牲者のための「ナマコ漁遭難碑」がある。一九二〇年代からこの地域では、日本人漁師が殺害される事件が数件起こっている。カレドン湾事件が特殊だったのは、この事件後に、容疑者の逮捕のためにダーウィンから大規模な捜索隊が派遣されたことである。二度目の派遣の時に、一人の警察官が地元のアボリジニに殺害された。警察とは別に、この地域で活動をしていたミッションと地元アボリジニと親交のあった白人のナマコ漁師が容疑者を説得して、ダーウィンに出頭させ、ダーウィンで裁判が行われた。日本人殺害の容疑者は二十年の禁固刑が言い渡された。この事件は、警察官の殺害事件へと発展したこと、当時は真珠貝採取業が盛んでダーウィンの日本人会が関与し、シドニーの日本領事が豪首相に苦情の手紙を送ったことなどもあって、裁判の経過が豪南部の都市でも報道されて、犯人の減刑運動が起こった。トムソンは、当事件の調査もあってアーネムランドに派遣されており、本文中に記したように拘留されているアボリジニの釈放のために尽力した。カレドン湾事件とその裁判に関しては、Ted Egan, *Justice All their Own: The Caledon Bay and Woodah Island Killings 1932-1933*, Melbourne University Press, 1996 に詳しい。

（24）Vane, Amoury, *North Australia Observer Unit: Unit History of an Army Surveillance Regiment*, Australian Military History Publications, 2000.

（25）前掲、*The Black Diggers*, 2008, pp.97-112.

（26）前掲、「アボリジニ労働者の戦争体験」、前掲、*The Black Diggers*, 2008, pp.134-188.

（27）Brian, Bernie, "The Northern Territory's One Big Union: The Rise and Fall of the North Australian Workers' Union, 1911-1972", PhD Thesis submitted to Faculty of Law, Business and Arts, Northern Territory University, 2001.

（28）第二次大戦で活躍した先住民に関しては、Robert A. Hall, *Fighters from the Fringe*, Aboriginal Studies Press, 1995が詳しい。

（29）前掲、*The Black Diggers*, 2008, p.171, pp.189-194.

（30）バーント夫妻による調査は、オーストラリア投資会社（Australian Investiment Agency: AIA: Vesteysとして知られる英国の大牧場経営企業）の要請によるもので、駐留軍用の食肉の需要が急増したのにも拘らず大牧場では労働者不足が深刻化していることを受けて、行政府や軍の管理下にないアボリジニを労働力として使用する可能性を検討するものであった。夫妻の調査はオーストラリア投資会社経営の牧場では、アボリジニ労働者が劣悪な環境にあることを明らかにしたために、AIAの不興を買い、報告書は公開されなかった。調査後四〇年を経て、アボリジニをめぐる環境が大きく変化したために、当時の調査結果をもとに*End of an Era*を出版した。

（31）前掲、*The Black Diggers*, 2008, p.149.

（32）Rowley, C.D. *The Destruction of Aboriginal Society*, Penguin Books, 1972, p.237.

（33）Department of Defence *Report: Employment of Aborigines and Torres Strait Islanders by the Defence Force During the Second World War*, Department of Defence, 1985.

（34）Gelder, Ken & Jane M. Jacobs, *Uncanny Australia: Sacredness and Identity in a Postcolonial Nation*, Melbourne University Press, 1998.

（35）Hage, Ghassan, *White Nation: Fantasies of White Supremacy in a Multicultural Society*, Pluto Press, 1998（保苅実・塩原良和訳『ホワイト・

ネイション―ネオ・ナショナリズム批判』平凡社、二〇〇三年)。

参照文献

鎌田真弓「オーストラリアン・アイデンティティと戦争の記憶」(早稲田大学オーストラリア研究所編『オーストラリア研究―多文化社会日本への提言』オセアニア出版社、二〇〇九年、一六六－一八四頁)。

――「アボリジニ労働者の戦争体験」(鎌田真弓編『日本とオーストラリアの太平洋戦争―記憶の国境線を問う』、御茶の水書房、二〇一二年、一一八－一三七頁)。

――「ダーウィンの真珠貝産業と日本人」(『名古屋商科大学論集』第五七巻二号、二〇一三年、二一三－二二九頁)。

鎌田真弓編『日本とオーストラリアの太平洋戦争―記憶の国境線を問う』御茶の水書房、二〇一二年。

ネルソン、ハンク「自分のクニが他国の戦場となるとき」(鎌田真弓編『日本とオーストラリアの太平洋戦争―記憶の国境線を問う』御茶の水書房、二〇一二年、一五八－一七四頁)。

Berndt, Ronald M. and Catherine Berndt, *End of an Era: Aboriginal Labour in the Northern Territory*, Australian Institute of Aboriginal Studies, 1987.

Brian, Bernie, "The Northern Territory's One Big Union: The Rise and Fall of the North Australian Workers'Union, 1911-1972", PhD Thesis submitted to Faculty of Law, Business and Arts, Northern Territory University, Darwin, 2001.

Dennis, Peter et al., *The Oxford Companion to Australian Military History* (*second edition*), Oxford University Press, 2008

Department of Defence, *Report: Employment of Aborigines and Torres Strait Islanders by the Defence Force During the Second World War*, Department of Defence, 1985.

Egan, Ted, *Justice All their Own: The Caledon Bay and Woodah Island Killings 1932-1933*, Melbourne University Press, 1996.

Gelder, Ken & Jane M. Jacobs, *Uncanny Australia: Sacredness and Identity in a Postcolonial Nation*, Melbourne University Press, 1998.

Hage, Ghassan, *White Nation: Fantasies of White Supremacy in a Multicultural Society*, Pluto Press, 1998.(保苅実・塩原良和訳『ホワイト・ネイションーネオ・ナショナリズム批判』平凡社、二〇〇三年。)

Hall, Robert A., *The Black Diggers*, Aboriginal Studies Press, 1997.

―― *Fighters from the Fringe*, Aboriginal Studies Press, Canberra 1995.

Nelson, Hank, Gavan Daws, and Andrew Pike (監督・制作), *Angels of War*, Roninfilms, 1982.

Rowley, C.D., *The Destruction of Aboriginal Society*, Penguin Books, 1972.

Stephenson, Peta, *The Outsider Within*, UNSW Press, 2007.
Thompson, Donald, *Donald Thompson in Arnhem Land*, The Meghunyah Prss, 2005.
Vane, Amoury, *North Australia Observer Unit: Unit History of an Army Surveillance Regiment*, Australian Military History Publications, 2000.

第七章　日本人とトレス海峡諸島人―私のルーツ

マーティン・中田
（翻訳　栗田梨津子）

オーストラリア先住民は今日まで政府が定めた教育課程の中で、教育へのアクセス、出席率、成果において最低レベルにあり続けてきた。私はトレス海峡諸島人として初めて博士課程を修了した（一九九七年、ジェームズクック大学）が、その時、この「快挙」を祝うべきか、それともオーストラリア先住民を躓かせてきた教育制度に対して憤るべきか、複雑な思いに駆られたものだ。その祝賀式典の時、日本の全国区テレビのレポーターが、日本人の血を引いている事がこの成功の一因となったと思うかと尋ねてきた。本章では、この問いにより思い巡らせた事を考察してみたい。

私の父は和歌山県生まれだが、母のセッサ（Cessa）はトレス海峡諸島人で、父と母は私達をトレス海峡諸島で育てた。だから、私は常に自分がトレス海峡諸島人であり、何千年という長い歴史をもつ諸島人コミュニティの一員とみなしていた。同時に私は、コミュニティの中で日本人の血を引く他の家族とも繋がりがあり、彼らの父や祖父達は私の父や祖父達と、トレス海峡諸島に来て留まった理由等を共有していたはずだったが、そこに共同体意識はなかった。諸島人との通婚によって、日系人としての出自が背後に追いやられ、「諸島人らしさ」が私達の主要なアイデンティティになったのかもしれない。

だが、私の日系人としての出自と学業面での成功の関連についての質問は、祖父母の人生、両親や私の世代の人生に影響した様々な人種的、文化的カテゴリーについて考えさせてくれた。トレス海峡諸島人を統制したクィーンズランド州政府の政策と、アジア系の移民政策を管理した連邦政府の政策は、私の祖父母と両親の生活を規制した人種的ヒエラルキーを生み出し、同時に彼らをオーストラリア主流社会の周縁に位置づけた。[1]私の家族は双方とも人種差別に苦しみ、人生における可能性を制限されたのである。政治的な意味で日系人としての出自をもつ利点は大きくはなかったといえる。[2]

一九七〇年代初期まで、人種的ヒエラルキーの下ではトレス海峡諸島人よりも、日本人の血を引く者の方が優遇された。真珠貝採取業の日本人は、一九世紀後半には非常に尊敬され、成功を収め、一部の白人には恐れられもした。[3]真珠貝採取業は、日本の他に、フィリピン、マレーシアの諸島、インドネシア諸島、太平洋島嶼部に及ぶアジア太平洋諸国からの労働者、起業家の中国人、インド人、シンガポール人までも引き付け、その中心地であった木曜島では世界各地の人々が入り混じっていた。一方、第二次世界大戦までトレス海峡諸島人はそこに住む事を許されなかった。トレス海峡諸島には、ヨーロッパ人を筆頭に、日本人、アジア系実業家、マレーシア・インドネシア人およびフィリピン人、南太平洋諸島人、そして最後にトレス海峡諸島人という非常に明確な人種的ヒエラルキーがあった。[4]それでも、トレス海峡諸島人は、オーストラリア本土のアボリジニやパプアニューギニア人よりも上に位置すると考えられたのだが。

驚かれるかもしれないが、このヒエラルキーは一九五〇年代生まれの私でも経験したものである。例えば、トレス海峡諸島人の血は引かず、日本人とマレー人の出自を有していたらしい同世代のメンバーは、私と兄弟それに母親を見下していた。一〇代の頃、私が往来で彼らの傍を通り過ぎたら、その内の一人からつばを吐きかけられた事がある。トレス海峡諸島人の血を引く者は社会の最底辺に位置づけられていた。[5]

最近では、自主決定・自主管理政策や先住権原訴訟を背景としたオーストラリア先住民の政治的・文化的復興によって、トレス海峡諸島人出自を持つ者が、この地域では主導的立場を持つようになった。しかし、歴史的には、受けた教育の水準と質の点で混血の者は有利であった。先住民出自のみのトレス海峡諸島人は彼らのみ別の学校で低レベルの教育しか受けられなかったが、混血を含むその他の「人種」は、「白人」の学校へ行く事ができた。多くの場合、教育上の利点は後になってから見えてきたが、社会経済的な利点は大きかった。これを理解するには、非常に差別的な政策の下で、トレス海峡諸島人が厳しく管理され、様々な権利を制限されてきた事を知る必要がある。

日本人がトレス海峡を含むオーストラリア北部で真珠貝採取業に従事した事はよく知られている。[6]木曜島の墓地には、六〇〇以上の日本人ダイバーの墓と彼らの真珠貝採取業への貢献を讃える大きな記念碑がある。私の父方の祖父、ジロキチは一八九〇年代にトレス海峡で働き、日本へ帰国後、一九二五年にカサハラ・シゲノと結婚した。祖父母は父（二歳）を連れて再渡豪し、クィーンズランド州北部でさとうきび産業に従事した。[7]真珠貝採取業が発展すると、一九四一年に日本とオーストラリア間で戦争が勃発する数年前に、家族は木曜島に戻った。戦争が始まると、家族と共にオーストラリアに住みついていた日本人は、戦争捕虜として抑留され、父とその家族は、ヴィクトリア州のタトゥラ（Tatura）収容所へ入れられた。[8]

多くの日系諸島人家族とは異なり、父の両親は双方とも日本人だった。祖父は和歌山県串本町の出身で、日本人の両親をもつ祖母はオーストラリア生まれだった。白豪主義の時代に（一九〇一年から一九七〇年代まで）祖父がオーストラリアで暮らせたのは、オーストラリア生まれの祖母を当局が入国拒否できなかったからである。祖母は日本で教育を受け、日本で祖父と出会い、結婚している。真珠貝採取業に従事した日本人の殆どは契約労働者で、契約終了の際には日本に帰らねばならなかったが、彼等の一握りは現地女性と結婚してオーストラリアに留まった。今日トレス海峡諸島には、ナカタ、オオシロ、シバサキ、ヒラカワ、フジイ、シンジョウといった日本姓をもつ人々が大勢おり、日本にルーツをもつ人々はまた、若い世代へと名を継承したため、トシオ、ヨーコ、アヤコ、シズエ、ヨシコ、キョーコ、ツヨシ、カズ、キュウキチ、ハジメ、ジロキチ、シゲノといった名を持つ子供達がいる。

成長していく中で、私は自分の生活のどの側面が日本人的で、どの側面が諸島人的かという違いを知ってはいたものの、殆ど意識しなかった。というのも、私達の生活は私達にとっては単なる生活であり、それは、周りの他の家族のそれと非常によく似ていたのだ。勿論、後から考えると、文化的に期待される事や物事のやり方の違いから、家庭内では両親の間で緊張が絶えなかったのだが。しかし、教育を重視するという、子供達に関する大きな目標では両親は一致していた。両親は共に勤勉で、コミュニティに献身し、過去よりも将来に目を向けた。彼らは島のカトリック教会に惜しみなく貢献した。彼らは双方とも夫々の理由で正規の教育を中断させられていたが、非常に賢い人たちだった。父の「白人」の学校での教育は、卒業に最低限必要な試験が終わる前に、戦争によって突然終わった。終戦した時には、彼は学校へ戻る事のできる年齢を超えていた。[9] 母の教育は、諸島人に「村の生活」を営むのに十分な基礎教育のみを提供すればよいという政策に沿って、初等学校四年生で中断させられた。そのため、両親は賢いにもかかわらず、家庭内または肉体労働へと閉じ込められた。母は家事使用人であり、後に地元の病院で裁縫係となった。父は当初真珠貝採取のダイバーとして働き、後に船大工となった。彼の職業人生の終盤近くで、父はトレス海峡諸島の連邦関税局の関税職員（Customs Launch Officer）となり、海や航海、ボートについての知識を持つ適任者として、尊敬されるようになった。しかし、父に関する思い出で心に残っているのは、彼が座って漁網を繕っている姿である。私は、彼がそのような単純労働に縛られてどんな不満を感じ、当時実際にどれくらいの自尊心を持っていたのだろうかとよく考えた。皮相な人種的ヒエラルキーの下で日本人である父は、母よりもましとはいえ、やはり比較的貧しい日本人労働者世帯の出身であり、彼自身も比較的無学であった。

母には大きな拡大家族があり、それが彼女に人生を通しての気迫とユーモア、そして多くの人々との繋がりを与えた。トレス海峡諸島社会は非常にコミュニティ志向で、社会的制裁もあるが、受容的で寛大な社会である。彼女は明るく、音楽の才能もあったが、日本人家族の中で生活するには準備ができていなかった。母が語った事によると、義理の母親から見下されただけでなく、「日本人の」妻になるよう期待されていたらしい。母は自分の考えをしっかりと述べる事ができた強い人で、日本人の文化と同様に慣習を重視するトレス海峡諸島人の文化が彼女の中に強く根付いていた。母の主な繋がりは依然として自身の諸島人家族との間にあり、彼女は「日本人の」妻にはならなかった。母は、私が深く理解し、本来的な繋がりを感じる人である。

私は生まれてからずっと父の事を知っているが、彼との関係は母とのそれとは異なる。私は若い頃、金曜島の真珠養殖場で父や他の日本人たちと一緒に多くの時間を過ごした。日本人の男同士のある種の仲間意識を観察し、日本語を少し学び、彼らが仕事や飲み会で互いに関わり合い、おいしい日本食を作る姿を見た。私も共に日本茶を飲み、「お茶」と「煎茶」の違いについて学んだ。ご飯や海苔、味噌、巻き寿司、握り寿司、刺身、しゃぶしゃぶ、梅干しなどのご馳走を試した。面白い事に、私は生魚の食べ方を母方ではなく、父方の家族から学んだ。私にとって日本人であるという感覚は、何よりもこうした若い頃の経験、その中で出会った言葉、会話を通した関わり、匂い、音、味に辿る事ができ、それを通して父をもう一つの文化や歴史との関係の中で見る事が多少できた。そこで彼は、彼自身よりも大きなものの一部であるように見えた。家庭内で、彼は母の生活や母の家族にあまり馴染んでいないようだった。彼は家で料理をしたが、そう頻繁ではなかった。ここでも私が覚えているのは、彼の料理の匂いと味である。彼はコミュニティの中で麺作りの名人として知られ、家にはよく麺が乾燥のために天井から吊るされていた。家の物干し用ロープはよく乾燥中の魚の塩漬けで溢れていた。彼は乾燥ナマコのような気持ち悪い物やその他の嫌な臭いのする珍味を食べていた。彼はこうした技術を上手く使って、私の兄弟姉妹や私が通った地元の公立学校のための資金集めを行ったりもした。学校で行われた資金集めのための行事では、人々が彼のスープを買いに列を作っていた。彼は、かつて日本人の賄い係が真珠貝採取用の小船で作った「カンパニー・ライス（company rice）」と呼ばれるおいしい料理を振る舞った。父は、周りの家族がナイフやフォーク、皿を使おうとも、常に箸を使い、茶碗で食事をしていた。そして彼は私の日本人の祖母と同じようにすり足で歩いた。私達は、日本人の祖父母と全く同じように、戸口で靴を脱いでいた。自国から遠く離れながら、こうした小さな慣習は決して棄て去る事ができなかったのだ。残念な事に、父は家で殆ど日本語を話さなかった。彼は、私達は英語での教育で良い成績を収めるべきだと強調し、母より英語を上手く話す事ができた。彼自身は、長年にわたり通訳として使えるだけの日本語を維持したが、その子供の私達は、母の言語での会話をする事の方が多かった。

日本人の祖父については、私が幼い頃に亡くなったので殆ど知らない。祖母は晩年に私達と共に暮らし、私が高校生の時に亡くなった。彼女はとても小柄で、長くて美しい髪をし、毎日入念に髪の手入れをしていた。彼女の目からはいつも、日本を去った事への深い後悔の念が窺えた。彼女の娘のアヤコと私の姉も長い黒髪をし、私の娘の一人もこの日本的な特徴を備えている。今日祖母の写真を眺めると、そこには辛い人生を送ったらしい険しい表情の女性が写っている。しかし、彼女の考えや経験についての記録は残っていない。彼女の人生はどんなものだったのか。彼女は何を語る事ができ、何を語っただろうか。私達、トレス海峡諸島のコミュニティで快適に暮らしている者達に語る事のできた話は殆どなかったかもしれない。日本に帰った際に語る話はあったかもれない。だが、彼女が日本へ戻る事はなかったのだ。

家族の物語の維持と次世代への継承は、二つの出自の間で大きく異なる。トレス海峡諸島人社会において、口頭による語りは、世代を通して伝統的・歴史的知識や経験を伝承する主要な手段である。日系人というよりもトレス海峡諸島人であるという意識を形作る日常実践の中では、最も強力なものだ。私の諸島人の家族や友人（そして私の両親や祖父母の世代の人々）が一緒にいる時、過去の出来事についてとめどない話が語られ、それが、人、場所、出来事を自己のアイデンティティに結び付けるのである。私達が誰で、どこから来たのか、私達の先祖が何を考え、何をしたのかといった事の全ては、終わりのない語りの中から私達に深く刻み込まれ、時には歌や踊りに記録されて、再び語られる。しかし、日本人の側の家族からは何も聞こえてこない。上の世代から話を聞き出す事は、健康な歯を抜くのと同じくらい、痛みを伴い、困難であった。父が語ってくれた話は、しばらくして矛盾したり、他人の話と食い違ったりした。結局私は、彼には家族について語る話がそれほどなかったのか、それともただ語りたくなかったかのいずれかだと推測するしかなかった。

父は弟と妹を二人ずつ持つ兄弟の最年長だったため、私達に日本の拡大家族の一員としての意識を持たせる事もできただろうが、そうはしなかった。理由は私達にはわからない。彼の妹たちは皆、結婚してオーストラリアの別の都市で暮らしているが、彼の弟たちは木曜島で生活し、島の女性と結婚した。私は道を挟んだところで暮らしていたハジメ叔父さんやジョージ叔父さんと私の第一イトコにあたるその子供達と共に島で育った。子供の私達は共に学校へ行き、一緒に遊んだが、父親同士が互いに口を開く事は殆どなかった。今、私達はその事を振り返って笑う一方、とても悲しいとも感じている。それは、理解しにくいというだけではなく、個人的または家族の事情があるかどうかもわからないので、日本人の「国民性」のせいにしたくなる事もある。それはただ私の父だけなのか、人種差別的なオーストラリア社会で育った経験から来ているのか、戦時中の屈辱のせいか、結婚または仕事のせいか、それとも彼と同世代の日本人に典型的な事なのか。そして私達は何が「典型的」なのかをどうやって知るのか。三人の男たちは同時に、私が長年出会ってきた日本人と同様、愛想が良く、控えめで、知人や職場の誰とでも良好な関係を築いていた。彼らはコミュニティに混ざって懸命に働き、コミュニティの生活に尽力した。しかし彼らは自分自身の事について他人にも自分達の間でも殆ど語らなかったようだ。この「日本の」語りの不在は、日系人としての自己同定を難しくした。とはいえ、時折自分が好きではない人々にだんまりを決め込む態度をどこから受け継いだのかと思う事があるのだが。

私は二〇代の頃、父について理解しようとし、地元の専門学校で日本語の授業を受けて、父の沈黙を破ろうとした。日本にいる父の親族が、彼が相続した土地について連絡してきた際、彼はその何人かは知っていたものの、どう対応していいかわからず、応答しなかった。結局私は、父と一緒に日本へ行き、彼を助けようとした。日本で父は気楽にくつろげなかった様で、拡大家族と一緒にいてもそうであった。おそらくこれが父が連絡を無視した理由だったのだろう。私の方が父よりも日本での経験を楽しんだかもしれない。しかし勿論、彼の心の中で実際何が起こっていたのかはわからない。そのうち、私は父が助けを求める事ができない人間である事がわかってきた。彼は何らかの理由で何かができない場合、その問題を無視するのだ。父は、物事のやり方を、質問する事ではなく、読み、聞き、観察する事で学んだ。彼は自分の手を使って、建築や修理、修復等を難なくする事ができ、自分の技術を必要とする人には寛大に力を貸した。やがて、私は彼が周囲で起こっている事に対し、時々都合よく「耳が聞こえなくなる」事に気付いた。そして、父は年を取っても、頑として補聴器をつけず、聴力を失っていく中で自分の世界に閉じこもっていった。私は現在五〇代になり、父が私達に語る事は何もなかったのだという事を受け容れるようになった。父がこの世を去る前に、私達の関係は消え去ってしまったようだ。様々なインタビューの断片の他は、彼の自分の人生についての考えは記録されないでいる。「私達にとっての父」の話はあるが、それは彼の日本との繋がりや彼の日本の家族についてのものではない。だが、父は興味深い時代を生きたのであり、オーストラリアの日本生まれの家族の最後の一員なのである。

ある時、私は日本人の血を引くことの意味についてより深く考える機会に遭遇した。オーストラリア在住の日本人側の第二イトコ—少なくとも、私達は第二イトコ同士であると考えている—を発見したのだ。私は、これを通じて、これまでの人生の中で最も日本人側の出自との繋がりを感じた。日本の戸籍簿から、祖父にはサンゾウという兄弟がいる事がわかった。どうやら、祖父とサンゾウは一八九〇年代に共にオーストラリアに来たらしいが、やがて、サンゾウはオーストラリア南部に行って、アイルランド人女性のグラディスと結婚し、ジロキチは日本人のパートナーを得るために日本へ戻った。サンゾウ側の家族はシドニーに落ち着き、クリーニング店を営んだ。私達双方の祖父母はいずれも、サンゾウないしジロキチの存在について口にしなかった。第二イトコらが両親に聞いたところ、祖父母のジロキチとシゲノは異人種間結婚を軽蔑し、サンゾウらとの縁を切ったという事だった。一方で父は、自分の父に兄弟がいる事も、シドニーにイトコがいる事も知らなかったと話した。

何が起こったかというと、まず、シドニーのイトコの一人、ジョーが姉妹たちと共に、昔はトレス海峡諸島人の歌手として名が知れていた私の母の写真を見つけた。(10) シドニーのイトコたちは「ナカタ」という名前を聞いて、私の家族に手紙を書いて、繋がりがあるかどうか確かめようとした。しかし、私の母にナカタ家の事情を説明するものはおらず、父もその事を私に言わなかった。数年後に、別のイトコのジャッキーが学会のチラシで私の名前を見つけ、電子メールで私に連絡してきた。私達は串本町役場から何らかの証拠を得ようと、在オーストラリア日本人二世のメアリー・イケの助けを得て、ジロキチとサンゾウが兄弟である事を確認する記録のコピーを入手する事ができた。出生証明書がないため、私達はその事を完全には確信していないのだが。

過去八年間、私はシドニーに住み、この第二イトコの何人かを知るようになった。彼らの親は全員オーストラリア人と結婚していたが、私達の間には容易に繋がりができたし、幾つかの家族的特徴を共有しており、同じ家族のメンバーであると感じるようになった。彼らがその母親（四人の姉妹）について話す時、その話はまるで、私の父や彼の家族との交流について語っている様だった。彼らの母親の性格についての話は、私の父親やその兄弟姉妹のそれとそっくりであった。父の世代で存命中のただ一人のイトコは、私に会いたがらなかった。おそらく、彼女は私の祖父母の事を許していないのだろう。私の父の様に、彼女は私に会いたがらない理由を話さないので、真実はわからない。

私達にとって、沈黙とは日本人側の出自に関するものだった。戦前のオーストラリアでアジア人の出自を有する事は容易な事ではなかったし、戦中戦後に日本人として生きる事は殆ど不可能であった。彼らがそれについて語りたがらない事を責められはしまい。この日系人女性たちは、その日本人の出自である事によって形作られた人生や過去の経験について、子供たちに語る準備ができていなかった。彼女達はシドニーに住む他の日本人の血を引く家族との繋がりについて少しばかり語った。その日本人家族の中にはトレス海峡諸島の家族と関係をもつ人々もおり、私もよく知っている名前でもある。これらの第二イトコのうち三人は、トレス海峡諸島のナカタ家を訪ねて行ったが、そこで彼らが見つけたのは、トレス海峡諸島人家族とその中で、自分の殻に閉じこもり、孤立した日本人の父親たちの姿であった。

こうした状況の中で、私の世代にはっきりと分かる家族的特徴を認めるのはほぼ不可能に思える。しかし第二イトコの一人のマックスは私に、彼の兄のウィルは私にどこか似ており、「同じ身振りをするし」、「同じ様な哲学的な問いについて」同じ様に語る、と言った。実際、ウィルは、より肌の色が白い以外はまるで私の兄の様であった。私達は同じメガネをかけてさえいた。マックスの娘の一人は私の娘の一人と同い年で、一方が金髪で白い膚をし、他方が黒髪でオリーブ色の膚をしていたにも関わらず、態度が非常に似ており、彼の娘を見るのは、自分の娘を見るようだった。非常に当惑する思いだったが、この上なく素晴らしい事でもあった。

それが私にとって素晴らしい事であったのは、父の孤独を打ち破ったと感じたからである。イトコたちも同様の繋がりを感じていた。約七〇年間の断絶と沈黙の後に再び繋がっていく感覚、私達がより大きな日系人家族の一員であるという感覚、日本人としての出自を受け容れ、それを私達の個人史へと紡いでいくという感覚である。もし父やその両親がこうした繋がりを維持していたならば、私達はお互いの繋りの感覚をより強くもっていただろうか。既に近親と関わり合う事も難しいと感じていた父にとって、言葉の壁は高かったかもしれない。そして現在の日本との繋がりの弱さはどうであろう。現在、私の日本との繋がりは、大半が仕事関係か、または家族的なコミュニケーションを殆ど伴わない個人的な友人関係で占められている。しかし、現在それがどんなに弱いものであっても、自分自身が日本と繋がっているという感覚があったからこそ、こうして他の日本人と繋がる事ができたのである。

日本人の叔母の一人は、その人生の終わりに、私の父が母と結婚する前に子供を産ませた日本人女性とずっと連絡を取ってきたと語り、私を驚かせた。私には沖縄に異母姉がいるのだ。父はその事について一言も口にしなかった。

しかし尋ねて回ると、他の日本人は知っていた様である。母は知っていたのだろうか。私の中のトレス海峡諸島人である部分は、この人に連絡して、彼女を私達トレス海峡諸島人・日系人家族へと引き込みたいと望んでいる。しかし、私の中の「日本人」としての感性は、立ち入るな、彼女をかき乱すのは本人にとって良いとは限らないと言う。結局、私は少し日本人的なのかもしれない。

本章を日本人の血を引く事が学業での成功と関係しているかどうかという日本のテレビ・レポーターの問いかけから始めた。私の答えは当初、否であった。成人になってから大学教育を受けたのは、オーストラリア先住民の子供たちの教育の改善に取り組むためであった。私の父は、結局良い教育を受けなかったが、当時の人種的ヒエラルキーからすれば、母よりも多くのものを享受し、多くの人に受け容れられた。私が学校に通う頃には、すべての子供たちが一緒に教育を受けた。混血の子供の方が諸島人の子供よりも賢いと想定されていたが、それは知的能力よりも一般社会における社会的利益と関係があった。日系人の家族の出身である方が諸島人家族の出身よりもましだと一部の教師に考えられていたという意味で、私は恩恵を受けていた。私達にはより高い期待が寄せられたし、子供の常として、私達はそれに応えた。しかし、日本人の血を引かない諸島人のイトコの学校での成績は私と同じくらいで、諸島人側の家族も非常に知的で、成功していた。英語での教育や学校カリキュラムは私達の多くにとって意味をなさなかった。私は多くの子供たちよりも成績が良かったが、それは大した意味をもたなかった。本当の意味での教育は大学に入ってから再び始めなければならなかったし、追いつくために一生懸命勉強しなければならなかった。

したがって、レポーターの質問は、彼の観点からはともかく、私にとっては良い質問ではない。それは、人種の差に訴え、不公平で差別的な法を作る事が許容された時代へと私を引き戻す事になるのだ。それは許されるものではないし、私はオーストラリア先住民への差別の歴史から現在でも生じている教育上の不利益の克服のためにあらゆる努力を注ぎ込んでいる。この点で私はマジョリティの日本人よりも日本のアイヌの人々に近いかもしれない。

ここまで述べてきたが、私はこれまでの事を回顧し、父と母が困難な状況の中で教育に力を入れてくれた事に感謝している。母からは、知的なユーモアと人生を前向きに楽しむ事を学び、他者からの偏見に屈せず、主流社会で自分の道を歩む事ができた。おそらく、物事をやり通す断固たる決意と、失敗についてくよくよ考えない事は、日本人の側から来ている。しかし私は、私の日本人側の家族がそうしたように、人生の状況をそのまま受け入れる事はできない。私はオーストラリア先住民に異なる教育基準を設ける事を容認する人々の論理を問い、押しのけなければならないのだ。両方の側の祖父母と両親の困難な人生の上に、私は人生のチャンスをつかむ事ができた。私は前の世代が負った差別や偏見がトレス海峡諸島人にもたらしたものを知っている。日本人の祖父母、そして父さえも、日本から移ってきたことによって得たものは多くはなかったようだ。後悔はあったのだろうか。彼らはここに来て良い人生を送ったと思っていたのだろうか。私達にはわからない。オーストラリアに出てきて、異なる人生に挑戦するのにどんな勇気が必要だったのだろうか。彼らは冒険好きだったのか、夢追い人だったのか、それとも日本でひどく貧しかっただけなのだろうか。本当に私達にはわからない。日本人の父とその両親の経験は、私達には失われてしまった。彼らは不満や後悔はおろか、自分達の考えすらさらけ出すような人ではなかった。彼らの子孫は今、イギリス、ヨーロッパ、アメリカ合衆国、オーストラリア、日本にいる。サンゾウやジロキチより下の世代の家系図は現在まで更新され続けている。今では、第二世代や第三世代も繋がりを取り戻した。私も退職したら、しばらく日本で過ごして、オーストラリアの系譜を日本のより大きな系譜へと繋げたいと思っている。

さて、日本人のテレビ・レポーターからの「このような高度な教育レベルを達成できたのは日本人の父親がいたからだと思いますか」という質問に戻ろう。

私の答えは、私には素晴らしい二人の両親がおり、私は心から二人に感謝している、という事だ。

私は二人の意志の強い両親、タミヤとセッサに育てられた。彼らは、自分達を見下す社会の中で闘い、互いに協力して子供たちや孫の将来に尽くした。私はそれを受け継いで現在の「私」となったのである。

注

（1）Nagata, Y., *Unwanted Aliens: Japanese Internment in Australia*. University of Queensland Press, 1996参照。
（2）Ganter, R., *The Pearl-shellers of Torres Strait: Resource Use, Development and Decline 1860s-1960s*, Melbourne University Press, 1994参照。
（3）同前、前掲、*Unwanted Aliens: Japanese Internment in Australia*, 1996; 本書第五章など参照。
（4）同前、前掲、*Unwanted Aliens: Japanese Internment in Australia*, 1996; Nagata, Y., *Japanese Queenslanders: a History*. Bookpal, 2007参照。
（5）「マレー人」という語に関しては本書第五章を参照。
（6）前掲、*The Pearl-shellers of Torres Strait: Resource Use, Development and Decline 1860s-1960s*, 1994; 前掲、*Unwanted Aliens: Japanese Internment in Australia*, 1996, 本書第五章も参照。
（7）二〇世紀初めには日本人労働者がクイーンズランド州北部のさとうきび農場で労働者として雇用された。本書第五章も参照。
（8）前掲、*Unwanted Aliens: Japanese Internment in Australia*, 1996参照。
（9）前掲、*Japanese Queenslanders: a History*, 2007参照。
（10）マーティン・中田の母セッサは彼女の二人の姉妹達と共にミルズ・シスターズ（Mills sisters）という高名な歌手グループを結成していた。ミルズ（Mills）というのは彼女の旧姓である。

参照文献

Ganter, R., *The Pearl-shellers of Torres Strait: Resource Use, Development and Decline 1860s-1960s*, Melbourne University Press,1994
Nagata, Y., *Unwanted Aliens: Japanese Internment in Australia*, University of Queensland Press, 1996.
Nagata, Y., *Japanese Queenslanders: a History*, Bookpal, 2007.
Nakata, M., *Disciplining the Savages: Savaging the Disciplines*, Aboriginal Studies Press, 2007.

コラム1

日系アボリジニとして（一）－Yearning of the Hearts[1]

L・T

（翻訳　山内由理子）（写真　金森マユ）

私の名前はL・Tといいます。一九六〇年にブルームで生まれました。私はアボリジニのグループのバーディ（Bardi）[2]と呼ばれる人々に属し、バーディの言葉での名前はウィダグー（Widdagoo）と言います。

私の母の出自を辿れば、私はバーディの中でもグーラグーン（Goolarrgoon）[3]のバーディ、ダンピア半島のアボリジニという事になります。でも、私の母の生まれた場所（ningarm）はブールジン[4]（Boolgin）というところです。

私の母の名前はオンジャ（Onja）といって、これは彼女のバーディの言葉での名前です。私の母の白人の言葉での名前はビディーといいます。私の父の名前はジョセフといって、私の母と同じクラン、バーディ・ジャウィ[5]（Bardi-Jawi）のアボリジニです。この父は実の父ではなく、育ての親ですが、私は小さいときにはそのことを知りませんでした。

私は一〇代前半頃から、皆によくからかわれる様になりました。周りの人たちが私のことを「丸い顔をしてる」とか、「お月様みたいな顔をしてる」というのです。どうしようもなく悪意のあるからかい方だとは思いませんでしたが、やはりいい気持ちはしませんでした。なぜ周りの人たちは私のことを「君は日本人みたいだ」なんていうのでしょう？　白人のタクシー運転手までがあるとき「君、どこから来たのかい？　ハワイかどこかかい？」なんて言ってきました。私はその時にはその意味が分かりませんでした。私は自分のことをアボリジニだと思ってましたし、他の人たちとそんなに違って見えるとは思いもしませんでした。

私はよく鏡を見て、何で自分は他のアボリジニの子供とは違って見えるのか、何で自分はお父さんに似ていないのか、悩んだものでした。そんなある日、私のおばさんたちの一人が訪ねてきて、私がお父さんだと思ってきた人は実の父親ではない、と言うことを知らされました。私がお父さんと思ってきたジョセフはいい人で、私を実の娘のように扱っていましたし、私のお母さんがジョセフの他に他の男の人と結婚していたことがある、とか言うようなことは私の知る限りではありませんでした。私にとってのお父さんは育ての親のジョセフでした。育ての父ジョセフが実の父親ではないと知らされたことで、彼に対する気持ちが変わることはありませんでしたが、この出来事は私をなんとも落ち着かない気持ちにさせました。

私が七年生[6]のとき、同じクラスの女の子が私に「あなたは日本人よ」といいました。その時は私のお母さんもまだ若くて、私も敢えてお母さんに話を聞き出そうとはしませんでした。でも、ある日、ついかっとなってしまったのを思えています。私が殴る蹴るまでし始めたので、お母さんはついに私がお父さんだと思ってきた人は実のお父さんではないと言うことを伝えました。それを聞いて私はさらに腹が立ちました。私の実の父親とか言う人は短期間だけ私のお母さんと関係を持って、お母さんは私を妊娠して、それでその男の人はお母さんを捨てていってしまったって、そんな風に聞こえたからです。

それから何年もして、私と夫のアレックは結婚する前に、一年半の間私の育てのお父さんの世話をしていました。でも、やがて、彼はダービーと言う所のナーシング・ホームに行かなければならなくなりました。それから二、三年後、私の育てのお父さんは死の一週間前に、ベッドに横たわったまま私の実のお父さんは日本人で、この日本人の男の人が彼に私のことを面倒を見て助けてくれるように頼んだのだと言いました。育てのお父さんがこの話をしてくれたことで、私はほっとした気持ちになりました。彼がこんなに長い間そのことを隠さなければならなかったのは、つらいことだったと思いますが、私は腹も立ちました。でも、私の育ての父親はいい人で、私は彼を尊敬していました。私はずっと彼が実の父親だと思いこんできたくらいですから。

私の夫のアレックには日本人の叔父さん（Kさん）[7]がいました。Kさんは彼のおばさんの一人と結婚していたのです。そんなこんなで、結局、アレックの叔母さんのうち三人がやってきて、私の日本人のお父さんを知っていると言ったのです。私の夫の親戚を通して、私は私の父親の側のルーツを少しずつ見つけてゆくことができました。彼らによると、私の父は「T」といい、「X」と言う町からやってきたということがわかりました。

このときまでに、私ももう大人になって、お母さんともちゃんと話ができると思うようになりました。お母さんもやがて心

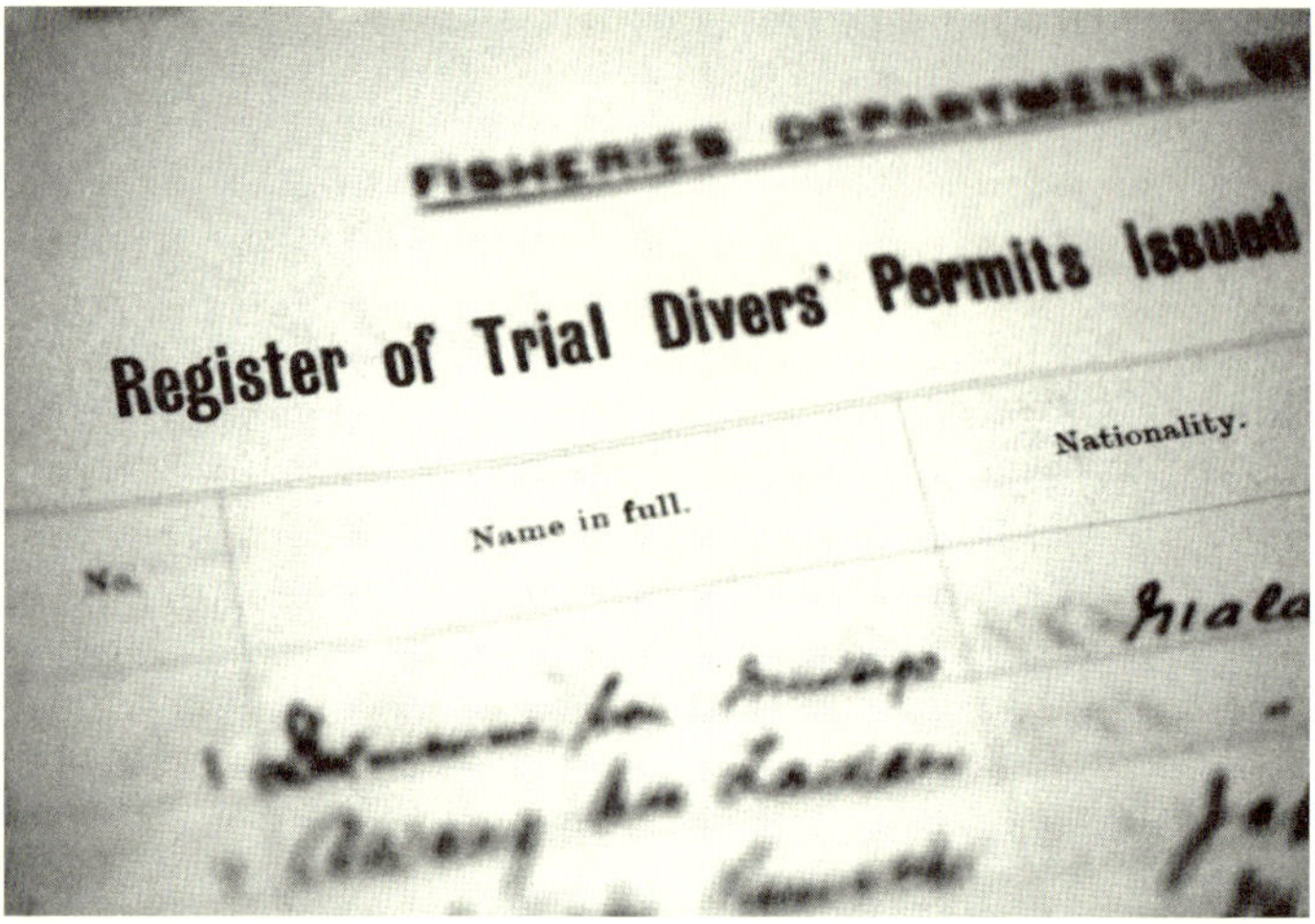

ブルーム歴史資料館にある日本人やその他のダイバーに与えられていたダイバー仮許可書の記録（写真提供　金森マユ）

を開いて、全てを話してくれました。私の実の父親との出会い、その人は日本人で真珠貝採取業関係の仕事をしていて、私のお母さんのところにバイクで通って来ていた事、などです。お母さんはあるとき、「私はあなたのお父さんとは一緒に住んでいなかったし、あなたのお父さんは日本に帰ってしまったけど、彼はあなたのことを気にかけていましたよ。彼は私のところにやってきて、赤ん坊のあなたを連れて日本人地区に連れて行ったり、抱っこして面倒を見たり、日本人の友達にあなたのことを自慢したりしていましたよ。」といってくれました。それを聞いたとき、私の中の怒りは引いていき、その代わりにこの私の実の父親、と言う人と、自分の日本側のルーツに対する興味が芽生えました。

　それから四年たったとき、私は夫から、彼の叔母さん（日本人と結婚した人です）が日本人の写真家がブルームに来ていて、日本人とアボリジニの血を引く人に話をしたがっている、といっていた、とききました。その写真家は金森マユさんといって、私は彼女と一九九九年一〇月、ある暑い日のランチ・タイムに会いました。マユさんは私に、日本人とアボリジニの血を引く人たちの写真を撮っているといい、私のお父さんの事を聞きました。彼女がシドニーに戻って行った後、私は自分の中の日本人のルーツについてまた考え、私の中のあまり知らなかったもう片方について知りたいと思うようになりました。この私の父である日本人の男の人について探してみるべきだろうか。でもそうしたら、もう昔と同じ私にはもどれないという不安もありました。

マユさんはすぐに私のお父さんの住所と電話番号を探し出してきました。でも、彼女が電話したところ、お父さんの奥さんに、お父さんは病気で寝ていて電話には出られない、と言われてしまいました。私はお父さんに手紙を書いてマユさんに訳してもらったものを出しましたが、返事はありませんでした。そこで私たちはとうとう、清水寺の舞台から飛びおりるような気持ちで、日本に行って、お父さんが私に「会いたい」といってくるか「会いたくない、私の人生から出て行ってくれ」といってくるか、見てみよう、と決めました。

私のお父さんの町、X町に直接行く前に、マユさんは仲介になってくれる人とのミーティングをセッティングしてくれました。日本では、こういう状況では誰かに仲立ちになってもらった方が物事がスムーズにいくからです。もし私たちがいきなり私のお父さんの家に行ったら、お父さんの奥さんに追い返されるだけかもしれません。私たちの仲介人になってくれた人はX村の人で私のお父さんを知っていました。私は仲介の人にお父さんの家に行くときのためにと自分の写真を何枚か渡しました。でも、仲介役の人もお父さんの奥さんに、お父さんは私には会いたくないのだ、と言われてしまいました。

でも私は、わざわざX町まで来たのですから、できる限り頑張ってみたいと思いました。そこで、何か他の方法があるはずだ、と粘り、私のお父さんには息子がいた、と聞いたことを思い出しました。仲介役になってくれた人は私のお兄さんのことも知っていて、それならお兄さんに電話してみるようにといいました。電話が繋がるまでちょっと時間がかかりましたが、私たちは私の一番上のお兄さんにあたる人と電話で話すことができました。この人は私のことを聞いたことはまったくなくて、驚いていましたが、私にすぐに会ってくれるといいました。

私は一番上のお兄さんに会ってとても驚きました。お兄さんの顔は男性版の自分の顔を見ているようでした。私はしばらくぽかんと立ち尽くしていました。何を言ったらいいのかも分かりませんでした。地球を半球離れた所にこんな人がいるなんて考えたこともありませんでした。彼は男性でしたけど、私たちの目、顔立ち、体の動かし方は全く同じでした。私はすぐに彼とどこかで通じるものを感じました。その夜、お兄さんは私を家に招待してくれました。そこには私の二番目のお兄さんに当たる人もいて、やっぱり驚いていました。マユさんはがんばって色々と通訳してくれました。私の一番上のお兄さんの奥さん

ブルームにある日本人真珠貝採取船クルーの寄宿舎（キャンプ）跡（現在は撤去されている）。（写真提供　金森マユ）

が作ってくれた素敵な日本のご馳走が出てきて、抱き合ったり、一緒に食べたり、飲んだり、冗談を言ったり、皆が私を家族として扱ってくれました。全てあっという間の出来事だったので、その時にはどんなにすばらしいことが自分の人生に起きていたか、自分でも分かっていませんでした。

次の日、私の義理のお姉さんに当たる人は、私をお父さんのところに連れて行ってくれました。そこにいたのはベッドに横たわっている老人で、私の義理のお姉さんが、その人に私のことがわかるか、と聞きました。お姉さんは冗談っぽく、「おじいちゃん、ブルームで何やってたの？」といいました。お父さんはベッドから手を伸ばして私の手をとり、それをひっくり返して、私たちの手はそっくりだといいました。私はわっと泣き出しました。私は私の夫と六人の子供の写真を取り出して見せ、それから私の母の写真も見せました。それを見たときお父さんの口から「オンジャ」という言葉が出てきました。目には涙が光っていました。

次の日、私のお兄さんが私をお父さんのところにまた連れて行ってくれました。お父さんは私に手ずから指輪をくれました。それは今日まで私の宝物です。お父さんは「お前になんか会いたくない、出て行け」なんていいませんでした。それどころか、自分の指に光っていた指輪をくれたんです。

私のアイデンティティに関して言えば、今、私は自分の双方のルーツがはっきりしたことでやっと完全な人間になれたような気がします。私が人生を過ごしてきたのは人種差別主義が公然とまかり通っていた時代でした。かつて私たちアボリジニはミッションかリザーブに居住しなければならないと政策で決められていた時代がありました。私の母と育ての父は私がとても若いころから私たちがどこから来て、誰で、我々のアイデンティティは何かを教え込んでくれました。ですから、たとえ保護主義と同化主義の時代を潜り抜けても、私はアボリジニの側のルーツを失ったことはありません。一九〇〇年代前半から一九七〇年代後半まで政府の政策はやはり我々先住民にとっては人種差別主義的で、私たちの人間としてのアイデンティティに大きな混乱をもたらしました。

アイデンティティ（identity）というのは不思議なものです。もともとのルーツはラテン語のIdemという概念で、他の人と同じである（identical）という意味と個人性（identity）という意味が同時にあります。自分のことをアボリジニでありバーディであり、日系人であり、オーストラリア人であるとアイデンティファイすることは、他の人と共通点を見つけようとすることですが、私は私自身という個人でもあります。権力の側が私たちのアイデンティティは何であるべきかと押し付けてくる時代に育ったことで、私自身が何であるのかという問題はさらに難しいものになりました。私のアイデンティティは、もしかするとほかの多くの人たちと同じように「多文化的」なのかもしれません。

子供の時には「多文化的」ということの意味が分かりませんでした。今は分かります。私は自分の父親を探しに行きましたが、その結果自分の属する新しい家族を丸ごと発見しました。私の日本人としてのルーツ探しは始まったばかりなのだと思います。日本にいるとき、文化、歴史、日本での物事のやり方など、私には学ばなくてはならないことがたくさんありました。私の家族は私を家族のお墓に連れて行ってくれて、そこでどうすべきかを教えてくれました。私のお兄さんは私を神社に連れて行ってくれて、私たちは一緒にお祈りしました。私の日本の家族との絆は強くて近いものだと思います。特に私の一番上のお兄さんに対してはそう思います。私たちは同じ言葉をしゃべらないし、お互いの文化についてはほんの少ししか知りませんが、お互いの表情やボディランゲージで十分通じ合えます。私たちの違いは大したものではありません。私は家族の一員として受け入れられましたし、人間として受け入れられました。

私はマユさんと日本人の仲介者にめぐり合うことができて幸せでした。私の母、家族、夫の家族、親戚は私がこの旅をすることに協力的でしたし、私の日本の家族は大変オープンで温かい心の人たちでした。自分のもう片方のルーツを探し出そうとしている人たちの皆がこれほど運がいいわけではありません。私がやったようにすることが他の皆にとってもいい結果になるとはいえません。でも、私はこの旅をしなければなりませんでした。この旅の後で私とマユさんは『旅の心（The Heart Of the Journey）』というスライドショーを作りました。私の父親探しの旅のドキュメンタリーです。この作品は大変多くの人に見られていて、多くの人がこれを見て私のやったことに勇気付けられたといってくれました。もしかしたらこれは運命或いは運命が課した仕事だったのかもしれません。私はこの章を書くことによって、他の混血の人々を勇気付けることができたら、と思っています。自分のことについて知りたいという思いが心の底に奥深くあるならば、その声に従うべきです。

訳者注：個人情報保護のため、実名は伏せてありますが、L・Tの日本の家族は彼女のことを認めて受け入れ、現在でも幸せな家族関係を築いています。

注

（1）本章はEdwards ,P. & S. Yuanfang, 編集の *Lost in the Whitewash: Aboriginal-Asian Encounters in Australia, 1901-2001*, The Australian National University, 2003, pp. 59-63所収の"Yearning of the Hearts"を著者、出版社の同意を得て翻訳したものである。

（2）Bad, Bard, Barda, Baada等とも綴る。オーストラリア大陸北西部のキンバリー地方、ブルームより北のあたりに住むアボリジニのグループの名前。詳しくはHorton, D., *The Encyclopaedia of Aboriginal Australia: Aboriginal and Torres Strait Islander History, Society and Culture*, Aboriginal Studies Press, 1994; Dousset, L. *AusAnthrop Website*,（http://www.ausanthrop.net/index.php）等を参照。

（3）ブルームの北にあるダンピア半島の北西部はBardiの人々によりGoolarrgoonと呼ばれる。Bowern,C., "Naming Bardi Places",（Koch, H.& L. Hercus,（eds）, *Aboriginal Placenames: Naming and Re-Naming the Australian Landscape*, ANU E Press, 2009, p.328).

（4）Goolarrgoonの中のさらに一地域。詳しくは同前，pp.330-331を参照のこと。

（5）JawiはDjawi, Chowie, Djaoi, Djau, Djaui等ともつづる。Bardi語の一方言とされる。詳しくはMcGregor, W., *The Languages of the Kimberley, Western Australia.*, Taylor & Francis, 2004を参照。

（6）日本での中学一年生に相当する。

（7）個人情報保護のため、日本人の名前や地名は伏せてあります。

翻訳において参照した文献

Bowern, C., "Naming Bardi Places",（Koch, H. & L. Hercus,（eds）. *Aboriginal Placenames: Naming and Re-Naming the Australian Landscape*, ANU E Press, 2009, pp.327-345）.

Dousset, L., *AusAnthrop Website*,（http://www.ausanthrop.net/index.php, 二〇一一年十一月三〇日閲覧）。

Edwards, P. & S. Yuanfang,（eds）, *Lost in the Whitewash: Aboriginal-Asian Encounters in Australia, 1901-2001*, The Australian National University, 2003.

Horton, D.（ed）, *The Encyclopaedia of Aboriginal Australia: Aboriginal and Torres Strait Islander History, Society and Culture*, Aboriginal Studies Press, 1994.

McGregor, W., *The Languages of the Kimberley, Western Australia*, Taylor & Francis, 2004.

コラム２

日系アボリジニとして(二)―ブルームに生まれて

コーリン・増田
(翻訳　山内由理子)

一八〇〇年代からブルームの町は多文化社会でした。ここが私のホームタウンで、私が産まれて住んでいるところです。

私はコーリン・増田といいます。一九五七年に日本人の父親増田晃とアボリジニ・フィリピン人・スコットランド人の血を引く母親イヴリン・プエルトラノの間に産まれました。私の両親の間には五人の女の子と三人の男の子がいて、私はその一番上に当たります。

私の父は和歌山県の太地町から一九五五年六月に真珠貝採取業を営むストリーター・アンド・メール（Streeter and Male）社で働くためにブルームにやってきました。私の母方は少なくとも五世代に渡ってブルームに住んで来ました。

私が子供時代を過ごした一九六〇年代にはブルームは小さな町で人口も二〇〇〇人足らずでした。私はカトリックとして育てられ、セント・メアリー小学校というところに通いましたが、そこの子供達の多くはアボリジニかその混血でした。その他に主に白人の子供が通うブルーム小学校がありました。ガール・ガイドやブラウニーに参加する以外は白人の子供と付き合うことは余りありませんでしたし、こういったグループ活動でさえ、普通は白人の子供ばかりが行くものだったので、何故私が参加していたのか、不思議に思います。サン映画館[1]やパブなども状況は同じで、サン映画館では私達は混血だったので混血のための席に座らなければならず、「純血」のアボリジニはまた別の席に座らなければならなかったのです。パブでも似た様な差別が、私が十八の時にさえありました。でも、ブルームにもっと人が来るようになって、状況は変わっていきました。今でも私はこういうことをした人たちの子孫にはちょっと不愉快な気持ちを感じることがあります。でも、過去はもうどうしようもない事ですし、皆が今では他の文化に対してもっと寛容になっているのであって欲しいと思っています。

160

真珠貝採取業は当時は八隻くらいのラガー船で操業していて、アボリジニの船員、日本人・マレー人(2)のダイバーと船員を雇っていました。真珠貝採取業の操業シーズンは三月から一二月までの間でラガー船は貝を集めるために海上で六週間ずつ過ごしていました。ラガー船の生活は新鮮な食料がなく缶詰ばかりで窮屈なもので、私の父はそこで最初は船員として、それからダイバーとして働きました。

父が海に出ている間は母がブルーム病院で清掃やその他の仕事をしながら私と兄弟達の面倒を見ました。父が帰ってきて数週間町にいる間は父が面倒を見てくれました。父は私達をダイバーや船員達が働いている日本人「キャンプ（クォーター）」に連れて行きました。私達は庭で遊んだり、ココナッツやバオバブの木に登ったり、日本人がカードゲームやマージャン（私達はこれを「スティックス」と呼んでいました）をやっているのを見て時間を過ごしました。日本人の中でも若い人たちは年上の人たちの言うことを何でも聞いていて、道路を横切ってストリーター・アンド・メール社の経営するお店にタバコや何でも頼まれたものを買いに使い走りに行っていました。彼らは私の父の友人で同国人ですから、父は彼らと時間を過ごしたかったのでしょう。

日本人キャンプにあった二つの家を覚えています。一つは大きな寮の様な建物でコンクリートの床に押し開け式のシャッターが付いていました。ここは年配の日本人が住むところで、蚊遣りネットつきのベッドが並んでいて、天井には扇風機はなく、小さなケロシンのバーナーで料理をしていました。もう一つはダイバーの住むところで、木とブリキでできていてコンクリートのブロックの上に立てられていました。二階には大きな寝室があり、私たちが子供だったときはこの階段を上るのが怖かったものです。日本人全員で外にある二つのトイレと一つの大きなシャワー室を使っていました。

大きな食堂があって、ジャラ（ユーカリの一種）の木で作られた長いテーブルとベンチがありました。ここで私達は新年やラガー船でのピクニックの後の真珠貝採取シーズンの始まりやそのほかのイベントを祝いました。夜が更けるにつれて大抵カラオケが始まりました。順番は持ち回りで、マイクはありませんでした。皆で楽しい時を過ごしました。お酒は皆たくさん飲みましたが、言い争いみたいなものはなくて、私達子供も皆そこにいて怖いと思った事はありませんでした。

それから、私の父と日本人と過ごした思い出といえば、ラガー船のピクニックがあります。真珠貝採取のシーズンの初めに家族や友人のためにラガー船でピクニックがあったのです。ブルームの埠頭からラガー船へ小型ボートで連れて行ってもらい、ラガー船が一杯になったら埠頭の辺りを廻って町の外れにあるストリーターの桟橋に向かいました。小袋に入ったチップスとかフルーツ（大抵オレンジかりんご）とかソフトドリンクが振舞われました。ストリーターの桟橋に着いたら子供達はラガー船から降りて桟橋から海に飛び込みました。それから日本人キャンプに向かって、そこでパーティが行われました。これは絶対になくしたくない、子供時代の素敵な思い出で一生の経験です。

日本の慣習で一つ、私達が教えられ、従っているものがあります。玄関で靴を脱ぐ、ということです。でも、家の中ではくスリッパなどというものはありませんでした。今日でも、私は家の中で靴を履いていません。

その他に、私は私のおばあさんとも一緒に時間を過ごしました。おばあさんは毎週末に私達を魚釣りに連れて行ってくれました。私達はフレデリック通りのおばあさんの家の前のバオバブの木に登ったりして遊んだりもしました。私達のお母さんはいつも仕事にいったり、家で私達の面倒を見たりして働いていました。私が小さかったころは洗濯機などなかったので、お母さんは銅の鍋で私達の服を煮沸して、それから手洗いをしていました。私達は毎日、朝も夕もお米のご飯だけを食べていました。大人になってから、私はお父さんが、お父さんの二人の妹が学校に、そして大学にいけるように、太地町に住むお父さんのお母さんにお金を送っていたことを知りました。両親にお金がなかったわけです。

この時代ブルームにはテレビなどなかったので、私達子供は自分で自分達の遊びを考え出しました。私達はいつも家の外やビーチで遊んでいました。私達の遊び場は「旧桟橋」のビーチ、または新しくブルームに来た人たちが呼ぶところの「タウンビーチ」でした。ビーチには潮が満ちて引いていってしまうまでの間、子供達が泳いだり遊んだりした「サメの囲い」と呼ばれる囲いがありました。サメの囲いはワイヤーのフェンスと木の支柱でできていて、私達をサメから守るはずのものでした。大人が見張っているようなことはなくて、私達子供が事故に遭ったり、怪我をしたりおぼれたりしなかったのはラッキーだったといえます。

私は一九八三年にカラサというところに家族と一緒に移り、二〇年間過ごしましたが、それでも私はブルームの人間で家族とも強い絆を保っていました。だから、二〇〇三年にブルームに戻ってきたときも、コミュニティの活動に参加するのは難しくありませんでした。これまで私は、シンジュ・マツリの委員会のメンバーを三年間務めたり、太地町とブルームの姉妹都市関係凍結の決定を覆すために奮闘したり、ブルームの四〇キロ北にあるジェームズ・プライス・ポイント（James Price Point）での液化ガスプラントの建設を計画するウッドサイドとその合弁会社に抗議活動をしたりしてきました。(3)

私はシンジュ・マツリには二〇〇六年に参加しました、というのも、太地町の役場から代表の人たちが訪ねてきたからで、ブルームの市役所がシンジュ・マツリの委員会に二つの町に関わるお祝いとシンジュ・マツリを一緒にしたいと言ってきたからでした。

シンジュ・マツリは一九七〇年に始まり、日本のお盆、マレーシアのイギリスからの独立記念日、そして中国のフン・セン（Hung Seng）という死者のためのお祭りの三つを一緒にして作り上げたものでした。三つとも、八月に祝われていたのです。私はシンジュ・マツリの運営委員会で三年働き、一週間のお祭りのために様々なイベントを企画したり、ミュージシャンやアーティストをコーディネイトしたりしました。

二〇〇九年、ブルーム市議会に、太地町のイルカ漁に反対し、太地町との姉妹都市関係停止を求める活動家から多くのメールが寄せられました。ブルーム市議会は緊急会議を開き、太地町との姉妹都市関係を凍結する事を決定しました。この決定からわずか数日後には、イルカ漁に抗議する誰かがイルカの写真をブルームの日本人墓地に掲げました。ブルームの地元の人々―その文化的バックグラウンドは様々でしたが―はこれに怒って、市議会に押しかけて市長との会見を要求しました。私も友人達と共に行動を起こし、ブルーム市議会に太地町との姉妹都市関係凍結の撤回を求める提案をし、それに賛同してくれる市議を見つけ出したのでした。(4)

ブルームでの私の子供時代の経験と思い出は私にはとても大切なものでした。だから、私はこうして、ブルームの歴史をちゃんと残し、環境を守ることに情熱を傾けてきたのです。

注

（1）本書第五章参照。

（2）本書第五章参照。
（3）本書第五章参照。
（4）本書第五章参照。

第八章　ウラン採掘地から福島へのオーストラリア先住民の眼差し

松岡智広

一　はじめに

東日本大震災・福島第一原発事故の発生後間もない二〇一一年四月初め、オーストラリア先住民(1)の女性が、国連事務総長に公開書簡を送った。ノーザンテリトリーのウラン鉱山、レンジャー（Ranger）鉱山地域の伝統的土地権利者の集団ミラル・グンジェイッミ(2)（Mirarr Gundjeihmi, 以後ミラル）の代表者イボンヌ・マルガルラ（Yvonne Margarula）さんである。彼女は先住民の意志を踏み躙ってのウラン採掘とその環境被害、福島原発事故をもたらした核の脅威を訴え、オーストラリア産のウランが使われていた福島での放射能被害に、深い悲しみを表明した(3)。

イボンヌさんとは対照的に、オーストラリア連邦政府のギラード（Julia Gillard）首相（当時）は、「日本で起こっている事は、ウラン輸出についての私の考えに何の影響もない」「エネルギー源をどうするかは世界の各国が自分達で決める事だ」等、福島第一原発事故から距離を置く発言をしている(4)。オーストラリア政府が福島での豪州産ウランの使用を公式に認めたのは、イボンヌさんの書簡から半年以上後の二〇一一年一〇月終わりの事だ。緑の党の質問に対し、オーストラリア連邦政府外務省の幹部は、福島第一原発の六基中の五基或は全原子炉での豪州産核物質の使用を認めた[5]。

日本は長年オーストラリアからウランを調達してきた。オーストラリアの採掘可能なウランの推定埋蔵量は世界第一位、世界全体の約三分の一を占めると言われる。年間生産量は二〇〇五年頃には一万トン（単位ｔU）近くに達し、近年は天候や既存鉱山の老朽化の影響で減少しているものの（六千トン位）依然、世界第三位の生産国であり、福島第一原発事故後も新規鉱山開発の動きが活発である[6]。

その一方、オーストラリアの主要なウラン鉱床の多くが、オーストラリア大陸の先住民アボリジニの現在も居住している地域に分布している。一九七六年のアボリジニ土地権法（ノーザンテリトリー、以後土地権法）、一九九三年の先住権原法により、鉱山開発では伝統的土地権者の先住民の同意が必要となったが、現実には先住民の意に反したウラン鉱山開発が行われ、深刻な環境汚染も引き起こしてきた。そうでありながら、むしろ被害者であるイボンヌさんを始めとするアボリジニの人々は、福島第一原発事故に悲しみや謝罪を表明する。何故だろうか。

本章ではオーストラリアのウラン、先住民、日本に関して、この疑問を念頭に、まずオーストラリアのウラン採掘の歴史を概観し、現在操業中のウラン鉱山の状況と先住民の対応を紹介した後、筆者の経験と考えを述べる。

二　オーストラリアのウラン採掘の歴史と政策

オーストラリア初のウラン採掘は、二〇世紀初頭から一九三〇年代までサウスオーストラリア州のラジウム・ヒル（Radium Hill）で行われた。当時は原発も核兵器もなく、ラジウム抽出を目的にウランが採掘された。鉱石を精製したシドニー郊外では、放射性残土の問題が現在も残る。

ウランの利用を目的とした本格的な採掘は、一九五〇年代から六〇年代にかけてノーザンテリトリーのラム・ジャングル（Rum Jungle）鉱山、クィーンズランド州のメリー・キャスリーン（Mary Kathleen）鉱山で始まる。世界初の商用原発がイギリスで稼働したのが一九五六年だったことから明らかなように、原発が普及していなかった当時、オーストラリアでのウラン採掘は、発電用ではなく、米英の核兵器開発への供給の為であった。

イギリスは一九五二年から五七年にかけてオーストラリアで主要な大気圏内核実験を行った。特にサウスオーストラリア州のマラリンガ（Maralinga）での実験（一九五六－一九五七）では、参加した英・豪軍の兵士や、ピチャンチャジャラ（Pitjantjatjara）、ワンガチャ（Wangkatja）、ンガリヤ（Ngalea）、グガダ（Kokatha）[7]等周辺の先住民が被曝したり、強制移住させられたりしたが[8]、限定的な除染だけで、賠償や本格的な除染は殆ど行われていない[9]。

一九七〇年代、つまり日本で敦賀原発や福島第一原発等が稼働開始した頃、原発用のウラン鉱山開発が活発になり、八〇年代に入り生産が本格化していく。オーストラリアには原発はなく、シドニー郊外にある研究炉に用いられる少量以外、ウランは全て、日本、ＥＵ諸国、アメリカ、韓国、台湾、中国等、海外の核不拡散条約批准国の原発向けに輸出されてきた。

オーストラリアでも一九七〇年前後に、当時の自由党政権がニューサウスウェールズ州に具体的な候補地を挙げて原発導入を検討し、続くウィットラム労働党政権（一九七二－一九七五）も原発導入を検討したが、安価な石炭に比べたコスト高や反核運動の高揚から、立ち消えとなった。但し、シドニー郊外のルーカス・ハイツ（Lucas Heights）では一九五〇年代より研究炉が稼動し、使用済み核燃料の処分が問題になっている[10]。

ウィットラム政権は、先住民の権利に関する法整備に着手し、一九七六年の土地権法の先鞭をつけた。後継のフレイザー自由党政権（一九七五－一九八三）下、レンジャー鉱山が操業開始し、オリンピック・ダム（Olympic Dam）鉱山が認可される一方、土地権法が制定された。アボリジニの伝統的土地権利者の代表組織として、土地利用関係の協議や仲介を行う土地評議会（Land Council）が各地で制度化されていった。先住民の権利認定の法制度が整備される一方、現在も続くオーストラリアのウラン鉱山開発・採掘の土台は、この時代に確立する。

続く、ホーク及びキーティングの労働党政権（一九八三－一九九六）下、同時操業のウラン鉱山は三つまで、新たな鉱山は認可しない、という通称ウラン三鉱山政策が採用される。これにより頓挫したウラン鉱山開発計画もあるが、一九八八年にはオリンピック・ダム鉱山が操業開始した。その一方、一九九三年に先住権原法が成立し、一九九七年を請求期限とした土地権に代わり、先住民の土地への権利承認の基盤となった。[11]

その後、ウラン開発制限政策を採らない自由党が率いるハワード政権（一九九六－二〇〇七）が成立し、二〇〇一年にビバリー（Beverley）鉱山が操業開始した。労働党は二〇〇七年に政権復帰するが、ウラン開発推進の流れは止まらず、同党のウラン三鉱山政策は破棄され、二〇〇九年には、新たなウラン鉱山開発が認可された。更に、二〇一一年一一月ギラード首相は、核不拡散条約未署名のインドへのウラン輸出解禁方針を発表した。[12]翌一二月には、日本の首相が訪印時に原子力協定調印交渉の再開を表明し、オーストラリアから日本へという従来のウラン供給に流れに加え、第三国にオーストラリアがウランを供給し、日本が原発輸出を図る構図が浮上している。

この流れを受けて、一九七〇－八〇年代頃よりウラン採掘もしくは探鉱開発禁止政策を取ってきた州も、ウラン採掘解禁へ動く。二〇〇八年にウェスタンオーストラリア州がウラン採掘を解禁、現在、新興のトロ・エナジー（Toro Energy）社がウィルーナ（Wiluna）鉱山開発を進めている。同州では、三菱商事が三〇パーセント出資するキンタイア（Kintyre）プロジェクト、日豪ウラン資源開発と伊藤忠商事があわせて三五パーセント取得権を有するレイク・メイトランド（Lake Maitland）プロジェクト等、他にも有力なウラン鉱床が発見されているが、福島第一原発事故以降のウラン価格の低迷等から、計画延期が相次いでいる。ニューサウスウェールズ州は二〇一二年三月にウラン探鉱を解禁した[13]。クィーンズランド州も二〇一二年一〇月にウラン採掘解禁を決定した[14]。いずれも州政府が保守政権に交代してから解禁に転じている。ヴィクトリア州では、石炭等の化石資源以外は鉱物資源の採掘は他州に比べて活発ではなく、一九八三年以来のウラン探鉱を含む原発関連事業を禁止する州法が継続している。しかし連邦政府のウラン採掘・輸出拡大の急先鋒である資源大臣マーティン・ファーガソン（当時）は同州選出であり、同州のウラン採掘解禁を在任中主張し続けた。

以上の様に、オーストラリアのウラン採掘は、一九五〇年代に米英の核開発協力の為に本格化し、その後日本等世界の原発への供給の為に行われてきた。それと平行して先住民の土地権や先住権認定も行われてきたが、ウラン採掘・輸出は一貫して拡大を続け、福島第一原発事故後はさらに拡大政策が強化されている。次の節では、現在操業中のウラン鉱山開発の経緯を、地元の先住民の対応と共に、概観する。

三　現在操業中のウラン鉱山開発の経緯

三−一　レンジャー鉱山とその周辺

一九八〇年に採掘開始したレンジャー鉱山は、世界遺産カカドゥ（Kakadu）国立公園の中に位置するが、その部分のみ公園指定から外されている[15]。自然保護や先住民の権利擁護といった今では幅広く社会に認知されている理念が、制度的にようやく整えられ始めた時代に、ウラン鉱山開発という政治的・経済的要素が介入した結果、このような異様な状況が生まれ、現在に至っている。

同鉱山最盛期の年間生産量は五千トンを超え、世界生産の一割以上を占めた。鉱床の枯渇や雨期の洪水の影響で二〇一一年にオリンピック・ダム鉱山に年間生産量を抜かれたが、操業開始以来、オーストラリアのみならず、世界の主力ウラン鉱山であった。

レンジャーの鉱床は一九六九年に発見され、七〇年代に入ると連邦政府は本格的に開発推進に乗り出す。一九七二年から政府は開発手続に着手するが、地元先住民は一貫して反対してきた。一九七六年成立の土地権法では、資源開発に際して大臣と地元の土地評議会の間での書面で合意を得ることを義務付けていたが、レンジャー鉱山の地域を適用範囲から除外する例外規定が設けられていた(16)。さらに連邦政府は、当該地のアボリジニの土地権利者を管轄する北部土地評議会（Northern Land Council）の枠組みを利用し、北部土地評議会主催の会合で、先住民に対しウラン鉱山開発への同意を繰り返し迫った。つまり連邦政府は、土地権法の同意規定からレンジャーを予め除外し、同意なしでも開発を強行できる環境を整えた上で、形式的な同意を迫ったのである。手続き開始から六年経った、一九七八年、改めて先住民が反対の意志表示をした会合から僅か三週間後に再び設定された会合で、連邦政府の先住民問題担当大臣が直接現地入りした。大臣は、連邦政府は一九七二年に日本と発電用ウラン供給で合意をしており、ウラン採掘は決定済みで、採掘の是非を問う段階ではなく、採掘をどう実現するかが問題なのだと発言した(17)。アボリジニの人々の苦悩の背景には、この時点で既に日本が介在していた。該当地域の先住民ミラルの代表者トビー・ガンガーレ（Toby Gangale）さんは、環境への影響や日本が被った原爆の被害が再び起こることを懸念し、六年間反対し続けてきたが、不本意ながら開発同意の署名をし、その二年後ウラン採掘が始まる(18)。

当時は土地権法が制定されてまもなく、制度としての北部土地評議会の歴史も浅く、先住民の政治的交渉力も弱

2013年3月、福島県飯舘村の酪農家長谷川健一・花子夫妻がオーストラリア各地での講演を終え、最後にレンジャー鉱山のあるイボンヌさんの地元で彼女と面会（前列、イボンヌさん、筆者、後列左より、ピースボート共同代表川崎哲氏、長谷川健一氏）

かった[19]。トビーさんは署名の十年後に亡くなり、その娘であるイボンヌ・マルガルラさんの世代となると、後述の様に、地元の先住民だけでなく広範な市民と連帯し、先住民も政治的交渉力を蓄えた、新しい形の先住民の運動が展開されていく。

レンジャー鉱山は開発の端緒だけでなく、運営も日本と関わりが深い。同鉱山は、一九八〇年創設のエナジー・リソーシズ・オブ・オーストラリア（Energy Resources of Australia: ERA）社が操業し、現在は世界的な資源企業リオ・ティント（Rio Tinto）がその株式の過半数を保有している。二〇〇五年までは、日豪ウラン資源開発[20]（Japan Australia Uranium Resources Development: JAURD）という関西電力五〇パーセント、九州電力二五パーセント、四国電力一五パーセント、伊藤忠商事一〇パーセント出資の合弁がＥＲＡの大株主に名を連ね、ＥＲＡの役員には伊藤忠商事出身者も含まれていた。日豪ウラン資源開発はレンジャー鉱山から操業開始以来ウランを調達しており、二〇〇五年度でＥＲＡ株式は売却したものの、調達は継続しているとみられる。[21]

レンジャー鉱山は、既存の露天坑採掘を二〇一二年一一月末に終了した。以後数年間、ＥＲＡは既掘鉱石の精製でウランの生産・供給を続ける一方、採掘終了した露天坑の地下部分の開発・採掘を計画している。同鉱山では操業開始以来、数々の法令違反や、漏出事故があり、中でも大きな問題が放射性の鉱滓を溜めるダムである。オーストラリアの環境規制は、放射性鉱滓の一万年間の隔離を定めているが、ウラン採掘業界は、その間監視は要求されてないと解している。[22]この鉱滓ダムは元々水分を蒸発させて沈殿汚泥を回収する予定だったが、熱帯の雨量を見誤っており、結局「管理放流」という名目で、ダムが溢れそうになったら湿地を通して川に放流している。湿地周辺は非常に汚染され、そこで漁撈・採集を行ってきた先住民には非常に脅威である。二〇〇〇年四月には施設内の製錬排水が漏洩し、重金属を含む放射能汚染水が湿原に流出している。[23]

ＥＲＡは更に、レンジャー鉱山の隣のジャビルカ（Jabiluka）の開発権も有しており、八〇年代初頭から開発が始まるが、一九八三年にウラン三鉱山政策を取る労働党政権が誕生したことにより、開発は一旦止まる。九六年に自由党・国民党の保守連立政権が誕生し開発を認可すると、イボンヌ・マルガルラさんを先頭に、大規模な反対運動が起こった。七〇年代と異なり、運動を主導する地元の先住民は、非先住民の環境保護団体や市民団体と共闘した。延べ数千人が参加した非暴力的座り込み等非先住民活動団体の政治的・戦術的ノウハウが使われ、開発予定の鉱区内の先住民の聖地の存在、という先住民の文化的価値も強調された。この粘り強い戦いの結果、ＥＲＡは先住民の同意なしにジャビルカを開発しないと確約し、同意なしに試掘した大量の鉱石を埋め戻した。この段階で先住民は、一般的なイメージとしての「手付かずの自然」の保護ではなく、「アボリジニ共同体と土地との精神的・社会的繋がりが継承されている空間」[24]という自らの価値観を主張し、環境、歴史、文化、人権といった要素を統合した高度な政治交渉力を発揮したのである。[25]

ここで先住民に支払われる鉱山借地料、使用料の事に触れておく。レンジャー鉱山の場合、当初の「同意」の時点で、一括支払い金と、年間二〇万ドルの借地料が設定された。しかし年間借地料は物価スライドなしで操業開始後三〇年以上経ても同額に固定されたままである。これとは別に鉱山の売上の四・二五パーセントが使用料として設定され、その三〇パーセントは地元の先住民に割り当てられることとなった。この鉱山借地料、使用料の受け皿として、地元の先住民を会員とする法人が作られた。一九八〇年に設立されたガガジュ協会は、社会インフラの整備や観光インフラへの投資を中心に資金を運用したが、事業は事実上失敗している。[26]一九九七年に報告された連邦議会の委員会調査は、ウラン鉱山からの使用料分配にもかかわらず、先住民社会の生活水準の向上はみられず、操業開始前の一九七七年の調査時に見られた教育、健康、住居、雇用、その他先住民社会の抱える様々な問題が依然として存在することを指摘している。[27]こうした状況から、一九九五年には、ミラルの人々を代表する組織として、先住民の生活、文化、福利厚生を中心に置いた組織としてミラル・グンジェイッミ先住民族法人が設立された。イボンヌ・マルガラさんは、この法人の役員でもある。

レンジャーやジャビルカと同様に、カカドゥ国立公園の中にありながら国立公園から除外されてきたクンガラ（Koongarra）地域でも、先住民のウラン鉱山開発反対運動が実った。この地域は、フランスの原子力総合企業アレバ（Areva）社の前身のフランス国営核燃料公社が一九七〇年代に開発権を取得していた。同地区の土地権利者ジョック・グンジェイッミ（Djok Gundjeihmi）[28]の代表者ジェフリー・リーさんは、鉱山開発に伴う多額の権利金の可能性にも関わらず（前述の如く、実際に鉱山収入が先住民を豊かにするかは疑問だが）、先祖から受け継いだ地を未来に残していくため、ウラン鉱山開発に一貫して反対してきた。開発推進側は、ジョック・グンジェイッミの他に土地権利者の先住民がいると主張し、彼らに様々な「支援」をもちかけて、先住民の分断を試みたが[29]、ジェフリーさんは、自分の土地の国有地化と、世界遺産であるカカドゥ国立公園への組み入れを連邦政府に働きかけ、二〇一一年六月、ユネスコの世界遺産委員会はクンガラ地域の世界遺産区域への組み入れを決定し、二〇一三年二月にはクンガラ地域をカカドゥ国立公園へ組み入れるための法案が提出された[30]。法案提出を受けてジェフリーさんは声明で次のように述べている。「私は、資源採掘やお金よりも大地と私の文化的信条が重要であると信じ、ウラン採掘に反対してきた。金は天下の回りものであるが、大地は常にここにあり、私たちが大切に扱えば、ここにあり続け、また大地も私たちを大切に扱ってくれる[31]」。

三－二　オリンピック・ダム鉱山

サウスオーストラリア州のオリンピック・ダム鉱山は、一九八八年に生産開始した。当初操業していたウェスタン・マイニング（Western Mining: WMC）社は、二〇〇五年にオーストラリア最大、世界最大級の鉱山会社ＢＨＰビリトン（BHP Billiton: BHP）に買収された。同鉱山の主力生産物は銅であり、ウランは言わば副産物であるが、その生産量は二〇一一年度には生産量が低下したレンジャー鉱山を抜いてオーストラリア第一位となった。

この地域には、未開発の銅の巨大鉱脈があり、ウラン埋蔵量も世界最大と推定されている。近年ＢＨＰはウラン生産量を現在の約五倍[32]とする拡大開発を計画し、二〇一一年末には、連邦及び州政府から認可を得ていた。これに対し、周辺地域の先住民やウラン採掘問題に取り組む人々が、地元での大規模な座り込み、株主総会での質問等、様々な反対行動を起こした。

オリンピック・ダム鉱山はマラリンガの実験で被曝したグガダ（Kokatha）の土地にあり、彼らは、鉱山開発で更に土地を奪われた[33]。また、内陸の乾燥地帯にある同鉱山は、その北のエーア湖（Lake Eyre）地域のアラバナ（Arabunna）[34]の人々の水資源を操業の為に大量消費している。アラバナの人であるケビン・バザコット（Kevin Buzzacott）さんは、先住民の権利擁護活動と、ウラン採掘等資源産業との闘いを長年続けてきた。政府や資源会社との裁判闘争の一方で、二〇〇〇年のシドニーオリンピックの際には、オリンピック・ダム鉱山からシドニーまで、三千キロ以上の問題啓発の為の行進を先導した。今回の拡大開発に関しても、州政府と連邦政府に対して、開発認可差し止めを求めて提訴した。

ところが、BHPは、オリンピック・ダム鉱山拡大開発に必要な二兆円以上の投資負担に加え、資源価格の低迷、中国やインド市場の需要の伸び悩み等から、守りの経営に転じ、二〇一二年九月に拡大計画延期を発表、同鉱山周辺の開発権も売却する。ウェスタンオーストラリア州イーリリー（Yeelirrie）の有力ウラン鉱床の開発権もカナダのウラン採掘最大手キャメコ（Cameco）に売却した。更に二〇一二年一二月には、ウラン事業を他の事業部門に統合し解散した。しかし、これはあくまで計画の延期であり、市況により再浮上もありえる。

三－三　ビバリー鉱山

サウスオーストラリア州のビバリー鉱山は、二〇〇一年に操業開始した。運営はヒースゲート・リソーシズ（Heathgate Resources: HR）という会社で、アメリカの原子力・防衛複合企業ジェネラル・アトミックス（General Atomics: GA）社の完全子会社である。GA社自体が非上場であり、HR社やビバリー鉱山に関する情報公開は非常に限られている。

レンジャー鉱山やオリンピック・ダム鉱山では、鉱石を採掘後に粉砕し、薬品で処理してウラン抽出をするが、ビバリー鉱山では、地下の鉱脈に直接薬品を注入し、ウランを溶液に溶かして回収する原位置抽出法（In-situ leaching: ISL）という方法で採掘が行われている。この方法は鉱滓が出ず、労働者の被曝が少ないとされてきたが、化学物質の流出や、地下水汚染のリスクが高い。二〇〇二年一月には配管が破裂し、鉱山敷地外にもウラン一三キログラムを含む溶液が流出した[35]。

この地域の先住民アズニャマタナ（Adnyamathanha）は、聖地の破壊や生活環境の汚染という観点から、鉱山開発に反対してきた。伝統的土地権利者ジリアン・マーシュ（Jillian Marsh）は鉱山会社により先住民が分裂し、開発賛成の人々の声のみが拾われている、と指摘している[36]。

ビバリー鉱山操業開始の際に、警察が抗議に集まった先住民や環境保護団体の人々に過剰な暴力を行使し、賠償金が支払われる事となった。GA社側が雇ったスパイが環境団体に入り込み、抗議行動に関し意図的に誇張した情報を流した為と報道されている[37]。

三－四　ハネムーン（Honeymoon）鉱山

サウスオーストラリア州で二〇一一年に操業開始したハネムーン鉱山は、四鉱山中規模が最小で、ビバリー鉱山と地理的にも鉱床の性質も近く、ISLで採掘されている。カナダ上場のウラン採掘企業で、現在はロシアの原子力総合企業ロスアトム（Rosatom）が過半を保有するウラニウム・ワン（Uranium One）が開発開始し、後に日本の三井物産が四九パーセント出資して生産にこぎつけた。生産コストが高く、ウラン価格低迷の中、三井物産は二〇一一年度中の撤退を決定、さらに操業開始から一年経たない一一月、ウラニウム・ワン社は同鉱山の操業停止を発表した。

現在操業中のウラン鉱山は上の四つだが、海外でウラン採掘を行なっている企業もある。例えばリオ・ティント社はナミビアで、パラディン・エナジー（Paladin Energy）社はナミビアとマラウィでウラン鉱山を操業している。また、オーストラリア証券取引所（Australian Securities Exchange: ASX）には多数のウラン探鉱会社が上場しており、ほとんどが新興企業で、株式公開などによって事業資金を調達している。オーストラリアはウラン鉱山開発の資金調達を支える金融市場でもある。

四　先住民の闘い

本章の最初に筆者はミラルのイボンヌさんの書簡に言及した。自分の意に反して自分たちの地でウラン採掘が行われている彼女のような先住民は、ウラン鉱山開発の被害者である。その様な立場にある人々が日本での事故に対して悲しみや謝罪を表明したのは何故か。

二〇一一年一一月のメルボルン、オリンピック・ダム鉱山拡大計画を推進中のBHPの株主総会の前日、オーストラリア全土から集まったウラン採掘問題に取り組む人々が、株主総会参加と抗議行動に向け会合を開いていた。筆者もそこで、福島第一原発事故のその後の状況、日本政府や日本の原子力産業の近況等を報告した。発言を終えた時、背の高い初老の先住民男性が近づいてきて、筆者に握手を求め、「アイ・アム・ソーリー（I am sorry）」と言った。ウラン採掘問題に取り組む人々の間ではケビンおじさんの愛称で親しまれる、あのケビン・バザコットさんであった。

会合の後、一休みしていた筆者に、別の先住民男性が、やはり、「アイ・アム・ソーリー（I am sorry）」と言って

2013年3月、オーストラリア各地で講演を終えた福島県飯舘村の酪農家長谷川健一・花子夫妻と共に、カカドゥ国立公園内でジェフリー・リー氏と面会（左より、ピースボート共同代表川崎哲氏、ジェフリー・リー氏、筆者、長谷川健一・花子夫妻）

きた。オーストラリア非核連合の共同代表ピーター・ワッツ（Peter Watts）さんは、アラバナの人であり、二〇一二年一月に横浜で開催された脱原発世界会議でも、自分が先祖から受け継いできた土地で生まれたウランの福島の原子炉での使用に関して、「本当に申し訳ない」と発言している。[38]

グガダの人イザベル・ディンガマン（Isabelle Dingaman）さんも、映像作品『アウト・オブ・サイト・アウト・オブ・マイン（Out Of Site, Out Of Mine 2011）』で、「私達の土地から掘り出されたものが原因で、世界の誰にも死んでほしくない」と言う。何故イボンヌさんは、福島での豪州産ウランの使用をあれ程嘆き、ケビンおじさんやピーター・ワッツさんは、只の一日本人にすぎない筆者に向かって、「アイ・アム・ソーリー（I am sorry）」と言ったのか。

イボンヌさん達がジャビルカ鉱山開発反対運動で主張したアボリジニの自然や大地に対する視点がここに表れているのではないか。先住民の人々が「私達の土地（Our Land）」という時、その「Our land」の「Our」は所有格ではなく、「私たちが属する大地」といった、所属・属性を意味するのではないか。「Our land」の「land」は、交換可能な所有物ではなく「自分たちが属するかけがえのない場所」という意味なのではないか。

細川弘明は先住民にとっての「自然」とは、自分達と自然が密接に関わって作り上げてきた持続的環境であり、両者の間には強固な「身体的感応」があるという。先住民は狩に出かけたりすると、「口笛や口唱歌でその土地の鳥の鳴き真似をしたり、木の葉を手に取り磨り潰してその香りを体に擦り付けたり、手と腕でその土地に住む動物のしぐさをする」[39]。これらの身体技法により、彼らは自然と「同化」し、自然との繋がりを再確認、感応、表現するのだ。この様な繋がりは、「自然が破壊されたときに、それを自らの痛み、怒り、悲しみとして鋭敏にとらえる感覚でもある」[40]。とすれば、彼らはウラン採掘では大地の痛みを感じ、そのウランの引き起こした惨事の痛みも感じたであろう。

これは、我々が通常使う、所有や売買の概念とは大きく異なる。資源産業は、資金を集め、資源開発の権利を買い、採掘した鉱物を売り、そこで所有関係は終了する。福島第一原発事故の後、オーストラリアのギラード首相は、ウランの利用は各国のエネルギー政策の問題として、ウラン輸出政策に変更なしとし、福島第一原発事故問題からは距離を置く発言をした。その姿勢は先住民の人々が表明した謝罪や悲しみとは対極にある。

先住民の人々が悲しみや謝罪を表明したのは、この「Our land」の感性から、福島第一原発事故で住む場所を追われた人々の悲しみを感じ取ったのではないだろうか。福島で生活を営んできた人々にとって、その場所はやはり自分達の属性と所属を示すかけがえのない土地だったのではないか。細川は自然との身体的感応性は、工業技術社会に住む人々にとっても不可能なものではないと指摘する[41]。その土地で生活を営めば、その環境との関係が形成される。それは、賠償金や代替地で換算や交換が可能なものではない。だからこそ、ウラン採掘の地の先住民の人々は、福島第一原発事故で被害を受けた人々の痛みを誰よりも理解し、いち早く悲しみを表明したのだ。

注

（1）本章では特に注記のない限り、「先住民」と「アボリジニ」という語を互換的に用いる。

（2）ミラルが氏族名、グンジェイッミは言語名。

（3）Margarula, Y., "The Mirarr Site（The Gundjeihmi Aboriginal Corporation）", 6 April 2011.（http://www.mirarr.net/media/Yvonne_ki_Moon_6Apr2011.pdf, 二〇一三年二月二五日閲覧）。

（4）Gillard, J., "Prime Minnister of Australia", 20 March 2011.（http://www.pm.gov.au/press-office/tmnscript-interview-australian-agenda, 二〇一三年二月二五日閲覧）。

（5）オーストラリア連邦議会Joint Standing Committee on Treatiesにおける二〇一一年一〇月三一日の答弁 Floyd, Dr Robert, "Parliament of Australia", 31 October 2011.（http://parlinfo.aph.gov.au/parlInfo/search/display/display.w3p;query=Id:committees%2Fcommjnt%2F8ef1cf22-228a-4386-b69b-04223a111dfe%2F0002, 二〇一三年二月二五日閲覧）。

（6）以下、ウラン採掘量に関するデータは以下のサイトより。World Nuclear Association, "World Nuclear Association website", 2013.（http://www.world-nuclear.org, 二〇一三年二月二五日閲覧）。

（7）コカタと表記される場合もある。

（8）後述のオリンピック・ダム鉱山もグガダの土地に位置する。細川弘明「福島第一原発で使用されたウランはどこからきた？――先住民族の抑圧の上に成り立つ核開発」（『オルタ』March-April二〇一一号、二〇一一年、三三頁）。

（9）核実験の際に一部の先住民はウェスタンオーストラリアのカンディリに移住させられたが、日本の動燃事業団（当時）が当地で一九七〇年代にウラン鉱脈の探掘を始め、彼らは再び放射能の脅威に晒された。細川弘明「異文化と環境人種主義―アボリジニーの自然観と文化意識から考える」（桜井厚・好井裕明編『差別と環境問題の社会学』、新曜社、二〇〇三年、一九四－一九六頁）。

（10）ルーカス・ハイツの研究炉はオーストラリア原子力科学技術機構（Australian Nuclear Science and Technology Organization: ANSTO）が運営し、一九五八年から二〇〇七年までは重水炉が、二〇〇七年からは後継の軽水炉が稼働している。ANSTO, "ANSTO website", 2013.（http://www.ansto.gov.au, 二〇一三年二月二五日閲覧）。

（11）先住権原に関しては細川弘明「先住権のゆくえ」（西川長夫他編『多文化主義・多言語主義の現在』、人文書院、一九九七年、一八八－一八九頁）、および『世界民族問題事典（新訂増補版）』、平凡社、二〇〇二年、六〇頁の解説を、最近の動向に関しては先住権原審判所（National Native Title Tribunal）ウェブサイトを参照。

（12）アメリカ大統領の訪豪中に、アメリカ海兵隊の豪州駐留拡大計画と同時に発表され、インドへのウラン輸出解禁が、豪米の同盟関係に関連することを示唆した。Gillard, J. & B. Obama, "The White House website", 26November 2011.（http://www.whitehouse.gov/the-press-office/2011/11/16/remarks-president-obama-and-prime-minister-gillard-australia-joint-press, 二〇一三年二月二五日閲覧）。

（13）二〇一二年一一月締め切りの探鉱認可申請には三〇以上の応募があった。既にウラン採掘の活発なサウスオーストラリア州との州境に近い同州西部、ＢＨＰ社創業の地であるかつての有数の資源採掘地域 のブロークン・ヒル（Broken Hill）周辺が有力候補地として浮上している。

（14）クィーンズランド州では八〇年代以降ウラン採掘を禁止してきたが、資源探鉱認可に鉱物の特定がなく、ウラン探鉱は行われてきた。

（15）実際には、カカドゥ国立公園の指定に先行してウラン鉱山開発計画が持ち上がり、鉱山開発と引き換えに周辺地域を自然保護地域化するという政治的交渉の産物としてカカドゥ国立公園が成立した。この経緯については、細川弘明「豪州ウラン開発問題と日本の関わり」（『環境と正義』、一九九九年一〇月号から二〇〇〇年三月号までの五回連載）に詳しい。

（16）該当する規定は、*Aboriginal Land Rights*（*Northern Territory*）*Act 1976* の Section 40（6）に記述。Australian Government ComLaw, *Aboriginal Land Rights*（*Northern Territory*）*Act 1976*, 1976.（http://www.comlaw.gov.au/Details/C2004A01620, 二〇一三年二月二五日閲覧）。

（17）会合開始の直前、大臣は取材のカメラや録音を止めるよう指示したが、会合での大臣の発言は、密かに録音され、音声が残され、以下のドキュメンタリー映画に収められている。Hay, D., Lander, N., and M. Clancy,（制作）"Dirt Cheap", Hard Yakka Productions, 1980; Gundjeihmi Aboriginal Corporation, Environmental Centre NT（制作）"Dirt Cheap 30 Years on - The Story of Uranium Mining in Kakadu", Gandjeihmi Aboriginal Corporation, 2011.

（18）レンジャー鉱山開発の経緯に関しては、既出のドキュメンタリー映画に加え、ミラルの人々が国連人権高等弁務官事務所に提出した意見書が詳しい。The Mirrar Aboriginal People, "Submission by the Mirrar Aboriginal People, Kakadu, Australia," December 2011. この他、伊藤孝司・細川弘明『日本が破壊する世界遺産―日本の原発とオーストラリア・ウラン採掘』、風媒社、二〇〇〇年、やブラッドベリ、デイビッド（監督）、宇野田陽子（訳）、『ジャビルカ』、フロントラインフィルムズ、一九九七年を参照。

（19）鎌田真弓「土地資源管理と先住民族：カカドゥ国立公園を事例として」（小柏葉子編『IPSHU研究報告シリーズ、研究報告No三五　資源管理をめぐる紛争の予防と解決』、広島大学平和科学研究センター、二〇〇五年、一一四－一一五頁）。

（20）一九八〇年設立。

（21）一九八〇年当時、日豪ウラン資源開発は、国連が天然資源禁輸決議を取っていたナミビアからのウラン調達にも関わっていたと言われている。ナミビアのロッシング鉱山は、リオ・ティント社が七〇年代から操業する古いウラン鉱山で、付近ではエクストラクト・リソーシズ（Extract Resources: ER）というオーストラリアの新興企業が有力なウラン鉱脈を開発していた。リオ・ティントと伊藤忠商事はともにER社の大株主であった。ER社は二〇一一年に中国の広核集団（CGNPC）に完全買収されたが、オーストラリア資源産業と日本企業のウランを通じた繋がりの、世界的広がりを示す例と言えよう。

（22）ウラン採掘業界の団体オーストラリア・ウラン協会（Australian Uranium Association）の公式見解では、一万年の隔離の監視は出来るわけがなく、合理的に見て隔離されていれば十分であるとしている。Australian Uranium Association, "Australian Uranium Association website", 2012.

（23）ジャビルカ通信、一二〇号、二〇〇〇年、及び一二三号、二〇〇〇年、一二五号、二〇〇〇年。

（24）前掲、「土地資源管理と先住民族：カカドゥ国立公園を事例として」（前掲、『IPSHU研究報告シリーズ、研究報告No三五　資源管理をめぐる紛争の予防と解決』、広島大学平和科学研究センター、二〇〇五年、一一五頁）。

（25）ジャビルカ鉱山開発反対運動に関しては、同前、一一三－一二五頁、細川弘明「先住民族運動と環境保護に切りむすぶところ―オーストラリアの事例を中心に」（鬼頭秀一編『環境の豊かさをもとめて―理念と運動』、昭和堂、一九九九年、一七九－一八七頁）、前掲『日本が破壊する世界遺産―日本の原発とオーストラリア・ウラン採掘』、二〇〇〇年等を参照。

（26）前掲、「土地資源管理と先住民族：カカドゥ国立公園を事例として」（前掲、『IPSHU研究報告シリーズ、研究報告No三五　資源管理をめぐる紛争の予防と解決』、広島大学平和科学研究センター、二〇〇五年、一一四頁）。

（27）Senate Uranium Mining and Milling Committee, "Impact of Uranium Mining on Aboriginal Communities in the Northern Territory", April 1997.（http://www.aph.gov.au/Parliamentary_Business/Committees/Senate_Committees?url=uranium_ctte/report/c11.htm, 二〇一三年二月二五日閲覧）。

（28）ジョック・グンジェイッミとミラル・グンジェイッミは共にグンジェイッミ語を話し、親族関係にある。ジャビルカ通信、号外、二〇一一年。

（29）ジャビルカ通信、一二一号、二〇〇〇年。

（30）Gundjeihmi Aboriginal Corporation, "Koongarra Set for Permanent Protection", 6 February 2013（http://www.mirarr.net/media/GAC-&-Jeffrey-media-statement-6-Feb-2013.pdf, 二〇一三年二月二五日閲覧）; Parliament of Australia, *Completion of Kakadu National Park (Koongarra Project Area Repeal) Bill 2013*, 2013.

（31）Lee, Jeffrey, "Statement by Djok Senior Traditional Owner, Jeffrey Lee AM", 6 February 2013.（http://www.mirarr.net/media/GAC-&-Jeffrey-media-statement-6-Feb-2013.pdf, 二〇一三年二月二五日閲覧）。

（32）二〇〇九年以来世界生産第一位のカザフスタンの二〇一一年の年間ウラン生産量に匹敵する約一万九千トンの生産量となる。

(33) ブラッドベリ、デイビッド（制作）、アジア太平洋資料センター（日本語版字幕）、細川弘明（日本語版監修）『Out of Site, Out Of mine』、二〇一一年、（http://j.mp/sightmind, 二〇一三年一月六日閲覧）等参照。
(34) Arabanaとも表記。
(35) ジャビルカ通信、一四二号、二〇〇二年。
(36) Marsh, J., "A Critical Analysis of Decision-making Protocols Used in Approving a Commercial Mining License for the Beverley Uranium Mine in Adnyamathanha Country: Toward Effective Indigenous Participation in Caring for Cultural Resources", PhD Thesis, Department of Geographical and Environmental Studies, The University of Adelaide, 2010.
(37) Baker, R.& N. McKenzie, "Former Officer Hired to Spy", *The Age*, 17 October 2008.（http://www.theage.com.au/national/former-officer-hired-to-spy-20081016-52e3.html, 二〇一三年二月二五日閲覧）。
(38) 細川弘明「ウラン鉱山に生きる人々と私達の繋がり」（『めぐりめぐる』No. 六二、二〇一二年、四頁）。
(39) 細川弘明「異文化が問う正統と正当―先住民族の自然観を手がかりに環境正義の地平を広げるための試論」（『環境社会学研究』一一号、二〇〇五年、五六頁）。
(40) 同前、五七頁。
(41) 同前、五七頁。

参照文献

ブラッドベリ、デイビッド（監督）、宇野田陽子（訳）、『ジャビルカ』、フロントラインフィルムズ、一九九七年。

ブラッドベリ、デイビッド（監督）、アジア太平洋資料センター（日本語版字幕）、細川弘明（日本語版監修）、『Out of Site, Out Of mine』、二〇一一年、（http://j.mp/sightmind, 二〇一三年一月六日閲覧）。

細川弘明「先住権のゆくえ」（西川長夫他編『多文化主義・多言語主義の現在』、人文書院、一九九七年、一八八－一八九頁）。

――「先住民族運動と環境保護に切りむすぶところ―オーストラリアの事例を中心に」（鬼頭秀一編『環境の豊かさをもとめて―理念と運動』、昭和堂、一九九九年、一六九－一八九頁）。

――「異文化と環境人種主義－アボリジニーの自然観と文化意識から考える」（桜井厚・好井裕明編『差別と環境問題の社会学』、新曜社、二〇〇三年、一八四－二〇〇頁）。

――「異文化が問う正統と正当―先住民族の自然観を手がかりに環境正義の地平を広げるための試論」（『環境社会学研究』一一号、二〇〇五年、五二－六九頁）。

――「福島第一原発で使用されたウランはどこからきた？―先住民族の抑圧の上に成り立つ核開発」（『オルタ』三・四月号、二〇一一年、三三―三五頁）。

――「ウラン鉱山に生きる人々と私達の繋がり」（『めぐりめぐる』No.六二、二〇一二年、一―四頁）。

――「豪州ウラン開発問題と日本の関わり」（『環境と正義』、一九九九年一〇月号から二〇〇〇年三月号（五回連載））。

伊藤孝司・細川弘明『日本が破壊する世界遺産―日本の原発とオーストラリア・ウラン採掘』、風媒社、二〇〇〇年。

ジャビルカ通信　二九号、一九九八年、（http://savekakadu.org/jabiluka/?p=19, 二〇一三年一月六日閲覧）。

――一一〇号、二〇〇〇年、（http://savekakadu.org/jabiluka/?m=200005, 二〇一三年一月六日閲覧）。

――一一一号、二〇〇〇年、（http://savekakadu.org/jabiluka/?p=154, 二〇一三年一月六日閲覧）。

――一一三号、二〇〇〇年、（http://savekakadu.org/jabiluka/?m=200006, 二〇一三年一月六日閲覧）。

――一一五号、二〇〇〇年、（http://savekakadu.org/jabiluka/?m=200006, 二〇一三年一月六日閲覧）。

――一四二号、二〇〇二年、（http://savekakadu.org/jabiluka/?p=196, 二〇一三年一月六日閲覧）。

――号外、二〇一一年、（http://savekakadu.org/jabiluka/?p=15, 二〇一三年一月六日閲覧）。

鎌田真弓「土地資源管理と先住民族：カカドゥ国立公園を事例として」（小柏葉子編『IPSHU研究報告シリーズ、研究報告No三五　資源管理をめぐる紛争の予防と解決』、広島大学平和科学研究センター、二〇〇五年、一〇七―一二九頁）。

先住権原審判所（National Native Title Tribunal）,“National Native Title Tribunal website”,（http://www.nntt.gov.au/, 二〇一三年一月六日閲覧）。

Australian Government ComLaw, *Aboriginal Land Rights*（*Northern Territory*）*Act 1976*, 1976.（http://www.comlaw.gov.au/Details/C2004A01620, 二〇一三年二月二五日閲覧）。

Australian Nuclear Science and Technology Organization ANSTO, “ANSTO website”, 2013.（http://www.ansto.gov.au, 二〇一三年二月二五日閲覧）。

Australian Uranium Association, “Australian Uranium Association”, 2012.（http://www.aua.org.au/Content/Tailings.aspx, 二〇一三年二月二五日閲覧）。

Baker,R. and N. McKenzie, “Former Officer Hired to Spy,” *The Age*, 17 October 2008.（http://www.theage.com.au/national/former-officer-hired-to-spy-20081016-52e3.html, 二〇一三年二月二五日閲覧）。

Floyd, Dr Robert, “Parliament of Australia website”, 31 October 2011.（http://parlinfo.aph.gov.au/parlInfo/search/display/display.w3p;query=Id:committees%2Fcommjnt%2F8ef1cf22-228a-4386-b69b-04223a111dfe%2F0002, 二〇一三年二月二五日閲覧）。

Gillard, J., “Prime Minnister of Australia”, 20 March 2011.（http://www.pm.gov.au/press-office/transcript-interview-australian-agenda, 二〇一三年

二月二五日閲覧）。

Gillard, J. & B. Obama, "The White House website", 26 November 2011.（http://www.whitehouse.gov/the-press-office/2011/11/16/remarks-president-obama-and-prime-minister-gillard-australia-joint-press, 二〇一三年二月二五日閲覧）。

Gundjeihmi Aboricinal Corporation（制作）"Dirt Cheap 30 Years on - The Story of Uranium Mining in Kakadu," Grundjeihmi Aboriginal Corporation, 2011.

Gundjeihmi Aboriginal Corporation Environmental Centre, NT, "Koongarra Set for Permanent Protection," 6 February 2013.（http://www.mirarr.net/media/GAC-&-Jeffrey-media-statement-6-Feb-2013.pdf, 二〇一三年二月二五日閲覧）。

Hay, D., Lander, N., and M. Clancy,（制作）, Hay, D.（監督）"Dirt Cheap", Hard Yakka Productions, 1980.

Lee, J., "Statement by Djok Senior Traditional Owner, Jeffrey Lee AM," 6 February 2013.（http://www.mirarr.net/media/GAC-&-Jeffrey-media-statement-6-Feb-2013.pdf, 二〇一三年二月二五日閲覧）。

Margarula, Y., "The Mirarr Site（The Gundjeihmi Aboriginal Corporation）", 6 April 2011.（http://www.mirarr.net/media/Yvonne_ki-Moon_6Apr2011.pdf, 二〇一三年二月二五日閲覧）。

Marsh, J., "A Critical Analysis of Decision-making Protocols Used in Approving a Commercial Mining License for the Beverley Uranium Mine in Adnyamathanha Country: Toward Effective Indigenous Participation in Caring for Cultural Resources", PhD Thesis, Department of Geographical and Environmental Studies, The University of Adelaide, 2010.

The Mirrar Aboriginal People, "Submission by the Mirrar Aboriginal People, Kakadu, Australia", 2011.（http://www.mirarr.net/docs/GenevaSub.pdf, 二〇一三年二月二五日閲覧）。

Parliament of Australia, *Completion of Kakadu National Park*（*Koongarra Project Area Repeal*）*Bill 2013*, 2013.

Senate Uranium Mining and Milling Committee, "Impact of Uranium Mining on Aboriginal Communities in the Northern Territory", April 1997.（http://www.aph.gov.au/Parliamentary_Business/Committees/Senate_Committees?url=uranium_ctte/report/c11.htm, 二〇一三年二月二五日閲覧）。

Tschirner, J.（監督）"Yellow Cake –The Dirt Behind Uranium", Um Welt Film Produktionsgesellschaft mbH, 2010.

World Nuclear Association, "World Nuclear Association website", 2013.（http://www.world-nuclear.org, 二〇一三年二月二五日閲覧）。

公開講座「ポスト三一一期の日豪市民社会―対話と協働の可能性を探る」について

塩原良和

本書に収録された松岡智広氏の論考は、二〇一三年一月一〇日に福島大学で実施された公開講座「ポスト三一一期の日豪市民社会―対話と協働の可能性を探る」（豪日交流基金サー・ニール・カリー奨学金受賞講座）での講演原稿に加筆・修正が加えられたものである。同講座の企画者のひとりとして、この講演が行われた経緯とその背景を紹介したい。

二〇一一年三月一一日、私はシドニーにいた。外出先から戻り、ホテルのロビーに置かれたテレビに映った津波の映像を見た瞬間の衝撃を覚えている。幸い、連絡のついた家族や教え子たちに大事はなかった。それで日本からのニュースを気にしながら調査を続け、アリス・スプリングスへと飛んだ。滞在中ずっと雨が降っており、どことなく沈んだ町並みのなかで出会う人はみな、私が日本人だと分かると憐憫のまなざしを向けるのだった。津波の被害とともに福島第一原子力発電所の深刻な事態が、オーストラリアでも報じられていた。とても調査などできる心境ではなかった。滞在を終えてシドニーに戻る朝、空港に向かうタクシーの運転手は、かつて難民として故国を追われたというベトナム系の初老の男性だった。「俺は昔、ふるさとを失った。難民としてここに来た。お前のふるさとも、なくなるかもしれないな。お前も難民。俺たちは仲間さ」ジョークだったのだろうが、ユーモアで返す余裕などなかった。無理に笑おうとして、自分の顔がこわばっているのがわかった。

勤務先の大学の、震災の影響でいつもより遅い新学期が始まった五月、オーストラリア研究の先輩である福島大学の村上雄一氏を訪ねて福島駅に降り立った。村上氏の車で、ある小高い山の中腹にある墓地に向かった。そこには第二次世界大戦中、福島市内の施設に収容されていたオーストラリア人捕虜たちの墓がある。震災から二か月が経っていたが、墓石は地震で倒れたままだった。初夏の日差しに包まれた、緑豊かな公園。しかし休日にもかかわらず人影は異様なほど少なく、たまにすれ違う人々はみなマスクをしていた。原発事故の後、そこは福島市内でも放射線量がひときわ高い場所になっていた。美しい新緑と誰もいない公園、そして、倒れたままの墓石。その下に眠っているオーストラリア人たちについて想像したことが、日本とオーストラリアの「三一一」をめぐる関係を自覚的に考えた最初だった。

東日本大震災と福島第一原子力発電所の事故は、オーストラリアの人々にも衝撃を与えた。ギラード首相（当時）は外国首脳としていち早く被災地を訪問した。多くのオーストラリア市民が被災地の惨状に心を痛め、寄付などの支援に加わった。また原発事故などにより非難を余儀なくされた人々、とりわけ子どもたちをオーストラリアにホームステイさせる活動なども、在豪日本人住民を中心に広がりを見せた。いっぽう、オーストラリアは日本にとっての主要なウラン輸入元のひとつであるという事実にも、改めて目が向けられるようになっていた。原発事故発生直後、ノーザンテリトリーのレンジャー鉱山を含む地域をホームランドとするアボリジニの長老が、祖先の土地から産出されたウランが福島原発で使用され環境を汚染していることへの痛惜の意を国連事務総長へのメッセージとして表明した。オーストラリア最大のウラン鉱山であるオリンピック・ダム周辺に住むアボリジニの指導者も来日し、NGOや

福島大学での公開講座の様子（2013年1月10日）。公開講座は1月9日に慶應義塾大学、10日に福島大学で行われ、松岡氏とともにメルボルン大学准教授のティルマン・ラフ氏、ジャーナリストの藍原寛子氏らが登壇して熱気のこもった討論が繰り広げられた（撮影：塩原）。

市民と意見交換を行った。そのようななか、村上氏と私はオーストラリア学会の理事として、二〇一二年一月に公開研究会を開催した。(1) 講師としてお招きした田中利幸氏（広島市立大学平和研究所教授）の報告「豪州核政策矛盾の批判的検討：核軍縮政策とウラン採掘・輸出政策の実相」を傾聴しながら、日本でオーストラリア研究をしている人間として、いままでこの問題についてきちんと考えてこなかった自分の責任について考えていた。

震災から一周年の二〇一二年三月一一日、私はメルボルンにいた。在豪日本人の市民グループとオーストラリアの複数のNGOが協働して、主要な鉱山会社の拠点があるメルボルンで市民集会が開催されたのだ。数百人のオーストラリア市民が「ゲンパツ・ハンタイ」と日本語でシュプレヒコールを挙げながら市内を行進した。その集会で主導的な役割を果たしたひとりが、当地在住の日豪の上場企業を中心とした社会的責任投資分野専門のアナリストであり、オーストラリアのＮＧＯと協力しつつ市民運動を展開する松岡氏だった。何度かお会いしてお話を伺ううち、オーストラリアのウラン採掘問題に関する松岡氏の知識の豊富さと現場感覚の鋭さ、そして現地の市民運動関係者との人脈の豊かさに驚かされた。この人の話を東京で聴いてみたい。もし福島の人たちに聴いてもらったとしたら、どうだろうか。そこで松岡氏と村上氏の協力を得ながら、公開講座の実現に向けた準備を進めた。最大の懸案は資金面であったが、慶應義塾大学の関根政美先生のご協力もあり、豪日交流基金の支援を受けることができた。こうして松岡氏と、メルボルン大学准教授で核戦争防止国際医師会議（International Physicians for the Prevention of Nuclear Power: IPPNW）共同代表であるティルマン・ラフ氏をお招きし、二〇一三年一月九日に慶應義塾大学、一月一〇日に福島大学で計三回の公開授業が実施された。福島在住のフリージャーナリストである藍原寛子氏もコメンテーターに迎えた講義と討論は、充実したものとなった。特に福島大学での二回の授業では、大学生のみならず福島の一般市民も多数受講し、オーストラリアからの訪問者に熱のこもった質問がなされた。原発の近くで生まれ育った大学生からの問いかけに、ラフ氏が真摯に応える様子に心動かされた。講演が終わった頃には夜も更けていたが、「少し、歩いてきます」と、降りしきる雪のなか、福島市内の街のなかに溶け込んでいった松岡氏の後ろ姿も印象に残っている。

日本に住むオーストラリア研究者として、私は日本とオーストラリアの友好関係が今後ますます強固になることを望んでいる。そのためにこそ、ふたつの社会のあいだの不幸な歴史、不幸な関係を直視し、乗り越えていくことが必要とされている。すでに多くの市民が、第二次世界大戦をめぐる両国の不幸な歴史を乗り越えるための対話を続けてきた。フクシマとレンジャー／オリンピック・ダムの連関、日本の原子力産業とオーストラリアのウラン採掘産業の連関もまた直視されるべきだし、両国の市民による対話によってその不幸な連関を乗り越えていけるのではないだろうか。それが、あの倒れた墓石の下に眠るオーストラリア人たちがわれわれに託した責務なのではないか。そんなふうに考えている。

注

（1）オーストラリア学会第五回地域研究会（関東例会）「『原子力』という観点から見た日豪関係の再検討」。二〇一二年一月二八日（土）、慶應義塾大学三田キャンパスにて開催。

第三部　オーストラリア先住民の日常と文化

第九章　都市に暮らすオーストラリア先住民

山内由理子

Ｙ「アボリジニの研究をしているの」

Ａ「ノーザンテリトリーに行くのかい？」

Ｙ「シドニーでやってるの」

Ａ「アボリジニはシドニーにはいないよ……あ、レッドファーンか」

Ｙ「レッドファーンじゃなくて、南西部郊外」

Ａ「え……そんな所にアボリジニはいるの？」

Ｙ「八〇〇〇人くらいかな。」

Ａ「え……じゃあ、レッドファーンには何人くらいいるの？」

Ｙ「一〇〇〇人ちょいかな……」

一　都市のアボリジニ？

私はシドニーで南西部郊外に住むアボリジニ[1]の研究をしていた間、上の様な会話をよく繰り返した。シドニー南西部郊外は、シドニー中心部から二七—三五キロメートル位離れた四つの地域行政地区（Local Government Area）にまたがり、北西部郊外に次ぎ、統計上オーストラリア第二のアボリジニ人口を誇る。しかし、私がシドニーで会った非先住民の殆どは、その事を知らなかった。彼等との会話から浮かび上がってくるのは、アボリジニはノーザンテリトリーの様な西洋人入植の影響が比較的少ない地域か、或いは都市の先住民運動の拠点であり、都市で「周縁化された」アボリジニが「集まる」レッドファーン地区のどちらかにいるもの、という考えである。

この様なイメージは、日本でも見られる。日本人研究者の都市アボリジニ研究は少数ながらあるが[2]、例えば、旅行案内書『地球の歩き方　オーストラリア』でも、アボリジニ関連の記述は北部の箇所に集中している[3]。

研究者の間でも、都市先住民研究は、ずっと少数派であり[4]、オーストラリアだけではなく、カナダ、ニュージーランド、アメリカ合衆国等他の「入植社会国家（settler state）」、更に日本やラテンアメリカに関しても、同様の傾向が指摘されてきた。入植社会国家の場合、西洋人入植の歴史もあるが、同時に、「都市」は「文明」の場であり「先住民」とは相容れない、としてきたステレオタイプがある。これを日本にそのまま当てはめるのは危険であるが、日本の先住民に関しても同じ傾向が指摘され[5]、更に、『地球の歩き方』の例で見られる様に日本でも、自国のものであれ他国のものであれ、この様な構図が問われてこなかった、という事は考える必要があろう。結果、世界的な都市化の進行が指摘される今日まで、都市に住む先住民は、その現状をあまり知られないままに過ぎて来た。

実の所、オーストラリアのみならず、「入植社会国家」では、先住民の大半は都市的環境で生活している。二〇〇六年の時点で、オーストラリアのアボリジニの七〇パーセント以上が開発の進んだ都市や地方町に暮らし、約三〇パーセントが大都市居住者である[6]。アメリカ合衆国では二〇〇〇年時で六〇パーセント以上、カナダでは二〇〇六年時で六〇パーセント以上、ニュージーランドでは八〇パーセント以上が都市的状況に住んでいる[7]。

従来の都市先住民研究では、都市に流入した先住民が貧困や孤立等の問題から、出身地での親族ベースのグループを越えた汎先住民組織を形成する、というテーマが主流だった[8]。しかし、都市の先住民が「等身大の人間」としてシドニーなり東京なりの都市で生活している、という事を考えていくには、まず、彼等が非先住民と肩を並べて日常を過ごしながら、「先住民」としてどう生きてきたかを見る事が重要であろう。本章では、オーストラリア先住民を題材に、都市のアボリジニ研究を概観し、シドニー南西部郊外でアボリジニが、彼等の間での出身地域や背景の違いをどうネゴシエイトしてきたかを見ていきたい。

二　入植の歴史と南東部、南西部の先住民研究

都市アボリジニ研究を見る前に、オーストラリア各地の西洋人の入植時期によるアボリジニの生活変化の違いを見る必要がある。一七八八年に始まった入植は、南東部・南西部沿岸から北上し、北部のアーネムランドが植民地行政下に置かれたのは一九三〇年代である。その結果、北部や中央・西部砂漠地帯の様に入植の時期も遅く、その影響も比較的軽微な地域では、人々の多くは入植以前からの言語や儀礼を保持し、創生の神話を語り、ある程度の狩猟採集を行っている。その一方、激しい入植の波に晒された南東部・南西部では、狩猟採集は殆どしなくなり、言語や儀礼の禁止もより徹底された。混血も進み外見では先住民と見えないケースも多い[9]。結果、南東部・南西部の先住民は、

一般の非先住民にも研究者にも、長い間「アボリジニとしての固有の文化」を失った人々、と見なされてきた。現在のオーストラリアの都市先住民の大半はこの地域の出身である。

この様な見方を受け、一九世紀より先住民研究が行われた北部や中央・西部砂漠地帯に対し、南東部・南西部の先住民研究は一九五〇年代に始まり、「文化を失った」人々の主流社会への「同化」が中心的テーマだった。一九八〇年代後半になると、南東部・南西部のアボリジニの「文化」も、「消失」ではなく、変化・継続して来たと考えられるようになり、地方の町を中心に先住民の日常レベルでの「抵抗」等が議論がなされた(10)。しかし、これらの地方町では、アボリジニは基本的に親族関係を基盤とした社会関係を結び、それに基づいてアイデンティティを発展させてきた。多様な人口構成を持ち、アボリジニ住人同士の出身地や背景も様々な都市を舞台とした研究は中々発展しなかった。

三　都市のアボリジニ研究

結果的に「都市」となってしまった場所の入植以前からの住人の子孫は別として、アボリジニの都市流入は一九世紀末頃より記録があり(11)、第二次世界大戦後に本格化した。それに伴い、一九五〇－六〇年代より都市アボリジニの研究が少量行われてきた(12)。そもそもアボリジニの社会関係における親族の重要さは、遠隔地でも地方町でも彼らの社会を考える際に基本的な背景であり、基礎的な了解事項とされてきたが、これら初期の都市アボリジニ研究の大半は都市移住前の出身地と結びついた親族関係が継続し、社会関係とアイデンティティの基盤となってきたとし、それに留まらない社会関係やアボリジニ間の差異等の都市独特の問題は、余り取り組まれずにあった(13)。以下では、シドニー南

シドニー南西部郊外の風景（筆者撮影　2005年）

西部郊外での筆者の調査[14]を元に、その多様な社会関係の一端を描写していきたい。

シドニー南西部郊外は、低所得者層向けの住宅が多く、交通の不便やインフラストラクチャーの不整備、治安の悪さ等が問題とされている地域である。一九六〇年代の先住民向けの公共住宅計画後、オーストラリア南東部を中心に各地よりアボリジニの移住が進み、二〇〇六年の時点で七六五八人のアボリジニが住む[15]。移住の理由は、住宅、子供の教育、病院へ通う必要等様々であり、公共公社（Housing Commission, 後にDepartment of Housing）の政策[16]により、集住はしていない。その親族分布は多様で、同地域に一〇〇人近い親族が集まる家族もあるが、当人が一人でシドニー南西部に暮らしていたり、様々な理由からアボリジニの親族との関係自体が殆ど存在しない人々もいる。

同地域は、先住民の他様々な移民や白人労働者階級が住み、アボリジニ住人も先住民に留まらず様々な人々と日々接触し、社会関係を営んでいる。例えば、ある一人暮らし七〇代のアボリジニ女性は、次男と次女の二週間に一度の訪問以外は、ギリ

シドニー南西部郊外キャンベルタウンの市庁舎前にNAIDOC（National Aboriginal and Islander Day Observance Committee）週間に集まった人々。NAIDOC週間とは、年に一度、先住民の歴史・文化・達成を祝う週間。中央にいるのはアボリジニの女性長老。（筆者撮影　2005年）

シア系、レバノン系、アングロ・ケルト系の隣人と日々挨拶し、行きつけの店でレバノン系の店主とおしゃべりをし、中国系の医者にかかり、二週間に一度、アボリジニとアングロ・ケルト系の看護婦が訪問してくる、という日々を送っている。

この様な中で、アボリジニが、他のアボリジニと知り合い交流する場として大きな役割を果たしているのが、アボリジニ関係業務に携わる様々な組織による先住民向けプログラムである。それは、学校の先住民生徒向けのプログラム、先住民向けのヘルスケアクリニック、先住民の子供を対象としたプレイ・グループや先住民の牧師のいる教会等であり、教会等を除き、大抵政府からの出資金で先住民指定職についた先住民職員が関わっている。これらのプログラムの集まりは、大抵一〇、二〇人位の参加者が、週に一回から三回、一、二時間位、といったものであるが、先住民が分散し、時として周りに親族もいない都市郊外では、他のアボリジニと出会う貴重な場であり、先住民「コミュニティ」の基盤となっている。それでは、この様な集まりの中で、何が起こっているのだろうか。

四　アボリジニとしての場

シドニー南西部郊外のアボリジニの集まりでは、出身地に基づく言葉遣いや行動様式の違いがよく話題となる。例えば、ニューサウスウェールズ州北部出身の人々は「乱暴だ」といわれる。しかし、それでグループが作られるわけではなく、アボリジニの集まりでは、むしろ、特定の言葉遣いやアボリジニ独特の話題の様な共通点が重視され、それを実践する「アボリジニとしての場」が形成されている。あるアボリジニ女性は、アボリジニは時としてアボリジニ同士で集まり、「お互いの問題を話さなければならない」と語った。内容は、アボリジニの子供達が、非先住民の家庭に里子に出される話だったり、自分達の親戚のゴシップだったり、様々であるが、いずれにしても非先住民とは共有しにくい話題と考えられている。独特の言葉遣いでは、例えば、アボリジニ女性はお互いを罵り語である「ビッチ（bitch）」と呼ぶ事がよくある。[17]筆者の質問に答えて彼女たちは、「これはただやっているだけであって、特に意味はない」と言う一方、アボリジニ女性同士なら良いが、白人が「ビッチ」と言ってきたら問題になる、とコメントした。彼女たちは、この慣習が「当たり前」である一方、「アボリジニではない人」、特に白人とは共有されていない事を意識しているのだ。この様な事を気兼ねなく行ったり、言ったりできるのが、「アボリジニとしての場」なのである。

しかし、出身地や背景の異なる都市先住民が、慣習を全て共有しているわけではない。例えば、あるアボリジニ男性は、自分は白人が大半の寄宿学校で子供時代を過ごした為、「アボリジニとしての話し方」をしてないという。ここで、大きな意味を持つのが、筆者が「親族のネットワークによる同定」と呼ぶ慣習である。これは、アボリジニ同士が初めて出会った時、お互いの出身地を聞き、共通の知り合い（アボリジニ）がいるかを、親族ネットワークに関する知識を駆使して探り、お互いの位置づけを行うというものである。系譜調査等による知識ではなく、自分が名前を挙げる人々を実際に知っている事が重要である。この慣習は、ほぼ大陸全土のアボリジニに共有されているが、[18]シドニー南西部郊外では単なる慣習というだけでなく、アボリジニ住人の多くが、この慣習で自分のルーツを示せるのが「アボリジニ」であると強調するのである。[19]

ここでは、ある慣習を優越させる事での、アボリジニ間の差異の吸収が行われているといえよう。広く普及しているのみならず、前述の男性の様に、アボリジニの中で育てられなくとも、アボリジニ親族と何らかの繋がりがあれば、この慣習は実践できる。シドニー南西部のアボリジニの中には、親族と疎遠になった人々や、先住民の親より引き離され施設で育てられた「盗まれた世代（Stolen Generation）」、また、本人や親が素性を隠して非先住民として生活してきたものが、近年「先住民」として再アイデンティファイした、という人々（以後「再アイデンティファイした人々」）もいる。彼らであっても、アボリジニの親族と一度でも対面すれば、「親族ネットワークによる同定」はある程度可能となる。この様な人々は、大抵非先住民として生活してきたため、アボリジニの親族と生活を共にするのは難しい事が多いが、あるアボリジニ男性は、「別に一緒に住む必要はないが、一度でいいから、アボリジニの親族に会いに行って欲しい」と強調していた。

五　アイデンティティの問題

しかし、その一方で、シドニー南西部郊外のアボリジニの間では、「あの人は本当はアボリジニではない」という陰口をよく聞く。

そこにあるのは、行政レベルでの「アボリジニであること」とグラスルーツでのそれのずれである。松山は、一九八〇年代以前には、アボリジニとは次の様な七つの基準を満たす人々だとされてきたとする。それは、（一）この大陸の本来の住民とその子孫であり、（二）非アボリジニ（アボリジナル）との関係がもたらした歴史的・文化的な経験を共有し、（三）ドリーミングに代表されるアボリジニ（アボリジナル）的世界観を持ち、（四）土地や自然への愛着があり、（五）親族関係に支えられた相互扶助を義務とする社会関係を維持し、（六）葬儀とそれへの参加を重要視し、（七）ひとつ以上の言語を話すこと、であった。[20] しかし、これは北部や中央・西部砂漠地帯にしか当てはまらず、その後、アボリジニである事の核心は出自を介した文化的継続性である「持続性」と「抵抗」である、という議論もなされたが、先住権原をめぐる議論が活発化すると、鳴りを潜めてしまった。

その一方で、長い間行政では「アボリジニ」は州毎に、「混血の度合い」に従い定義されてきた。しかし、一九六〇－七〇年代になると、その定義は「アボリジニという人種の一員であること」という曖昧なものにシフトし、一九八〇年代にアボリジニ担当省が下記の先住民の定義の三基準を提案すると、行政の場ではそれが使われていくようになった。

アボリジニあるいはトレス海峡諸島人とは、アボリジニかトレス海峡諸島人の子孫であり、アボリジニあるいはトレス海峡諸島人とアイデンティファイし、当人の住むコミュニティにおいてそう認められているものをさす[21]。

この三定義は、アボリジニの人々に関わる組織の場では、アボリジニ証明書、という形で現れる。それは、土地評議会等指定された先住民組織が発行し、先住民が先住民向けの公共サービスを受けたり、先住民指定職につく場合に要求される。発行の際には、出身地のアボリジニ組織からのレファレンスや、親族ネットワークによる同定が行われる事になっており[22]、この証明書によって、アボリジニかトレス海峡諸島人の子孫であり、当人の住むコミュニティにおいてそう認められている、という点が保証されている、と見なすのである。問題は、この発行プロセスの厳密性が往々にして疑われており、シドニー南西部郊外では、親族ネットワークによる同定ができなくとも、先住民証明書を保持し、外見上も「アボリジニに見えない」ながら、先住民指定職につき、先住民向けプログラムに関わる人々が一定数存在している、という事である。こういう人々の多くは「再アイデンティファイした人々」であるが、行政側は証明書の取得背景は問わないし、グラスルーツのアボリジニには行政の雇用決定を覆す力は殆どない。その一方、これらのプログラムは、この地域のアボリジニの社会関係で大きな比重を占め、アボリジニ住人は、結果としてこの様な「疑わしい」人々と接触せざるを得ない。その結果、「あの人は本当はアボリジニではない」という陰口が頻発するのである。

シドニー南西部郊外のアボリジニは、様々な出身地や背景の違いを、ある一慣習を優越させる事で吸収してきた。しかし、現状ではそれ以上が問われている。先住民の人々が都市という枠組みの中で、自分達なりの意味づけを行い、柔軟に対処してきた事を考えれば、親族ネットワークによる同定を越える更なる「アボリジニ」の意味づけが行われるかもしれない。しかし同時に、行政システムが枠組みを変化させる可能性もあり、都市での「先住民」としてのあり方は、絶えず問われネゴシエイトされているもの、という事ができよう。

六　おわりに

都市は仕事、教育、住宅、医療等様々な理由で人々を引き付ける。先住民に関してもそれは例外ではない。一九世紀から既に、オーストラリア先住民は都市住人だったのであり、出身地・背景を異にする他の先住民との差異をネゴシエイトしてきた。このダイナミズムを考えず、都市に「先住民はいない」とする見方は、余りにも皮相であろう。オーストラリア先住民の示すダイナミクスは、彼らだけでのものではない。都市の先住民は地域差はあれ、様々な形でネゴシエーションを行ってきたのであり、通常マジョリティである都市非先住民の側でも、「日常の隣に存在する先住民」を同等の真剣さで理解する必要があるのではないだろうか。

注

（1）本章では特に注記のない限り、「先住民」と「アボリジニ」という言葉を互換的に用いる。
（2）鈴木清史『都市のアボリジニ―抑圧と伝統の間で』、明石書店、一九九五年、松山利夫『ブラックフェラウェイ―オーストラリア先住民アボリジナルの選択』、御茶の水書房、二〇〇六年等。
（3）地球の歩き方編集部『地球の歩き方　オーストラリア 2012～13』、ダイヤモンド社、二〇一二年。
（4）Langton, M., "Urbanizing Aborigines: the Social Scientists' Great Deception", *Social Analysis* 2 (2), 1981, pp.16-22等参照。
（5）Watson M.K. "Diasporic Indigeneity: place and the articulation of Ainu identity in Tokyo, Japan", *Environment and Planning A* 42 (2), 2010, pp.268-269.
（6）Australian Bureau of Statistics (ABS), *2006 Census*, 2006. (http://www.abs.gov.au, 二〇一三年一月一一日閲覧)。

（7）U.S. Department of Commerce, *Profiles of General Demographic Characteristics: 2000 Census of Population and Housing*, 2000.（http://www.census.gov/prod/cen2000/dpl/2khus.pdf, 二〇〇九年七月一日閲覧）; Statistics Canada, *2006 Census*, 2006.（http://www.statcan.gc.ca/, 二〇〇九年七月一日閲覧）; Statistics New Zealand, *2006 Census*, Statistics New Zealand 2006.

（8）Abu-Saad, I., "Spatial Transformation and Indigenous Resistance: The Urbanization of the Palestinian Bedouin in Southern Israel", *American Behavioral Scientist* 51, 2008, pp.1713-1722.

（9）前掲、『ブラックフェラウェイ―オーストラリア先住民アボリジナルの選択』、二〇〇六年等参照。

（10）Keen, I.（ed.）, *Being Black: Aboriginal Cultures in 'Settled' Australia*, Aboriginal Studies Press, 1988所収の論文を参照。

（11）Taksa, L., "Technology, Work, Gender and Citizenship at the Eveleigh Railway Workshops Precinct: An Historical Interpretation of Landscape, Identity and Mobilisation", *Labour History* 76 May 1999, pp.153-162.

（12）Reay, M.（ed.）, *Aborigines Now: New Perspectives in the Study of Aboriginal Communities*, Angus and Robertson, 1964; 前掲、*Being Black: Aboriginal Culture in 'Settled' Australia*, 1988, 所収の論文等を参照。

（13）これらの問題に関し示唆的な研究の例として、Anderson, K., "Place Narratives and the Origins of Inner Sydney's Aboriginal Settlement, 1972-72", *Journal of Historical Geography* 19（3）, 1993, pp.314-335; Cowlishaw, G., *The City's Outback*, University of New South Wales Press, 2009; Pierson, J. C., "Voluntary Organisations and Australian Aboriginal Urban Adaptations in Adelaide", *Oceania* 48, 1977, p.46-58; Plater, D., *Other Boundaries: Inner-City Aboriginal Stories: Part One of an Aboriginal History of the Leichhardt Municipality of Sydney*, Leichhardt Municipal Council, 1993; Schwab, J., "Ambiguity, Style and Kinship in Adelaide Aboriginal Identity",（I. Keen（ed.）, *Being Black: Aboriginal Cultures in 'Settled' Australia*, Aboriginal Studies Press, 1988, pp.77-96）等。

（14）Yamanouchi, Y. "Searching for Aboriginal Community in South Western Sydney", PhD Thesis, the University of Sydney, 2007.

（15）前掲、*2006 Census*, 2006.

（16）「塩コショウ（salt and pepper）」政策と呼ばれる。詳しくは、Morgan, G., "Broadacre Assimilation: Aboriginal Australians and Urban Migration", Macquarie University, 2000等参照。

（17）地方町の文脈では、この習慣が子供たちが敵対的な白人社会に入っていく際への「備え」である、というCarterの研究があるが、都市と地方町の環境の違いには留意する必要がある。Carter, J. D., "'Am I too Black to Go with You?'"（I. Keen（ed.）*Being Black: Aboriginal Cultures in 'Settled' Australia*, Aboriginal Studies Press.1988, pp.65-76）.

（18）von Sturmer, J., "Talking with Aborigines", *Australian Institute of Aboriginal Studies Newsletter* New Series 15, 1981, pp.13-30.

（19）この点において、筆者のデータと分析は鈴木（一九九五年）と齟齬する。詳しくは、前掲、『都市のアボリジニ―抑圧と伝統の間で』、一九九五年、山内由理子「『あの人は本当はアボリジニではない』—シドニー南西部郊外のアボリジニにおけるコミュニティ意識とアイデンティティ」オーストラリア学会（『オーストラリア研究』二三号、二〇一〇年、六八－六九頁）参照。

（20）前掲、『ブラックフェラウェイ』二〇〇六年、五八頁。同書では「アボリジニ」の代わりに「アボリジナル」の語を使用している。

（21）Department of Aboriginal Affairs, "Report on a Review of the Administration of the Working Definition of Aboriginal and Torres Strait Islander", unpublished, 1981, p.1.

（22）鈴木は肌の色が黒い場合この様な書類の提出は要求されないとしているが、筆者の調査では肌の色よりも親族ネットワークによる同定が重視されていた。前掲、『都市のアボリジニ—抑圧と伝統の間で』、一九九五年、一四七－一四八頁。

参照文献

地球の歩き方編集部　『地球の歩き方　オーストラリア2012～13』、ダイヤモンド社、二〇一二年。
松山利夫　『ブラックフェラウェイ—オーストラリア先住民アボリジナルの選択』、御茶の水書房、二〇〇六年。
鈴木清史　『都市のアボリジニ—抑圧と伝統の間で』、明石書店、一九九五年。
山内由理子「『あの人は本当はアボリジニではない』－シドニー南西部郊外のアボリジニにおけるコミュニティ意識とアイデンティティ」（『オーストラリア研究』二三号、二〇一〇年、五七－七二頁）。
Abu-Saad, I., "Spatial Transformation and Indigenous Resistance: The Urbanization of the Palestinian Bedouin in Southern Israel", *American Behavioral Scientist* 51, 2008, pp. 1713-1754.
Anderson, K., "Place Narratives and the Origins of Inner Sydney's Aboriginal Settlement, 1972-72", *Journal of Historical Geography* 19 (3), 1993, pp.314-335.
Australian Bureau of Statistics (ABS), *2006 Census* 2006. (http://www.abs.gov.au, 二〇一三年一月一一日閲覧)。
Carter, J. D., " 'Am I too black to go with you?' ", (I. Keen (ed.), *Being Black: Aboriginal Cultures in 'Settled' Australia*, Aboriginal Studies Press.1988, pp.65-76).
Cowlishaw, G., *The City's Outback*, University of New South Wales Press, 2009.
Department of Aboriginal Affairs, *Report on a Review of the Administration of the Working Definition of Aboriginal and Torres Strait Islander*, unpublished 1981.
Keen, I. (ed), *Being Black: Aboriginal Cultures in 'Settled' Australia*, Aboriginal Studies Press, 1988.
Langton, M., "Urbanizing Aborigines: the Social Scientists' Great Deception", *Social Analysis* 2 (2), 1981, pp.16-22.

Morgan, G., "Broadacre Assimilation: Aboriginal Australians and Urban Migration", PhD thesis. Macquarie University, 2000.

Pierson, J. C., "Voluntary Organisations and Australian Aboriginal Urban Adaptations in Adelaide", *Oceania* 48, 1977, pp.46-58.

Plater, D., *Other Boundaries: Inner-City Aboriginal Stories: Part One of an Aboriginal History of the Leichhardt Municipality of Sydney.*, Leichhardt Municipal Council, 1993.

Reay, M.（ed.）, *Aborigines Now: New Perspectives in the Study of Aboriginal Communities,* Angus and Robertson,1964.

Schwab, J., "Ambiguity, Style and Kinship in Adelaide Aboriginal Identity",（I. Keen（ed.）*Being Black: Aboriginal Cultures in 'Settled' Australia,* Aboriginal Studies Press, 1988, pp.77-96）.

Statistics Canada, *2006 Census* 2006.（http://www.statcan.gc.ca/, 二〇〇九年七月一日閲覧）。

Statistics New Zealand, *2006 Census,* Statistics New Zealand, 2006.

Taksa, L., "Technology, Work, Gender and Citizenship at the Eveleigh Railway Workshops Precinct: An Historical Interpretation of Landscape, Identity and Mobilisation", *Labour History* 76 May 1999, pp.153-162.

U.S. Department of Commerce, *Profiles of General Demographic Characteristics: 2000 Census of Population and Housing,* 2000.（http://www.census.gov/prod/cen2000/dpl/2khus.pdf, 二〇〇九年七月一日閲覧）。

von Sturmer, J., "Talking with Aborigines", *Australian Institute of Aboriginal Studies Newsletter* New Series 15, 1981, pp.13-30.

Watson M. K., "Diasporic Indigeneity: Place and the Articulation of Ainu Identity in Tokyo, Japan", *Environment and Planning A* 42（2）, 2010, pp. 268 - 284.

第十章　オーストラリア先住民と教育

栗田梨津子

一　はじめに

教育は本来、社会の中で少数派ゆえに様々な権利を奪われ、不利益を被っているマイノリティの社会的上昇の手段であると想定されている。今日、マイノリティの教育については、国家レベルを超えて、国際的な合意が形成されている。たとえば、ユネスコの「教育における差別を禁止する条約」（一九六〇年採択）では、自国内の外国民に自国民と同等の教育機会を与えることや、国内の民族的少数者が、自己の言語の教授など、自己の教育活動を行う権利の承認が肝要であるとされている。しかしながら、これら双方の権利は、往々にして実際の状況においては互いに相容れないため、マイノリティ教育をめぐる状況は条約で述べられている以上に複雑である。

マジョリティの支配する教育制度へと組み込まれたマイノリティは、一般に学校教育の中で様々な困難に直面するが、教育へのマイノリティ側の対応は様々である。たとえば、日本では長年、学校教育において、朝鮮人児童生徒に日本人文化が押し付けられ、結果として生徒たちに民族的劣等意識を植え付けることになったが[1]、日本の教育制度の理念に従うことにより、日本社会で成功を収める人々も存在することが指摘されている。その一方で、マイノリティとしてマジョリティの教育制度に晒されることが、結果として主流社会における教育レベルの低さをもたらす場合もある。

マイノリティの主流社会における教育レベルの低さの背景には、社会経済的要因とともに文化的要因の影響が大きい。特に、マジョリティとマイノリティ間の「教育」概念に関する文化的隔たりが大きいほど、教育レベルの差が顕在化する可能性がある。本章では、主流社会における教育レベルの低さが長年問題視されてきたオーストラリア先住民[2]を例に、マイノリティ教育が抱える根本的な問題について文化的差異という観点から考察する。

オーストラリアでは、先住民への同化政策が施行された一九三〇年代頃から、先住民の教育レベルの低さが、雇用率や健康レベルの低さと並んで、深刻な社会問題としてみなされてきた。政府は、教育面での先住民と非先住民の格差是正のために、先住民生徒の学校出席率の向上、中等学校における在学率の増加、さらに英語の読み書きおよび計算能力の強化を目指す様々な対策を講じてきた。特に、一九七〇年代初頭に、先住民政策が同化政策から自主決定・自主管理政策への大転換を図ると、教育政策も大きく変革され、それまで教育の場から排除され続けてきた先住民の言語や文化をカリキュラムに組み入れることが奨励されるようになった。その結果、現在の対先住民教育は、先住民の文化的差異を尊重しつつ、彼らをオーストラリア市民の一員として国家に統合するための社会化、文化化を行うことを主眼に置いているといえる。

しかしながら、こうした政府による様々な取り組みにもかかわらず、先住民の教育をめぐる状況に大きな変化はなく、彼らは依然として学業不振や学校不適応の問題を抱えている。その背景には、西洋社会と伝統的なアボリジニ社会における教育観の違いや、現在、先住民が置かれた社会文化的状況に対する理解を欠いたまま、多文化主義の下で賞賛された特定の文化的要素のみが教授されているという状況がある。特に、本来資本主義社会への適応を主眼に置いた西洋の教育と、狩猟採集社会での生存技術を教授する伝統的なアボリジニ社会における教育との間には、その性質に大きな隔たりがある。勿論、先住民の中には西洋の教育観を積極的に受け容れる人々もいるが、先住民の教育問題を考える際には、こうした教育に対する根本的な考え方の違いにこそ目を向ける必要がある。そのため、本章では、先住民が学校教育において直面する問題とその原因について、主に「文化」という視点から考察していく。以下ではまず、オーストラリアにおける対先住民教育の歴史を概観する中で、各時代の教育目的および教育内容について分析する。次に、先住民教育の現状と問題について、彼らの置かれた社会文化的状況を踏まえながら考察する。その上で、現在の先住民教育の実例として、サウスオーストラリア州、州都のアデレードにおける州立の先住民学校（ガーナ・プレインズ・スクール：Kaurna Plains School）での教育への取り組みに着目し、既存の学校教育制度への先住民側の対応について明らかにする。

二　先住民に対する教育の歴史

先住民に対する教育の歴史は、国家政策の変遷に伴い、主に三つの時代に区分できる。第一に、一八六〇年代から一九二〇年代頃までの「保護・隔離政策時代」、第二に、一九三〇年代頃から一九六〇年代頃までの「同化政策時代」、そして一九七〇年代以降の「自主決定・自主管理政策時代」である。

オーストラリアにおいて、先住民に対する教育の試みは、白人による入植が開始されて間もない十九世紀前半頃からシドニーで見られた。しかし、こうした試みは白人社会およびアボリジニ社会のいずれからも支持を得られず、失敗に終わった。「保護・隔離政策時代」に入ると、白人社会から先住民を隔離することによって、彼らを飲酒や売春等、白人社会によってもたらされた有害な影響から「保護」するという方針が採られた。先住民はミッション（キリスト教運営の保護地）やリザーブ（政府運営の居留地）へ強制移住させられ、その生活を管理されることになる。一方で、この時期、先住民のキリスト教化および文明化を目的に、彼らに西洋的教育を施す試みが政府によってなされたが、そのような試みは子供を対象に行われた。その背景には、大人を改宗させることは既に手遅れであるのに対し、子供の場合は、アボリジニの親族から引き離して西洋の文化的知識を教授すれば、文明化の可能性があり、それが彼らにとって有益であるとする、白人側の独善的な考えがあった。しかし、実際に子供たちに教育を施す試みは、散発的なものにすぎず、それに関する一貫した法や政策が制定されることはなかった。また、先住民の教育は教師の資格や経験を持たない教会関係者やアボリジニ保護官に任せられていた。こうした先住民の教育に対する日和見的な態度の根底には、アボリジニはいずれ死滅する運命にあることに加え、彼らの知能レベルは低いため、白人と同等の教育を施しても無駄であるという主流社会の認識があった。

この時期、アボリジニの子供たちは白人の通う公立学校への入学を拒否され、彼らの大半が全く西洋的教育を受けていない状態であった。一方で、「教育」を受ける機会を得たアボリジニは、白人のコミュニティから遠く離れた寄宿制の訓練施設へと連れて行かれた。しかし、この教育形態は、後述する親子強制隔離政策の下でのそれとは異なり、子供たちは親の同意の上で訓練施設に入れられ、面会に来た親と会うことも許されていた。たとえば、サウスオーストラリア州では、一八五〇年代にアデレードから約二五〇キロ離れた西海岸ウエスト・コーストにポニンディ・ミッション（Poonindie Mission）が設立された。このミッションは、主にアデレード周辺に居住していた先住民を、白人および先住民のキャンプのいずれからも隔離された小さなコミュニティに集めて教育することにより、彼らをキリスト教の慣習に従わない白人入植者や、アボリジニ社会における「野蛮」な慣習から保護しようとした。また、アデレードの先住民に加え、ウエスト・コーストの先住民の中には、食料や物資の供給を求めて、自発的に子供をこのミッションへと送る人々もいた。ミッションでは、先住民の文化や言語が否定され、英語の読み書きや宗教教育に加えて、男子生徒には大工や農耕の技術、女子生徒には家庭科や裁縫等を教える職業教育が行われた。職業教育では、子供たちは実際に、ミッションでの労働の対価として週ごとに賃金を受け取り、近隣町の店で買い物をするなど、西洋資本主義社会における労働体系が教え込まれた(3)。

先住民文化の正当性や、先住民の親が子供を育てる能力を否定する姿勢は、一九〇〇年代前半から一九七〇年代頃までオーストラリアで行われていた親子強制隔離政策に最も顕著に表れていた。この政策では、先住民の子供の中でも主に「混血」の子供が強制的に親元から隔離され、寄宿舎や居留地内の施設に送り込まれたのである。施設では、やはり先住民の文化や言語、価値観は否定され、キリスト教世界の思想や価値観が子供たちに植え付けられた。その結果、先住民の子供たちは、親族との紐帯を断たれ、親の世代からの文化、言語の継承を阻まれることになった。同時に、西洋の教育を受けた先住民の子供たちは、将来白人と同等に扱われることはなく、白人主流社会の最底辺へと組み込まれることが前提とされていたのである。この政策は後述する「盗まれた世代」を生み出すことになった。

「同化政策時代」に入ると、先住民にオーストラリアの英国系白人の価値観や行動様式を身に付けさせ、彼らを白人社会に吸収することが目的とされるようになった。その結果、この時期から、先住民の子供たちを白人から隔離するのではなく、白人と同じ公立学校に通わせることにより、オーストラリア市民としての素養を身に付けさせることが重視された。公立学校に先住民の子供を入学させることに反発する白人の親もいたが、一九六〇年代半ば頃までには、オーストラリアにおける殆どの先住民の子供たちが、資格を持った教師と十分な教育施設を備えた公立学校で白人の生徒と共に教育を受けるようになった。しかし、先住民の子供が公教育に取り込まれた当初から、白人生徒との比較において、先住民生徒の学業成績の低さ、長期欠席や退学率の高さは顕著であり、白人生徒との差を縮めることが教育の課題として浮かび上がってきた[4]。こうした先住民生徒の教育レベルの低さをもたらした要因は、後述するように、先住民独自の文化や教育観、社会経済的状況を無視して、彼らに西洋の文化や価値観を一方的に押し付けようとする政府の西洋中心主義的な態度にあった。

一九七〇年代以降の「自主決定・自主管理政策時代」は、対先住民政策において大きな転換期となった。自主決定・自主管理政策は、それまでの同化主義的な考えを排し、先住民自身が自らの運命を決めることを奨励し、政府はその選択について積極的に支援するというものであった。こうした方針に基づき、先住民に対する教育方針も大きく修正された。それまで教育の場において無視され続けてきた先住民の言語や文化の尊重や、先住民教育に関わる政策決定過程への先住民の参加が奨励されるようになったのである。たとえば、ノーザンテリトリーをはじめとする遠隔地のアボリジニ・コミュニティでは、先住民諸語と英語によるバイリンガル教育や、アボリジニ・コミュニティ主導によるトゥ・ウェイ・スクーリング（Two-way schooling）が開始された。ただし、これらの教育では、先住民諸語の能力の向上だけでなく、母語による言語能力の習得が、英語を学ぶ上で必要となる認知的基礎の強化に繋がるという考えのもと、先住民諸語から英語への移行を容易にすることも目的とされていた[5]。

さらにこの時期、オーストラリア全土の公立学校では、アボリジニ学習（Aboriginal Studies）が実施されるようになる。アボリジニ学習とは、アボリジニおよびトレス海峡諸島人の歴史、社会、文化の学習のことであり、先住民生徒および非先住民生徒の双方を対象としている。こうした学校教育への先住民文化包摂の背景には、一九八〇年代以降、オーストラリアがナショナル・アイデンティティを模索する中で、先住民の文化をオーストラリアの独自性を表すものとみなし、それを全ての国民によって祝されるべき国民的遺産として位置付けようとする考えがあった。政府は、とりわけ先住民独自の世界観や土地との精神的繋がりなど、先住民文化の神秘性を賞賛した。これを反映し、たとえば、サウスオーストラリア州で一九八〇年代後半から実施されたアボリジニ学習では、伝統的なアボリジニ社会における創世神話やアボリジニ芸術などが教授された。創世神話の学習では、その教えを通して、自然環境に関する知識やアボリジニと精神世界との繋がりについて理解することが目標とされた。このように、アボリジニ学習では、概して白人との接触以前の伝統的なアボリジニ文化が形式的に教授され、現在に生きるアボリジニに関する事柄が取り上げられることは殆どなかった。

先住民の言語や文化の維持を奨励する政府の方針は、学校カリキュラム作成過程への先住民の関与を促す契機ともなった。オーストラリアでは、一九八七年に「言語に関する国家政策」が策定され、そこで初めて先住民の言語の維持と発展が認められた。その結果、アボリジニ・コミュニティにおけるアボリジニ言語の維持のための助成金が提供されることになる。こうした政府側の働きかけもあり、一九八〇年代以降、先住民の間でも自らの言語や文化に対する意識が高まり、言語や文化の復興の動きが活発化した。そして、先住民の文化に関する学校カリキュラムの作成に長老や活動家のアボリジニが積極的に関わるようになった。たとえば、サウスオーストラリア州では、一九八九年から一九九〇年にかけて、ンガリンジェリ語（Ngarrindieri）、ナーランガ語（Narungga）に加えて、既に「死滅した」とみなされていたガーナ語の復興のための資金が連邦政府より提供された。その結果、白人の言語学者が、ガーナ・コミュニティの長老と協力し、入植初期の時代にドイツ人宣教師が残したガーナ語の記録をもとに、ガーナ語の復興にあたった。復興されたガーナ語は、後に詳述するように、現在アデレード郊外の先住民学校において、アボリジニ教師によって教授されている。

学校教育への先住民文化包摂の動きは、現在でも継続しているが、このような政府側の取り組みは、先住民生徒の学業不振や学校不適応の問題を解決するに至っていない。その主な理由として、先述したように、先住民への教育政策では、伝統的なアボリジニ社会における教育観や、現在のオーストラリア社会で先住民が直面する貧困や差別等の問題への理解がないがしろにされたまま、形式的な文化の包摂のみが強調されていることが考えられる。次章では、学校教育において先住民が直面する問題の文化的背景を踏まえながら、先住民教育の現状についてみていくことにする。

三　先住民教育の現状

先住民が公教育を受けるようになって以来、政府は彼らの教育レベルの低さを、非先住民との比較において常に問題視してきた。この問題は今日においても根本的に改善されていない。二〇〇六年の政府統計によると、先住民生徒の学校への出席率は、就学前教育および初等学校の段階では非先住民の生徒との間に大差はないものの、中等学校レベルになるとその差は徐々に拡大する。中等学校の最終学年にあたる一二年生（日本の高校三年に相当）の時点では、非先住民生徒の出席率が六六パーセントであるのに対し、先住民の場合は、その約半分の三六パーセントとなっている。[6] このことは、先住民生徒の大半が一〇年生か十一年生で学校を中途退学することと関連している。一五歳から二四歳までの先住民のうち、一二年生を修了した人の割合は、二八・五パーセントに過ぎず、非先住民の七二・六パーセントを大きく下回っている。[7] こうした教育レベルの低さは雇用率の低さに直結する。十五歳以上の先住民のうち、就業者の割合は四六パーセントであり、非先住民の六二パーセントを下回っていた。さらに、先住民の就業者の過半数が未熟練労働者であった[8]。

こうした先住民生徒の学業不振・学校不適応の背景には、様々な要因が複雑に絡み合っている。以下では、その主な要因として、白人と先住民の間の教育に対する考え方の違い、先住民の置かれた社会文化的状況、オーストラリア主流社会における先住民への偏見や差別について考えてみたい。

現在オーストラリアで行われている近代的な学校教育は、西洋における社会化の装置であり、西洋独自の教育観に基づいている。それは、伝統的なアボリジニ社会に由来する教育観とは異なる。最も大きな違いは、西洋社会において、知識は学校を通して正式に学ばれるのに対し、アボリジニ社会において知識は日常の社会化のプロセスを通して非公式に学習されるという点である。すなわち、伝統的なアボリジニ社会において、狩猟採集、食料の調理、適切な社会的行動に関する知識は、日常生活の中で親族や地域集団の人々から直接学ぶという形態がとられているのである。たとえば、ノーザンテリトリーの伝統的なアボリジニ社会における非公式的な学びの特徴として、ハリスは、①観察や模倣を通した学習、②個人での試行錯誤を通した学習、③実生活の活動における学習、④具体的な文脈に即した学習、⑤人との関わりを重視した学習、を挙げている[9]。こうした先住民独自の教育観は、遠隔地のアボリジニ社会だけでなく、都市部や地方町に居住するアボリジニの間でも、親族内の日常実践を通して共有されている。

さらに、アボリジニ独自の知識体系についても理解する必要があるだろう。アボリジニの知識の中には、知る、覚える、理解する等の西洋における客観的な意味での知識も含まれるが、創世神話や儀礼に関する秘儀的な知識も存在する。秘儀的な知識は、全ての人に伝承されるのではなく、コミュニティにおいて誰が知る権利を有するかが決められ、それによってコミュニティにおける個人の位置づけや振る舞い方が規定される[10]。そのため、こうした種類の知識を学校という脱文脈化された状況で、不特定多数の生徒に画一的に教えることは、アボリジニ社会における知識の伝承方法に反するといえる。しかし、現在の学校における文化学習では、必ずしもアボリジニ独自の知識のあり方に対する配慮がなされておらず、本来の意味での文化的差異が軽視されているといえる。

こうした先住民と白人の教育や知識に関する考えの違いは、彼らの西洋型の学校教育における学習姿勢にも反映されている。白人の子供たちは一般的に、学校教育の目標を、努力をして教師に認められるという学校での成功自体に見出すのに対し、伝統的なアボリジニ・コミュニティの子供たちは、学校教育を成人儀礼にたとえ、就学前教育から初等学校の低学年、低学年から高学年というように学年を上がることに重点を置く。先住民の子供たちにとっては、白人の生徒によって強調される個人的な努力を通した学習という考えは馴染みのないものである。また、学校で成功するための学習姿勢として、白人の子供たちが、積極的であること、新しいことを学ぶこと、困ったときには助けを求めることを重視するのに対し、先住民の子供たちは、授業に出席して、静かに話を聞き、教師の指示に従うという、従順さや受け身の姿勢を重要と考える。[11]こうした先住民生徒の従順さや受け身の姿勢は、白人教師によって「怠惰」や学習意欲の欠如とみなされる。さらに、学習様式の違いとして、個人の努力および能力やそれに基づく競争が重視される西洋型の教育の下では、年長の生徒が年少の生徒を助けるといった、協調性を重視する先住民の学習様式は「問題」とみなされるのである。勿論、現在の先住民の教育観や学習姿勢には個人差があり、必ずしも白人との対比で一律に捉えられるものではないが、一般的に先住民生徒の間では上記の傾向がみられる。

次に、先住民の置かれた家庭・社会環境は、彼らの学業不振の問題と密接に結びついている。現在、政府職員や学校教師等の専門職につく一部の先住民を除き、大半の先住民が失業手当などの生活保護で暮らしている。専門職に就く中流階級の先住民は、教育レベルの向上こそがオーストラリアにおける先住民の社会的地位向上の鍵と考えている。しかしそれに対し、社会の最底辺に置かれた大半の先住民の親は、教育の重要性を認識しながらも、現実に子供の教育を支援できる条件を備えていない。貧困から容易に抜け出すことのできない彼らにとっては、子供の教育よりも日々の生活をどう乗り切るかが優先課題である。また、子供に義務教育を受けさせるにも一定の費用がかかる。先住民の親の中には、学校へ子供の昼食を持たせられないことを恥じて、子供を欠席させる人々もいる。義務教育を受けさせるのもままならない状態であるため、大半の親にとって、子供を大学等の高等教育機関に進学させるなど、はじめから想定外なのである。

また、一般的な先住民の家庭では、子供は学校から帰ると、年下の兄弟姉妹やイトコなどの面倒をみるという役割分担が与えられている。この役割を放棄すれば、親族から「自己中心的である」として非難されることになる。なぜなら、アボリジニ社会において、個人の評価は、その人が何を達成または獲得したかではなく、親族内部での位置づけの中で期待された役割を果たすかどうかによって決まるからである。そのため、子供たちは家庭では親族と共に多くの時間を過ごし、家庭学習のための時間が非常に限られている。子供たちは、やがて中等学校へ進学し、兄弟姉妹、イトコや周囲のアボリジニの友人が中途退学していくのを目の当たりにし、学校で学び続けることの意義を見失ってしまう。中等学校を無事に卒業し、仮に専門学校や大学等に進学できたとしても、親族と共に過ごせる時間は減り、親族の中で孤立してしまうおそれがある。たとえば、高等教育を受けるために、単身で地方町から都市部へ出てきた十代後半の青年は、「親族と離れて暮らすのは辛いが、夢を実現するには何かを犠牲にしなければならない」と語った。先住民の子供にとって、自己実現とは親族関係の犠牲の上に成り立つものなのである。

こうした先住民独自の教育に対する考え方や、彼らをとりまく社会文化的状況は、白人主導の学校教育との間に様々な摩擦をもたらし、最終的に学校における先住民への偏見や差別の原因となる。今日、オーストラリアの学校では、先住民の文化的視点を積極的に教育へ組み込もうとする試みが見られるが、一方で、白人教師の間では、「アボリジニを教育しても無駄である」という先住民に対する否定的な見方は根強く残っている。白人教師は、先住民の生徒の間に見られる学力不振、遅刻率の高さや行動上の問題を、彼らの家庭環境の悪さに結びつけて認識する傾向がある。たとえば、「アボリジニの親は子供の教育に関心がなく、家で勉強させようとしない」、「アボリジニは大家族で暮らしているので、親が子供の面倒をみきれない」、「アボリジニは葬式などの親族行事が多く、長期欠席や転校が多い」といったコメントは、白人教師の間で頻繁に聞かれる。しかしここで問題なのは、上述した先住民独自の教育観への理解や、西洋の教育制度の限界に対する認識を欠いたまま、先住民の学校不適応の問題を「家庭環境」という皮相なレベルで捉えてしまっていることである。こうした先住民に対する偏見は、生徒同士の間にもみられる。特に、都市部の学校において、先住民の生徒は少数派である場合が多く、周りの生徒から先住民であることを理由に、様々な差別的な発言に晒されやすい。このような白人教師の先住民の文化に対する理解の欠如、他の生徒からの偏見や差別などが積み重なり、先住民の子供は、学校という環境に居心地の悪さを覚えるようになる。こうした経験から生まれた彼らの学校全般に対する否定的な見方は、世代を通して継承され、先住民と学校との精神的距離がますます遠くなるという悪循環が生じるのである。

四　先住民の学校教育への対応—サウスオーストラリア州の事例から

では、先述した西洋型の学校教育システムの中で生じる文化的葛藤などの問題に、先住民はいかに対処しているのであろうか。以下では、サウスオーストラリア州の先住民学校を事例に、先住民側の対応とそれに伴う新たな課題について考察する。

ガーナ・プレインズ・スクールは、アデレードの北部郊外に位置し、就学前教育から中等学校までを含む州立の先住民学校である。この学校は、アデレード平原のアボリジニ地域集団、ガーナの人々による文化復興運動が盛んになり始めた一九八六年に、地元のアボリジニ・コミュニティによる政府への働きかけによって設立された。当時、アボリジニの親の間では、子供たちが主流社会の学校で常に少数者であるために疎外感を感じ、学校生活に馴染めず、早期退学をすることが問題視されていた。そのため、アボリジニが多数派を占め、なおかつガーナの文化や言語が学べる学校の必要性が叫ばれていたのである。初代校長は、ガーナ語復興運動で先導的な役割を果たしたアボリジニ女性であり、彼女は、アボリジニ言語の習得がアボリジナリティ[12]（Aboriginality）の強化につながるという考えのもと、一九九二年にガーナ語学習プログラムを開始した。調査時の校長はクィーンズランド州出身のアボリジニ男性であり、サウスオーストラリア州では唯一のアボリジニの校長であった。

就学前教育から高校までの全校生徒数は約一四〇名であり（二〇〇七年調査時）、生徒たちは学年ごとのクラスに分けられる。生徒の出身地域集団は多様であるが、生徒同士は何らかの親族関係にある場合が殆どであった。正規教員の数は十三人であり、そのうち二人が先住民である。加えて、この学校には、地元のアボリジニ・コミュニティ出身のアボリジニ補助教員[13]（Aboriginal Education Worker: AEW）が三人、アボリジニ学校職員[14]（Student Services Officer: SSO）が三人、週一回学校にやって来るアボリジニのガーナ語教師が一人と、他の学校と比べてアボリジニ職員の数が圧倒的に多い。アボリジニの教師らは、アボリジニ生徒の教育レベルの低さは自尊心の低さに起因していると考え、アボリジナリティの習得こそが、伝統的文化を必ずしも継承してこなかったアボリジニの子供たちに自信を与え、最終的に主流社会に出て人種差別や偏見等の問題に直面してもそれにうまく対処するための原動力になると認識していた。

したがって、ガーナ・プレインズ・スクールの教育理念は、文化学習を通して生徒に自尊心やアボリジナリティを身につけさせることである。都市のアボリジニの中には、過去の保護・隔離政策や同化政策によって親元から切り離された結果、父母が属する集団との結びつきを絶たれた人もいる。校長は、アボリジニの親には、「盗まれた世代」以外にも、アボリジニであることを隠したり、強制移住を繰り返してきた人もいるため、子供たちの多くが自分の家族の出身地や出身地域集団を知らないことを懸念していた。そして他人から「どこの出身か」と聞かれたときに、相手が納得し得る出自を答えられること、さらにアボリジナリティの根拠となる伝統文化についての知識を有していることを重要と考えていた。そのため、この学校では、教育省指定のカリキュラムに加えて、アボリジニの活動家や教師などが、白人の言語学者等の専門家からの協力を得て考案した、ガーナ語の学習、アボリジニ・ダンス、アボリジニ芸術等の文化学習が行われている。校長によると、この学校の文化学習は、アボリジニ独自の視点からアボリジニ文化を過去と現在の双方の文脈の中で捉えるものであり、アボリジニ文化を過去の側面からしかみようとしない政府指定のアボリジニ学習とは一線を画しているという。しかし校長は同時に、子供たちの出身地域集団はあまりに多様であるため、それぞれの文化は家族から教わるべきだと語り、学校での文化学習の限界についても認めていた。したがって、ガーナ・プレインズ・スクールにおける文化学習は、アボリジニとしての集団的アイデンティティの習得を通した自尊心の向上を目標としつつも、西洋の社会制度の下で生きていかざるを得ない先住民にとっての妥協的な教育形態として位置づけることができる。

ガーナ語の学習は、主に初等学校の生徒を対象に学年ごとに行われる。低学年のクラスでは、ガーナ語での数の数え方、身体の部分の呼び方などが歌やゲームなどを通して教えられ、高学年のクラスでは、ガーナ語による自己紹介や挨拶などの基本的な表現が教えられる。授業自体は英語で行われるが、「起立」、「着席」などの指示はガーナ語で

「ガーナ・プレインズ・スクールの低学年授業風景」
この日の授業で子供たちは、数字のガーナ語表記（たとえば、kuma (one)、purlaitye (two)、marnkutye (three) など）を学んだ。

なされ、生徒の側も授業中に退室する際はガーナ語で教師に許可を求めなければならない。また授業では、白人による入植以前のガーナ社会における親族名称が取り上げられ、親族関係や親族内での各自の役割、さらにそれに基づく年長者への敬意の重要性についても教えられた。

文化学習では、創世神話に出てくる土着の植物に関する知識の習得、ディジェリドゥ（Didjeridu）の吹き方やアボリジニ・ダンス等の「伝統的な」文化要素と、現在に生きるアボリジニのライフストーリーをテーマにしたアボリジニ流のヒップ・ホップ音楽に代表される「現代的な」文化要素が教授される。特に、ディジェリドゥは、本来この地域に由来する楽器ではないが、オーストラリア全土のアボリジニ文化を代表する文化要素として、その習得が重視されていた（コラム3参照）。こうして学習された文化は、学校での学芸会や、ナイドック週間[15]（National Aboriginal and Islanders Day Observance Committee: NAIDOC）等に市内で行われるアボリジニ関連の行事、地元のコミュニティで催される多文化祭などにおいて、非アボリジニの前で披露される。アデレードのアボリジニは、サウスオーストラリア州の様々な地域の出身者に加え、他州出身者によっても構成されており、その文化的背景は非常に多様である。そのため、生徒たちの出身地域集団も様々であるが、学校では地域集団間の文化の差異よりも、その間に見られる共通性の方が強調されていた。この学校に通う生徒の中には、以前主流社会の学校に適応できなかった子供もいるが、彼らの多くはアボリジニの友人や大人に囲まれてアボリジニの文化を学ぶことで安心感を抱き、自信と誇りをもつことができたと語っていた。

しかし一方で、生徒の文化的多様性を考えると、学校で教授される文化は、家庭内で断片的に継承された文化やアイデンティティとの間に齟齬をもたらすおそれがある。実際に、この学校でAEWとして働くアニャマンナ（Adynyamathanha）出身のアボリジニ男性は、学校でガーナ語のみが教えられることに対して次のように語っていた。

「この学校の生徒たちは主に八つの異なる地域集団の出身で、それらはガーナであるとは限りません。でも彼らは、この学校に来た途端に、自動的にガーナであるとされ、ガーナ語を学ばないといけないのです。彼らはガーナ語だけでなく、自分達独自の言葉も学ぶべきなのです。（中略）学校では、ただ一つの文化だけでなく、この学校にいる生徒全ての地域集団の文化的知識を教えるべきだと思います。」

また、生徒の親の中には、学校で創世神話などの秘儀的な知識が、画一的に教えられることに難色を示す人もいた。たとえば、ナーランガ出身のある女性は次のように語ってくれた。

「創世神話は、学校で教えるにはあまりにも個人的なことだと思います。なぜなら、創世神話の中には神聖なことが含まれていますし、そこには女性だけが知っていいこと（woman's business）と男性のみが知っていいこと（man's business）があって、それらは二つのカテゴリーにしっかりと分けられるべきです。今娘に、創世神話は彼女にとって正しい時期が来るまで教えてもらえないと言っています。そのときまでは我慢しないといけないということを私は祖母から教わりました。私は彼女に神話を語ることを許されてはいません。彼女の祖母か祖母の姉妹が教えることになっています。」

彼女の語りから明らかなのは、創世神話をはじめとする秘儀的な知識は、子供がある一定の年齢に達した時期に、祖父や祖母といった適切な人から語り継がれなければならないという認識である。

さらに、別の問題として、この学校では、英語や算数をはじめとする通常の授業の時間数が他の学校に比べて少ないため、大半の生徒の「学力」は主流社会の生徒の平均よりも下回っている。そして、こうした「学力」の低さは、学校卒業後の進路にも影響を及ぼすことになる。多くの生徒は十年生で学校を去り、十二年生まで学校に残る生徒は数人程度である。また、仮に十二年生を修了したとしても、大学入試に合格できるレベルには達していない場合が殆どのため、専門学校などに通わざるを得ない。また、アボリジニの文化的知識を活かした職業は非常に限られており、受け皿が整備されていない状況にある。このことは既存の教育制度の中でアボリジニの文化を教えることの限界を表しているといえる。

五　おわりに

本章では、先住民に対する教育の歴史や現状を踏まえた上で、学校教育において先住民が遭遇する様々な問題を主に文化的観点から分析してきた。個人の努力、競争を重視する西洋型の学校教育と、従順さ、協調性を重視する先住民の教育観の差異は、近代資本主義に基づく西洋社会と、互酬性や平等主義を重視する伝統的なアボリジニ社会というそれぞれの社会形態の差異に由来するものである。しかし、オーストラリアでは、こうした先住民の生活に根付いた文化や価値観の理解をなおざりにしたまま、創世神話、言語、芸術、ダンスなど、特定の文化要素のみが広く流通し、評価されてきた。そして、こうしたアボリジニ文化に対する真の理解の欠如が、学校における教師や生徒の先住民についてのステレオタイプや偏見を生み出す要因となっているのである。

ガーナ・プレインズ・スクールにおける教育は、白人主導の学校教育の問題や主流社会における偏見や差別に対処するために、アボリジニ自身によって考案された教育体系であった。それは、教育カリキュラムにアボリジニの文化的視点を織り交ぜ、それをアボリジニの教師が教授するという点で、生徒に安心感を与えるという利点があった。しかしその反面、多様な文化的背景をもつ子供たちにどの地域集団の文化を教えるのか、さらに、文化の中からどのような知識を教育の対象として選び出すのか、といった新たな問題が生じていた。これは、脱文脈化された状況で画一的な知識を教授する西洋の教育制度の中で、特定の文脈に応じて知識を伝承する先住民独自の教育を実践することがもたらす当然の帰結である。

また、既存の教育制度においてアボリジニ文化の学習を重視することは、同時に子供たちとオーストラリア社会との接点を見えにくくし、最終的に彼らを社会において一層周縁化してしまうおそれがある。先住民の都市化が一層進み、彼らの多くが白人中心の社会制度や文化的価値観の中で生活せざるを得ないというプレッシャーに晒される中で、西洋の文化的価値観と先住民の文化的価値観の間にいかに折り合いをつけるのかは、先住民教育にとって重要な課題であり続け、今後の展開を見守る必要があるだろう。

注

（1）中島智子「日本の学校における在日朝鮮人教育」（小林哲也・江淵一公編『多文化教育の比較研究―教育における文化的同化と多様化―』九州大学出版会、一九九七年、三一四頁）。
（2）本章では先住民という言葉を、特に注記のない限りアボリジニという言葉と互換的に用いる。
（3）Mattingley, C. and K. Hampton, (eds), *Survival in Our Own Land: "Aboriginal" Experiences in "South Australia" Since 1836*, Hodder & Stoughton, 1992, p179; Brock, P. and D. Kartinyeri, (eds), *Poonindie: the Rise and Destruction of an Aboriginal Agricultural Community*, South Australian Government Printer and Aboriginal Heritage Branch,1989, pp.11-12.
（4）Harker, R.K. & K.R. McConnochie, (eds), *Education as Cultural Artifact: Studies in Maori and Aboriginal Education*, The Dunmore Press, 1985, pp.103-104.
（5）バイリンガル教育やトゥ・ウェイ・スクーリングの詳細については、Northern Territory Department of Education, *Handbook for Aboriginal Bilingual Education in the Northern Territory*, 1989; Harris, S. *Two-Way Aboriginal Schooling*, Aboriginal Studies Press,1990を参照されたい。なお、オーストラリア国内では、一九九〇年代後半から、バイリンガル教育やトゥ・ウェイ・スクーリングには多額の費用がかかる上、先住民の子供たちの英語能力が依然として低いことなどへの批判が高まり、これらの教育に関わる教員の養成や教材作成のための費用が削減された。こうした動きの中で、二〇〇八年にノーザンテリトリーでは、バイリンガル教育を実質的に廃止する方針が打ち出された。それ以来、遠隔地のアボリジニ・コミュニティでは、先住民諸語よりも英語の読み書きに重点を置いた教育が行われている。
（6）Australian Bureau of Statistics, *2006 Population Characteristics, Aboriginal and Torres Strait Islander Australians*, 2008, pp.47-48.
（7）Australian Bureau of Statistics, *The Health and Welfare of Australia's Aboriginal and Torres Strait Islander Peoples*, 2010.（http://www.abs.gov.au/AUSSTATS/abs@.nsf/lookup/4704.0Chapter300Oct+2010, 二〇一一年九月一日閲覧）。
（8）前掲、*2006 Population Characteristics, Aboriginal and Torres Strait Islander Australians*. 2008, pp.81-82.
（9）Harris, S., *Culture and Learning: Tradition and Education in NE Arnhem Land*, NT Department of Education, 1980.
（10）Christie, M.J., *Aboriginal Perspectives on Experience and Learning: the Role of Language in Aboriginal Education*, Deakin University Press, 1985, p41.
（11）同前、pp. 47-48.
（12）「アボリジニ性」または「アボリジニらしさ」と訳されるが、一般的に、オーストラリア大陸全土の先住民によって共有される集団的アイデンティティのことを指す。

（13）学校とアボリジニ家庭との間の連絡係としての役割を果たす。たとえば、生徒が長期欠席をした場合や学校で他の生徒と問題を起こしたときなどに、生徒の親と連絡をとり、場合によっては生徒の家へ出向き、親と話し合うことによって学校と家庭との仲介をする。

（14）教室内で教師の補佐役を務め、授業中に生徒たちの学習の手助けをする。

（15）アボリジニおよびトレス海峡諸島人の歴史、文化、功績を称える週間。

参照文献

Amery, R., *Warrabarna Kaurna!: Reclaiming an Australian Language*, Swets & Zeitlinger Publishers, 2000.
Craven, R., *Teaching Aboriginal Studies*, Allen & Unwin, 1999.
Simpson, J., Caffery, J., and P. McConvell, "Gaps in Australia's Indigenous Language Policy: Dismantling Bilingual Education in the Northern Territory", AIATSIS Discussion Paper no.24, 2009.
Keeffe, K., *From the Centre to the City: Aboriginal Education, Culture and Power*, Aboriginal Studies Press, 1992.
上橋菜穂子『隣のアボリジニ―小さな町に暮らす先住民―』筑摩書房、二〇〇〇年。
栗田梨津子「都市の学校教育におけるアボリジナリティの教授が意味するところ―アデレードのガーナ文化学習の事例から―」（『オーストラリア研究』第二三号、二〇一〇年三月二〇日、八六－一〇二頁）。
田中圭治郎『多文化教育の世界的潮流』ナカニシヤ出版、一九九六年。

第十一章　先住民と博物館―アイヌとアボリジニの比較から

若園雄志郎

一　はじめに

博物館は現代では教育機関、あるいは研究機関として捉えられているが、近代においては先住民の文化、ときには先住民自身を展示するなどあたかも「標本」として扱ってきた(1)。これは日本も例外ではなく、一九〇三年の第五回内国勧業博覧会において各国の民族の数名を実際に住まわせた「学術人類館」のような「学術的」とされた展示にもその様な思想が見られ、それは形を変えて現在にも見ることができる。そこで、そのような博物館の持つ政治性・権力性を自ら認識し、自省した上で、そこに所蔵されている資料を過去に所有しその文化を語る権利のある人たちとともに博物館活動を作り上げていこうとする試みが行われてきている(2)。その背景にはそれまでの主流社会側の視点に基づく博物館活動に潜む政治性・権力性を先住民を含む社会全体が認識していくのに従って、先住民側からの異議申し立てがなされるようになったということがあった。

一九八〇年代以降、先住民をめぐる議論が国際的に高まりを見せた。それは一九八一年から一九八三年にかけて国連差別防止・少数者保護小委員会に提出されたコーボゥ（Cobo）報告、一九八九年の国際労働機関（International Labour Organization: ILO）第一六九号条約の採択、一九九三年の国連による世界の先住民の国際年（International Year of the World's Indigenous People）制定などの動きに見られる。同時期に各国の民族文化に関する博物館においてもその活動の見直しや修正が行われるようになった。

先住民の権利をめぐる国際的な動向が高まる中、多民族・多文化化する社会において民族文化を扱った博物館が多文化教育の視点を持つことは必然である。多文化教育は主流社会への同化を避け、その民族を尊重するものであり、その実現のためには「少数者集団間及び少数者集団とその社会の他の構成員との間の理解、寛容、友好関係を築くための努力が必要とされる」[3]。この様な観点からすれば、博物館における多文化教育を考える上では特定集団に対する差別や偏見をなくし、先住民のアイデンティティ形成や、文化や民族自体の尊重を目指した多数者と少数者の双方の対話が不可欠であるといえる。

日本では「出入国管理及び難民認定法」（入管法）が一九八九年に改正（一九九〇年施行）されたことを受け、就労目的で多くの外国人が日本に滞在するようになった。また、二〇〇八年には北海道を中心に居住しているアイヌを「独自の言語、宗教や文化の独自性を有する先住民」と認めることを求める国会決議[4]が全会一致で採択された。これらは日本が多文化・多民族国家であることを認識する必要があることを示しているといえる。これまでアイヌを中心とした研究は蓄積されてきているが、近年ではその博物館における活動でアイヌを日本や北海道の歴史の一部としてのみ扱うのではなく、日本が多文化・多民族社会という自覚に基づいたものが多く見られるようになってきた。このような状況の中、民族・文化の相互認識を深めるための多文化主義的な博物館活動に関する海外の先行事例は大きな示唆を与えるだろう。

ここで事例として取り上げるオーストラリアにおいては先住民への法整備がなされているため日本国内の事情とは完全に一致するわけではないが、両国において博物館は単にその文化を学習するだけの施設ではなく、マジョリティとマイノリティの相互認識を深め、協働を行うための環境醸成の場として重要な位置を占めているといえる。このことはオーストラリアにおける行動指針とその評価においてはより明白である。オーストラリアでは一九九三年の世界の先住民の国際年に際し、博物館の所蔵する先住民の資料に関しての行動指針「かつての所蔵品と新たな義務」（Previous Possessions, New Obligations: PPNO）が策定され、それまで個々の博物館において取り組まれてきた先住民に関する資料の取り扱いに対して一定の指針が提示された。この行動指針は「これからの博物館と先住民との関係をきわめて具体的に規定したものとして、すでに、オーストラリアのみならず、世界の博物館にとっても無視できない存在[5]」となっており、各国の民族文化を扱った博物館にとって非常に示唆に富んだ動きであるといえる。

そこで本稿ではまずオーストラリアにおける先住民を扱った博物館の活動に大きな影響を与えた行動指針ＰＰＮＯ及び二〇〇五年の改訂版「連続した文化と継続する責任」（Continuous Cultures, Ongoing Responsibilities: CCOR）について述べ、オーストラリアの博物館における先住民との関係の見直しについて述べる。次にこれを受けてアイヌの文化を扱った博物館が持つ問題点や課題を考察する。そして以上より民族を扱った博物館による協働への課題について考察を加える。なお、本稿で事例として扱う「オーストラリア博物館」とは、キャンベラにある国立オーストラリア博物館（National Museum of Australia）ではなく、シドニーにあるオーストラリア博物館（Australian Museum）である。

二　オーストラリアの博物館における行動指針にみる先住民

これまで博物館と先住民の関係は対等なものではなく、先住民は単に文化人類学や医学の研究対象として考えられていた。その様な認識に立ち、オーストラリア国内では一九八三年にオーストラリア博物館代表者協議会（Council of Australian Museum Directors）により所有者や所有者の子孫を確認できる資料の返還を決定し、また資料に明らかな科学的・教育的価値がある場合のみ博物館が保有できるといった内容の指針が採用され、多くの博物館で博物館と先住民の関係を問い直す動きが見られた。その動きの背景には先住民による「自主決定」に関するオーストラリア国内の状況や一九七〇年代における世界的な人権問題の高まりがあると考えられる。例えば、「自主決定」に基づいた教育施策の展開は一九七〇年代より見られ、「『自主決定』の理念は一九七三年より爾来、連邦政府によるアボリジニに対する政策の基本に据えられ、政権の移行にあってもその理念は大きく後退することはなく、九〇年代に引き継がれてい[6]」った。この様に、教育や文化に関する先住民政策の一環として自主決定は重視されてきたのであった。

アンダーソン（Anderson, Christopher）によれば、政治あるいは市民からの声により先住民との関係を見直すにあたって、当時大きく二つの対応があった[7]。一つは既存の施設における先住民による管理の実施であり、もう一つは先住民資料の返還である。「管理の実施」が目指すものは先住民自身による施設の管理・運営、さらには設立だといえるが、現実的には博物館などの施設が雇用やトレーニングといった活動を通じて先住民と協働していくことになるだろう。返還に関しては、多くの博物館が資料の返還を行ったが、それはほとんどの場合遺骨やある種の祭礼具（sacred objects）に限られていた。アンダーソンはこれについて「多くの先住民が芸術品や写真、フィールドノート、カセットテープ、そして撮影されたフィルムなど全ての資料を返すよう要求しているが、知る限りそれが行われたこかった。

とはない」[8]と述べている。また、研究者による調査を通じて得られた知見はこの時点では先住民には還元されていな

その後、先住民や博物館、研究者たちとの協議を経て[9]、一九九三年の世界の先住民の国際年と同時に、新たな行動指針であるＰＰＮＯがオーストラリア博物館協会協議会（Council of Australian Museum Associations）[10]の年次会議によって発表された。

この新しい行動指針では主に先住民の遺骨や祭礼具（secret/sacred items）、その他民族資料の取り扱い、調査・研究などの博物館活動への先住民の関与、そしてそれらの管理に関して言及されている。具体的には自主決定、管理とコレクション、コレクション及び情報へのアクセス、先住民への補佐、雇用と養成、方針決定の六項目の指針であった。

これらに基づき博物館活動を見直すことで、オーストラリアはそれまでの民族文化を扱った博物館が持っていた一方的・植民地主義的な博物館観からの脱却を図ろうとしたのであった。すなわち民族を「標本」として捉えるのではなく、権利を持った主体として明示的に考えるようになったといえる。これによりオーストラリアの博物館活動は大きな変貌を遂げたということができるだろう。

この行動指針の策定はオーストラリアの博物館関係者の間に多くの議論、特に先住民に対する博物館資料の返還についての議論を提起した。すなわち、関連した全ての資料の返還を行うのか、遺骨や祭礼に関した資料に限定するのかといったもの、また、合法的に取得した資料であってもその対象となるのかといったものであった。さらに、資料の返還を行うことを表明することで先住民により次々に返還を要求され、ついには博物館の『解体』につながる[11]、といった意見もあった。これに対し当時オーストラリア博物館長であり、ＰＰＮＯの策定に大きく関わったグリフィ

オーストラリア博物館（シドニー）

ン（Des Griffin）は「北アメリカや太平洋（中略）の先住民に文化的資料の返還を行ったケースでそのような事態になったことはない[12]」と述べ、むしろ「多くの場合、博物館と先住民の関係を強めた[13]」と反論している。また、合法的に取得したとされている資料や出所が不明な資料については、その植民地主義的な「合法性」に疑問を投げかけ、「所有者を探しその意向によって返還するか博物館が所有するかを話し合い、適切な措置を講ずるべきだ[14]」と述べ、行動指針策定の意義を強調した。

資料返還については二〇〇七年の先住民の権利に関する国際連合宣言第一二条においても遺骨や祭礼具の返還に関する規定があるが、ＰＰＮＯは権利宣言に先駆けて返還に関して規定したという点でも大きな意味を持つと考えられる。この遺骨や祭礼具の返還という問題は先住民と博物館の関係を考える上で大きな問題となっている。一九九六年の時点では博物館の持つ約半分の遺骨が返還ないしは返還待ちの状態であった[15]。しかしながら遺骨に付されていた収集時のデータが非常に簡単なものであり、追跡することが困難な場合もあったため、関係者もしくは関係するコミュニティが不明な遺骨も多かった。また、遺骨に関して、返還すべき遺骨がどれほどの数になるか博物館によって数え方がまちまちであるため正確な数値は不明であるが、例えば、一九九五年から一九九七年までサウスオーストラリア博物館（South Australian Museum）で「骨格標本の来歴に関するプロジェクト」（National Skeletal Provenancing Project）に関わったハンチャント（Deanne Hanchant）によれば、来歴が不明とされた遺骨はコレクション中の五分の一となる一〇〇〇点以上が存在していたと述べている[16]ことから、一九九〇年代半ばの時点では同博物館だけでも五〇〇〇点以上の遺骨が保管されていたと考えられる。

その後一九九六年により簡潔な改訂版が出され、この行動指針に対する評価は二〇〇〇年にオーストラリア博物館の来館者調査部（Australian Museum Audience Research Centre）とミュージアム・オーストラリア[17]によって行われた。その中でこの指針は概ね達成されているとされ、特に遺骨や祭礼具など注意が必要な資料への対応や、展示などの博物館活動での先住民の将来像の伝達が多くの博物館で行われたと評価した。また、博物館にある彼らの文化に関しての資料の管理に対する先住民の権利意識や、博物館と先住民の関係は強化・改善され、来館者の先住民に対する認識も高まったという[18]。しかし同時に指針への取り組みをさらに発展させる必要があることも指摘され、CCORへ向けた取り組みへとつながっていった。

このPPNOの策定は博物館のみならず図書館や美術館などにも影響を及ぼしたが、この評価のように改善すべき点も存在した。そのため、この評価に基づき二〇〇五年にさらなる改訂版であるCCORが策定された。これはPPNOのさらなる改訂版であり、「オーストラリアの資料収集に携わる全ての部門への二一世紀の始まりにおける必要不可欠な文書である[19]」としている。その中ではオーストラリアにおける先住民との「和解[20]（Reconciliation）」を達成するにあたって、博物館は非常に高い能力を持つ中心的存在であることが指摘されており、民族文化を扱った博物館は和解へ向けての主導的役割を果たしうることが提示されている。

ＰＰＮＯと比較するとＣＣＯＲではさらに二項目が加えられ、文化的・知的所有権、和解の計八項目が提示されている。[21] しかしながらＰＰＮＯにもあった六項目のうちでも各項目における博物館の位置づけはいくらか異なる。「自主決定」の項目においてＰＰＮＯでは「博物館は先住民の文化の伝統や遺産に関する自主決定の権利をサポートすること」[22]とあるように、博物館の役割についての提示がなされていた。一方、ＣＣＯＲではこの項目内にさらに四つの小項目が提示されており、「アボリジニ及びトレス海峡諸島人は自身の文化的な強い思い入れを充足させる権利を有する」[23]「アボリジニ及びトレス海峡諸島人は特に文化遺産に関して自主決定の権利を有する」といった、博物館についてではなく先住民が持つ権利についての言及が最初になされている。

これには一九九八年に出された報告書「我々の文化と未来」（Our Culture Our Future: Indigenous Cultural and Intellectual Property Rights）の影響が大きい。[24] これはアボリジニ・トレス海峡諸島人委員会（Aboriginal and Torres Strait Islandser Commission: ATSIC）理事会による研究成果と提言がまとめられたものであり、先住民文化及び知的所有権の本質と先住民自身が守りたいと考えている事項、それらに対するオーストラリアの法整備の状況、そして実現可能な解決策の提示がなされている。[25] そこでは博物館もまた文化及び知的所有権についての義務があるということが述べられており、「ＣＣＯＲはその該当する報告結果を反映しようとするものである」としている。[26]

もちろんこれは「自主決定」の項目だけに限られているわけではない。ＰＰＮＯでは博物館の持つ情報や資料を先住民に対して公開、あるいは返還するとされていたが、ＣＣＯＲでは先住民がまずそれらに対しての権利を持っていることが強調されており、それらへのアクセスや取り扱いについては先住民自身が決定権を持つという自主決定の原則が貫かれている。

このようにオーストラリアでは新たな行動指針を策定し、それに基づき博物館活動を見直すことでそれまでの民族の文化を扱った博物館が持っていた一方的・植民地主義的な博物館観からの脱却を図ろうとしたのであった。先住民を権利主体として改めて認識し直すことで博物館の活動は大きな変貌を遂げたということができるだろう。「自主決定」についいては改訂を行うことで、資料に関する主体が博物館から先住民自身に移ったという理念に変化したとみることができる。

また、オーストラリア博物館においては先住民の雇用やトレーニングなどに取り組んでいるが、その最も大きな目的は先住民との和解にあるといえる。

しかし、先住民と博物館の関係を見直し、その関係を深めていくためには資料の所有や雇用の問題だけではなく、さらなる取り組みも必要とされている。同博物館のケリー（Lynda Kelly）とゴードン（Phil Gordon）は来館者が求めているものが先住民に関する現代的な課題であることから、「展示が発展していく中では政治的社会的文脈についても考慮していかなくてはならない[27]」と述べ、土地権などの政治的問題にも触れていくことが必要だという認識を示した。もちろんこれは慎重に扱わなくてはならない問題であるものの、そのような取り組みを経ることで現在先住民が直面している問題を来館者に伝えると同時に博物館と先住民が和解していくことができるのである。また、もしこれらの問題を扱わずに「伝統的な」文化だけを博物館で扱ってしまうのであれば、博物館と先住民の関係は変化しないだろう。また同時に「民族を扱った博物館はそこでの学習活動やコミュニティとの協働により他の機関に対してリーダーシップとモデルを提示することができる[28]」とも述べており、博物館がそれ単体での研究や学習機能だけではなく、社会的な働きかけを行うことが可能だと指摘している。ケリーらの意見は、地域内における相互認識を深めていくためには、まず博物館と先住民の関係を改善した上で、博物館を通じて来館者に対し文化の紹介だけにとどまらない今後の民族的な問題についても提示していくことが必要ということだと考えられる。

また、博物館自体の姿勢を示す例として同博物館では先住民の展示ブースに「この展示には祭礼具がないように気をつけているが、もし気づいたことがあれば知らせて欲しい」という旨の掲示がなされている。これは博物館が決して無謬性をもつものではないことを明らかにしているということができ、研究者や博物館関係者以外とも積極的に活動を作り上げていこうとしているといえるだろう。

三　日本の博物館におけるアイヌ

オーストラリアでは先住民の資料について「自主決定」を軸とした行動指針が示されたが、日本では、特に北海道を中心とした先住民であるアイヌに関する明確な指針は示されていない。また祭礼具などの返還についても博物館が個別に対応しているのみであるが、それに関しても後述するように資料情報の欠落によって不十分なものとなっているといえる。そのため留意すべき点として挙げることができるのは「自主決定」を目指す際の資料情報の充実と現代的課題への対応である。日本においては前述の国会決議でようやく「先住民」という言葉が使用されるようになったといえるため、ここでの「自主決定」はあくまでもアイヌ自身がどのように主体的に自らの文化と関わるかについてである。

先住民に関する収蔵資料の情報の不確実性はオーストラリアと同様である。これらは「日本国内に所蔵・保管されているアイヌ資料（民具・道具など）には、その収集年、収集地、収集者などについての基本的背景情報が欠落しているのが普通である[29]」ため、アイヌの民族資料に関する情報の不確実性は基本的には博物館活動としての展示や研究、あるいは返還を行うときの問題[30]となるだろう。この点に関し、それらの資料は本来誰が所有しており、それらを通じて誰がその文化を語る権利があるのかを明確にするためには、博物館の中に保管ないしは展示するのみではなく一度博物館の外（例えばアイヌ自身が設立・運営している博物館ないしは施設）にその所在を置くことは検討に値するのではないだろうか、と筆者は考える。それを通じて博物館が先住民から理解を得られるという可能性は十分にあり得る。さらに、資料の収集時の問題としてはＰＰＮＯの策定時の議論と同様に、その「合法性」についても注意を払う必要がある。

資料の返還が持つ注目すべき点としては、原資料を再び「所有」することにより民族的アイデンティティの獲得の一助となる可能性がある事だろう。それは博物館の展示を通じての学習ではなく、さらに直接的なものとなるためである。このことはカナダの事例研究を行った関雄二が、「先住民の側から見れば、展示ケースに納められた品々は、博物館を運営する側とは別の意味で『死んだ』ものにすぎ」ず、「道具などは、利用された文化的脈絡や与えられた意味づけが失われ、西欧流に再解釈され[31]」ると述べたものが、再び本来の意味を取り戻すことができる可能性があるということである。また、その資料を改めて博物館で展示やその他の博物館活動に使用することで所有者ないしは所有しているコミュニティ以外の来館者の学習を行うことができるだろう。

博物館における雇用という点について述べておくと、北海道白老町のアイヌ民族博物館にはアイヌとしてのアイデンティティを持つ学芸員・職員が在籍している。また、博物館自体での雇用ではないが、平取町立アイヌ文化博物館との密接な関係に基づくものとして、平取町におけるアイヌ文化振興クラスター事業ではアイヌとしてのアイデンティティを持つ者を含む地元住民が雇用され、伝統文化の復元などに取り組んできた。この事業は博物館の枠組みをさらに拡張したものであるということができるだろう[32]。

現代的課題への対応、という点に関しては、もちろん民族を扱った博物館がどのようなレベルで現代的課題を扱うかについては議論が必要である。例えば国立民族学博物館（民博）のアイヌに関する展示に対して「伝統的生活」のみに重点が置かれているといった批判とそれに対する反論があった[33]。つまり、現代的課題を扱うにはそれを多くの人が認識できるような形で、継続して伝える必要があるといえる。それはその社会的影響が博物館と先住民との間にとどまるものではなく社会へ向けた問題提起となることで、広く相互認識を深めるという効果が期待できるためである。

現代的課題について取り組んでいる事例としてはアイヌ文化振興・研究推進機構によるアイヌ文化普及事業がある。これは「国内外の博物館などが所蔵する民族衣装、生活用具、儀礼用具などのアイヌの伝統的な工芸品を展示・公開する「アイヌ工芸品展」を開催し、アイヌ文化への国民的な理解とアイヌの人々の伝承意欲の向上を図ろうとする事業[34]」であり、一九九七年度より毎年ほぼ一回（一九九七年度及び一九九八年度は二回開催）、二〇一三年度までに一九回開催されている。特に、二〇〇二年度「海を渡ったアイヌの工芸　英国人医師マンローのコレクションから」展、二〇〇三年度「アイヌからのメッセージ　ものづくりと心」展、二〇〇七年度「アイヌからのメッセージ二〇〇七　現在（いま）から未来（あす）へ」展、そして二〇一二年度「ＡＩＮＵ ＡＲＴ―風のかたりべ」展では現代のアイヌの工芸家の作品やインタビューが掲載されており、自らの文化を自らの手で「顔が見える」形で表象したという点において意義深いと考えられる。ただし、ここで展示されたのは当然のことながら伝統的な民族文化に関するもののみであるため、アイヌと伝統的生活の関係だけが焦点化されているといえるかもしれない。しかし、それぞれの図録における解説においては、「現代の日本で生活する我々は、無意識に北海道的な世界の中でアイヌ史をとらえがち」であるとして、「ややもすればアイヌ対和人の構図に陥り、単純に自ら（筆者注：アイヌ）を被抑圧者と見なしてしまうことにつながる」[35]という民族間の多様な関係を見ることが重要であるとした視点や、伝統的な生活が現代でも行われているというイメージを与えかねないとして「このことを自覚した上で『アイヌ工芸品』を一律に見るのではなく、個々の資料に即して見ていく必要がある」[36]とした視点が提示されている。これらの視点が今後の展示にどのように反映されていくかが課題であろう。

伝統的な民族文化だけにとどまらない現代的課題については前述の平取町立アイヌ文化博物館の取り組みが注目できる。開館以来継続して実施してきた事業として「特別展」と「二風谷博物館シンポジウム」がある。テーマ設定はアイヌ文化を斬新な視点で捉えようとするメッセージ性を強く含み、受け手の知的好奇心を刺激する提起を持つものとし、誰よりもまず地元のアイヌの人々が自分たち自身の文化的伝統について再認識するための契機となるように留意されている。特徴的な試みとしては舞踊や言語といった無形のものにも焦点をあてたテーマ設定がなされたことである（例：「アイヌ舞踊、その心と形―ウトウラノ ホリッパヤン リムセヤン―」展（一九九五年）、「アイヌ語のいま―多彩なアイヌ語的世界への誘い―」展（一九九七年））。一般的に博物館は無形のものであっても有形の資料にそれを投影させることで無形の資料を再構成しているが、このことは博物館の展示として無形のものであっても対象になること、また逆に無形のものも含めて博物館の研究・教育活動の領域であることを示すことができたといえよう。近年では「ウタリ対策のあり方に関する有識者懇談会」の報告を受けた「伝統的生活空間の再生」事業と関わる視点の提示（例：「ＩＷＯＲ―沙流川流域イウォロの過去・現在・未来―」展（二〇〇四・二〇〇五年））も行われており、アイヌに関する政策をどのように考えるかの素材を提供していると考えられるだろう。

四　おわりに

本稿ではオーストラリアの博物館における行動指針から日本における課題について検討してきた。オーストラリアのケースで行動指針の軸となるのは「自主決定」であったといえるが、アイヌに関する資料に関して課題となるのはその資料の情報の不確実性及び現代的課題への対応である。

博物館が単なる収蔵庫とは異なる点は、それまでの調査・研究を元にしてその文化を語る権利に関し抑圧されてきた民族への助言や補佐を行う事ができるという点である。もちろんそのためにはそれまで行ってきた博物館活動にある問題点を見直し、先住民との関係を構築していくような取り組みが不可欠であろう。具体的には、誰がどの資料を所有するのかという問題への対応、アファーマティブ・アクションを志向した先住民の専門的職員への雇用、そして過去だけではなく現代に関する情報の提示といった現代的な課題への対応である。そのためどのようにして博物館活動においてそこで扱われている民族と協働していけるかを議論していく必要があるといえる。

注

（1）関雄二「異文化理解としての博物館　文化を語る装置」（藤巻正己、住原則也、関雄二編『異文化を「知る」ための方法』古今書院、一九九六、一二三〇頁）。このほかスペイン・ダルデル自然史博物館でボツワナの墓地から掘り出した男性の遺体を剥製にして展示した例がある。吉田憲司「民族誌展示の現在」（『民族学研究』六二巻四号、一九九八年、五一九頁）。

（2）同前、「民族誌展示の現在」。

（3）朝倉征夫『産業革新下の庶民教育』酒井書店、一九九九年、三三〇頁。

（4）ただし「先住民」を日本国内でどのように位置づけるかは議論がある。

（5）吉田憲司「民族誌展示の現在二〇〇三」（『大阪人権博物館紀要』第七号、二〇〇三年、九〇頁）。

（6）前田耕司「先住民族アボリジニの自己決定と大学開放」（早稲田大学オーストラリア研究所編『オーストラリアのマイノリティ研究』

オセアニア出版、二〇〇五年、一七二頁)。

（7）Anderson, Christopher, “Australian Aborigines and Museums: A New Relationship”, *Curator: The Museum Journal,* vol. 33, no. 3, 1990, pp.166-167.

（8）同前、p. 167.

（9）この間の経緯についてはGriffin, Des, “Previous Possessions, New Obligations: A Commitment by Australian Museums”, *Curator: The Museum Journal,* vol. 39 no. 1, 1996, pp.45-62を参照。

（10）一九九四年に他の博物館協会と併合してミュージアム・オーストラリア（Museums Australia Inc., Canberra）となった。

（11）前掲、“Previous Possessions, New Obligations: A Commitment by Australian Museums,” p. 50.

（12）同前、p.50.

（13）同前、p.50.

（14）同前、pp. 53-54.

（15）Specht, Jim, and Carolyn MacLulich, “Changes and Challenges: the Australian Museum and Indigenous Communities”,（Paulette M. McManus（eds）, *Archaeological Displays and the Public: Museology and Interpretation,* Institute of Archaeology,1996, p. 35）. ただし、博物館側が返還を申し出ても拒否される場合もあった。

（16）Hanchant, Deanne, “Practicalities in the Return of Remains: the Importance of Provenance and the Question of Unprovenanced Remains”,（Cressida Fforde, Jane Hubert and Paul Turnbull（eds）, *The Dead and Their Possessions: Repatriation in Principle, Policy and Practice,* Routledge, 2002, p 312）.

（17）一九九四年にオーストラリア博物館協会協議会とその他の博物館協会が併合してミュージアム・オーストラリアとなった。

（18）Sullivan, Tim, Lynda Kelly, and Phil Gordon, “Museums and Indigenous People in Australia: A Review of Previous Possessions, New Obligations: Policies for Museums in Australia and Aboriginal and Torres Strait Islander Peoples”, *Curator: The Museum Journal* vol. 46 no. 2, 2003, pp. 217-218.

（19）Museums Australia, “Continuous Cultures, Ongoing Responsibilities”, *Museums Australia Magazine,* vol. 13, no. 4, 2005, p.16.

（20）過去にあった主流社会による先住民に対する迫害といった過ちを主流社会が認め、先住民の権利を保障し、具体的な政策を行っていくことを指す。

（21）Museums Australia, *Continuous Cultures, Ongoing Responsibilities: Principles and Guidelines for Australian Museums Working with Aboriginal and Torres Strait Islander Cultural Heritage,* Museums Australia, 2005, pp. 13-14.

（22）Australian Museum, "Policy and Procedures for the Aboriginal Heritage Unit and Related Issues 2000", Australian Museum, 2000, p. 3.

（23）前掲、*Continuous Cultures, Ongoing Responsibilities: Principles and Guidelines for Australian Museums Working with Aboriginal and Torres Strait Islander Cultural Heritage*, p. 13.

（24）同前、p. 8.

（25）Janke, Terri, Michael Frankel & Co., *Our Culture Our Future: Report on Australian Indigenous Cultural and Intellectual Property Rights*, M. Frankel&Co., 1998, p. xvi.

（26）前掲、*Continuous Cultures, Ongoing Responsibilities: Principles and Guidelines for Australian Museums Working with Aboriginal and Torres Strait Islander Cultural Heritage*, p. 8.

（27）Kelly, Lynda, and Phil Gordon, "Developing a Community of Practice: Museums and Reconciliation in Australia",（R. Sandell（ed）, *Museums, Society, Inequality*, Routledge, 2002, p. 159）.

（28）同前、p. 169.

（29）小谷凱宣「海外アイヌ文化財調査：目的と経過、収集の歴史、調査研究の成果」（小谷凱宣編『海外のアイヌ文化財：現状と歴史　第一七回『大学と科学』公開シンポジウム発表収録集』南山大学人類学研究所、二〇〇四年、六頁）。

（30）このほか法整備についても課題が残る。

（31）前掲、「異文化理解としての博物館　文化を語る装置」、二三〇頁。

（32）平取町立アイヌ文化博物館とアイヌ文化振興クラスター事業の詳細とその評価に関しては、中村尚弘『現代のアイヌ文化とは　二風谷アイヌ文化博物館の取り組み』東京図書出版会、二〇〇九年を参照。

（33）Niessen, Sandra A., "The Ainu in Minpaku: A Representation of Japan's Indigenous People at the National Museum of Ethnology", *Museum Anthropology*, vol. 18 issue 3, 1994, pp.18-25及び Otsuka, Kazuyoshi, "Exhibiting Ainu Culture at Minpaku: A Reply to Sandra A. Niessen", *Museum Anthropology*, vol. 20 issue 3, 1996, pp.108-119, 及び Shimizu, Akitoshi, "Cooperation, not Domination: A Rejoinder to Niessen on the Ainu Exhibition at Minpaku", *Museum Anthropology*, vol. 20 issue 3, 1996,pp.120-131. ニッセン（Niessen）は国立民族学博物館（民博）のアイヌに関する展示が「伝統的生活」の再現のみでアイヌによる人権闘争に配慮していないと批判したが、民博側からは、まだ日本政府がアイヌを独立した民族として認めていない一九七〇年代末に、アイヌの人々と民博の共同作業により展示を作り上げ、それ自体がアイヌの先住権を認めようとするものであったと反論したものである（前掲、「民族誌展示の現在」、五一九頁）。また、吉田はこれに対して「「極東」に位置する民博もまた、民族学博物館をめぐる近年の熱い議論の渦と無縁ではいられないことを示している」（同前）としている。ただしニッセンは誤解があった事を認めている（Niessen, Sandra A., "Representing the Ainu Reconsidered", *Museum*

Anthropology, vol. 20 issue 3, 1996, pp. 132-144）。

（34）アイヌ文化振興・研究推進機構ウェブページ（http://www.frpac.or.jp/about/details/26-2.html, 二〇一四年六月一八日閲覧）。

（35）北原次郎太「樺太アイヌの歴史」（アイヌ文化振興・研究推進機構編『樺太アイヌ民族誌　工芸に見る技と匠』板橋区立郷土資料館、二〇〇四年、一〇八頁）。

（36）日比野利信「アイヌ文化と九州」（北海道立近代美術館、アイヌ文化振興・研究推進機構編『アイヌ文様の美　線のいのち、息づくかたち』アイヌ文化振興・研究推進機構、二〇〇六年、一五七頁）。

参照文献

アイヌ文化振興・研究推進機構ウェブページ（http://www.frpac.or.jp/about/details/26-2.html, 二〇一四年六月一八日閲覧）。

朝倉征夫『産業革新下の庶民教育』酒井書店、一九九九年。

北原次郎太「樺太アイヌの歴史」（アイヌ文化振興・研究推進機構編『樺太アイヌ民族誌　工芸に見る技と匠』板橋区立郷土資料館、二〇〇四年、一〇〇－一〇九頁）。

小谷凱宣編『海外のアイヌ文化財：現状と歴史　第一七回『大学と科学』公開シンポジウム発表収録集』南山大学人類学研究所、二〇〇四年。

関雄二「異文化理解としての博物館　文化を語る装置」（藤巻正己、住原則也、関雄二編『異文化を「知る」ための方法』古今書院、一九九六年、二二六－二四二頁）。

日比野利信「アイヌ文化と九州」（北海道立近代美術館、アイヌ文化振興・研究推進機構編『アイヌ文様の美　線のいのち、息づくかたち』アイヌ文化振興・研究推進機構、二〇〇六年、一五四－一五七頁）。

フランク・ヴェスターマン著、下村由一訳『エル・ネグロと僕　剥製にされたある男の物語』大月書店、二〇一〇年。

北海道大学アイヌ・先住民研究センター編『アイヌ研究の現在と未来』北海道大学出版会、二〇一〇年。

前田耕司「先住民族アボリジニの自己決定と大学開放」（早稲田大学オーストラリア研究所編『オーストラリアのマイノリティ研究』オセアニア出版、二〇〇五年、一六九－一八七頁）。

吉田憲司「民族誌展示の現在」（『民族学研究』六二巻四号、一九九八年、五一八－五三六頁）。

吉田憲司『文化の「発見」—驚異の部屋からヴァーチャル・ミュージアムまで』岩波書店、一九九九年。

吉田憲司「民族誌展示の現在二〇〇二」（『大阪人権博物館紀要』第七号、二〇〇三年、八一－九九頁）。

Anderson, Christopher, "Australian Aborigines and Museums: A New Relationship", *Curator: The Museum Journal*, vol. 33, no. 3, 1990, pp.165-179.

Australian Museum, “Policy and Procedures for the Aboriginal Heritage Unit and Related Issues 2000”, Australian Museum, 2000（unpublished）.

Fforde, Cressida, Jane Hubert and Paul Turnbull（eds）, *The Dead and Their Possessions: Repatriation in Principle, Policy and Practice,* Routledge, 2002.

Griffin, Des, “Previous Possessions, New Obligations: A Commitment by Australian Museums”, *Curator: The Museum Journal,* vol. 39 no. 1, 1996, pp.45-62.

Hanchant, Deanne, “Practicalities in the Return of Remains: the Importance of Provenance and the Question of Unprovenanced Remains”（Cressida Fforde, Jane Hubert and Paul Turnbull（eds）, *The Dead and Their Possessions: Repatriation in Principle, Policy and Practice,* Routledge, 2002, pp.312-316）.

Janke, Terri, Michael Frankel & Co., *Our Culture Our Future: Indigenous Cultural and Intellectual Property Rights,* M. Frankel'Co., 1998

Kelly, Lynda, and Phil Gordon, “Developing a Community of Practice: Museums and Reconciliation in Australia”,（R. Sandell（ed）*Museums, Society, Inequality,* Routledge, 2002, pp.153-174）.

McManus, Paulette M.（ed.）, *Archaeological Displays and the Public: Museology and Interpretation,* Institute of Archaeology, 1996

Museums Australia, *Continuous Cultures, Ongoing Responsibilities: Principles and Guidelines for Australian Museums Working with Aboriginal and Torres Strait Islander Cultural Heritage,* Museums Australia, 2005

Museums Australia, “Continuous Cultures, Ongoing Responsibilities”, *Museums Australia Magazine,* vol. 13, no. 4, 2005, p.16.

Niessen, Sandra A., “The Ainu in Mimpaku: A Representation of Japan's Indigenous People at the National Museum of Ethnology”, *Museum Anthropology,* vol. 18 issue 3, 1994, pp.18-25.

Niessen, Sandra A., “Representing the Ainu Reconsidered”, *Museum Anthropology,* vol. 20 issue 3, 1996, pp.132-144.

Otsuka, Kazuyoshi, “Exhibiting Ainu Culture at Minpaku: A Reply to Sandra A. Niessen”, *Museum Anthropology,* vol. 20 issue 3, 1996, pp.108-199.

Shimizu, Akitoshi, “Cooperation, not Domination: A Rejoinder to Niessen on the Ainu Exhibition at Minpaku”, *Museum Anthropology,* vol. 20 issue 3, 1996, pp.120-131.

Specht, Jim, and Carolyn MacLulich, “Changes and Challenges: the Australian Museum and Indigenous Communities”,（Paulette M. McManus（eds）*Archaeological Displays and the Public: Museology and Interpretation,* Institute of Archaeology,1996, pp.27-49）.

Sullivan, Tim, Lynda Kelly, and Phil Gordon, “Museums and Indigenous People in Australia: A Review of Previous Possessions, New Obligations: Policies for Museums in Australia and Aboriginal and Torres Strait Islander Peoples”, *Curator: The Museum Journal* vol. 46 no. 2, 2003, pp.208-227.

第十二章　アボリジニの困難と現代アボリジニアートの希望

窪田幸子

一　はじめに―二〇一三年のダーウィン・フェスティバルにて

二〇一三年八月、例年通りアーネムランドの調査に向かうため、ノーザンテリトリーの首都ダーウィンを訪れた。この時期のダーウィンは熱帯の乾季にあたり大変にすごしやすい。港に面した町には、南部の冬をさけて暖かい気候を楽しもうという旅行客が大勢訪れる。

この旅行シーズンにあわせてこの町では毎年、ダーウィン・フェスティバルが開かれている。一九七〇年代に、サイクロン被害からの町の復興をめざして、ブーゲンビリア・フェスティバルとして開始されたこの祭りは一九九六年に、「多民族多文化」と「アート」をテーマとするものへと姿を変えた。現在では、一八日間[1]にわたって、展覧会、コンサート、映画、踊り、演劇など多彩なイベントが町のあちこちで開催される。このフェスティバルのもっとも重要な目玉がアボリジニアートである。アボリジニのアートといえば、近年、日本での知名度も少しずつ上がってきている。二〇〇八年に大阪の国立国際美術館と東京の国立新美術館で行われたエミリー・ウングワレー（後述）展は多くの人にとって記憶に新しいところかもしれない。毎年のように、東京や神戸のギャラリーでは小規模なアボリジニアート展が開かれるようになり、徐々に人気も高まってきているものの、本国オーストラリアではアボリジニアートへの注目度も人気もはるかに高い。

毎年、ダーウィン・フェスティバルの始まりに合わせて「テルストラ先住民アート賞（Telstra National Aboriginal Art Award）[2]」の受賞者の発表がダーウィンのノーザンテリトリー博物館・美術館（Museums and Art Galleries of the Northern Territory）でおこなわれる。これはオーストラリア全土で、最も歴史と権威のあるアボリジニのアート賞であり、二〇一三年で第三〇回目を迎えた。そして、この日から三日間、アボリジニアート祭りが、ダーウィン・フェスティバルの一貫として町の中心部にあるギャラリーを会場として開催される。これは、ノーザンテリトリーを中心とする遠隔地に散在するアボリジニのコミュニティのアートセンター[3]を集め、各々がブースで作品を展示即売する催しで、二〇〇七年から行われている。二〇一三年は、四〇か所以上のアートセンターが集まった。そのほかにも、町の各所にある画廊では、アボリジニアートの展覧会が催され、人々はこれらの画廊をめぐり、展覧会を楽しみ、作品を購入することもできる。こうして、多くのアボリジニアート愛好家が、この時期ダーウィンに集まってくる。そのにぎわいは、現在のオーストラリアにおいて、アボリジニアートの集客力が非常に大きいことを示している。しかし、一九八〇年代には事情はまったく異なっていた。この三〇年の間に、オーストラリアにおけるアボリジニアートの評価も、その価値も大きく変化したのであり、それは、先住民であるアボリジニの人々の社会的立場、オーストラリア全体における彼らへの視線の変化とも大きく連動してきたのである[4]。

芸術、美術というカテゴリーは、そもそも西洋中心のものであることは言うまでもない。アボリジニに限らず、非西欧の少数者や先住民が作るものは、長い間アートとしての扱いを受けず、民族資料、またはプリミティブアートとして一方的にカテゴリー化されてきた。そのような視線が変化し始めるのは一九八〇年代のことであるが、その中でもアボリジニのアートは特に独自な展開を見せてきたといえるのである。

オーストラリアでのイギリスによる植民の歴史が一七八八年に始まって以降、先住民であるアボリジニの人々は社会的に周縁化されてきた。彼らは暴力的な扱いを経験し、伝統的生活様式を奪われ、文化を剥奪された。暴力や疫病によって人口が激減し、混血も進んだ。現在でも、彼らの多くが貧困と生活苦のなかにあり、アボリジニの人口が相対的に多い地域や、主流社会の人々に交じって都会での生活を送っている。

植民地経験は、オーストラリア全体で大きな地域差があり、その違いは、彼らの制作するアートにも直接的にかかわる。オーストラリア大陸南東部の植民地中心部で、周縁化される経験をし、混血のすすんだアボリジニ、いわゆる「都市アボリジニ（Urban Aboriginaies）」と総称される人々と、遠隔地のアボリジニのコミュニティで暮らすアボリジニの人々では特にその経験は大きく異なっていた。アボリジニアートへの評価は、遠隔地コミュニティのアボリジニの作品、樹皮画や彫刻などを中心に展開してきた。しかし、都市アボリジニのアートも、一九八〇年代後半からしだいに注目されるようになる。こうした変化はオーストラリア国家と先住民であるアボリジニの関係の動態を象徴する重要な意味をもつ。本論では、アボリジニアートにおいてこれまで常に中心的に扱われてきた遠隔地のアボリジニアートだけでなく、都市アボリジニのアートも視野に入れて論じることとしたい。

二　アボリジニ政策の変化とアボリジニアート

白人の入植開始以来、周縁化され差別されてきたアボリジニの人々の状況が少しずつ変化を見せるのは、一九六〇年代のことである。アボリジニの権利回復運動は、南部の都市アボリジニが中心となって推進していった。一九六〇年代に入る頃、南部ではアボリジニとトレス海峡諸島人の発展のための連邦評議会（Federal Council for the Advancement of Aborigine and Torres Strait Islanders）が活発に活動をはじめた。[5] 彼らは、アボリジニの「完全なる市民権」を訴え、運動を展開した。[6] 次第に人々の間で、アボリジニへの差別的対応を改めるべきであるとの了解が広がり、一九六七年に行われた国民投票において、九〇パーセントを超える賛成で、憲法に記載されていた「アボリジニを除く」という一文が削除され、アボリジニは参政権などオーストラリアの他の国民と同じ権利をえることになった。

権利運動は、都市アボリジニによってのみで行われたものではなく、同じころ、北部の遠隔地のアボリジニの人々の間からも、不当な扱いに対する抗議の声が上がっていた。一九六八年には、ノーザンテリトリーの海岸部、北東アーネムランドのヨルング（Yolngu）の土地でのボーキサイト鉱山の試掘に反対する地元の人々によるアボリジニ初の提訴があった。また、一九六六年には、やはりノーザンテリトリーの北西部にあるウェーヴヒル牧場のグリンジ（Gurindji）のアボリジニ労働者二〇〇人が、ストライキに入り、のちに土地権運動となっていった。これらの遠隔地のアボリジニたちへの不当な扱いと彼らの抵抗は、広くオーストラリア全土の注目を集めた。[7]

このような社会政治的状況は、アボリジニのアートにどのような影響をあたえたのだろうか。国民投票によって、他の国民と同じ権利を手にし、平等な市民となったアボリジニの扱いは大きく変化した。それまでの彼らの自主性をまったく顧慮しない同化政策は廃止された。そして、他の国民と対等な市民として、アボリジニの未来はアボリジニ自身で設計し運営していくことを推進する自主決定・自主管理政策（self-determination, self-management）がとられることになる。そのためには、彼らの経済的自立の模索も必要であった。そのために選ばれた一つがアボリジニアートであった。

キリスト教ミッションがアボリジニを定住させ、保護管理していた時代にすでに、美術工芸品の産業化は注目されており、アボリジニが作り、使っていたものを生かして、土産物にしようという試みは始められていた。政府は、その動きを本格化しようとして、一九七一年にアボリジニアート&クラフト会社（Aboriginal Arts & Crafts Pty Ltd）をたちあげ、一九七三年には、ウィットラム労働党政権下で、オーストラリア・カウンシル内部にアボリジニアート委員会（Aboriginal Arts Board）が組織された。アボリジニを社会経済的に平等な立場にする目的で、政府はアートに注目し、安定的な産業にするために後押しをはじめた。この流れのなかで、アボリジニアート委員会（以下、アート委員会）の果たした役割は大変に大きいものであった。委員会の活動は、大きく二つに分けることができる。一つはアート制作の活性化と流通を促すことであり、もう一つは国内外の市場を拡大することであった。

三　アボリジニアート委員会の尽力

アート委員会は、まず、遠隔地のアボリジニの村でのアート作品の制作を活性化させ流通につなげるために、アートアドバイザーを雇用し、遠隔地の村に派遣した[8]。アートアドバイザーとは、美術工芸品の制作促進と質の維持、マーケティング、プロモーション、展覧会企画運営、そして経理など、アートにかかわる総合的な仕事を行う人のことで、遠隔地にあるアボリジニのコミュニティでアートセンターの維持運営も担う。彼らは、都市から何百キロも離れた遠隔地にあるアボリジニのコミュニティに住み込み、仕事にあたる。数年ごとの契約である場合がほとんどだが、中には一〇年近くにわたって住み続ける者もあった。一九八一年までには、常勤が一四人、非常勤が三人雇われていた[9]。当初は、アートセンターがアボリジニから買い取った作品の七〇パーセントは、委員会が買い取っていた。経済的にもこの委員会がアートセンターの運営を支えていたことがわかる。

アドバイザーは、美術工芸品の品目開発も行った。北部には樹皮画と呼ばれる絵画や彫刻、カゴなどがあり、もともと彼らの儀礼の文脈で使われていたものであった。これらを展開させて商品化すればよかった。ところが、中央砂漠地域には、ブーメランやクーラモン（Coolamon）[10]以外、そのまま販売できるようなものはなく、アドバイザーは工夫を凝らす必要があった。

アドバイザーは、現地に住み込むことで、アボリジニと近しく接し、彼らの精神世界とその文化に触れ理解を示した。樹皮画やのちに現れる中央砂漠のアクリル点描画など、アボリジニの描く絵画は、神話世界と直結している。神話は各言語集団や、より小さな親族集団であるクランの所有であり、彼らの独特な社会関係の理解も必要であった[11]。アドバイザーは、彼らの文化をよく知る仲介者として、アボリジニアートの魅力を広く外部に知らせる役割を担った。彼らの努力によって、アーネムランドの樹皮画、中央砂漠のアクリル点描画、ポールなどの多様な彫刻、バティック（ろうけつ染め）、木彫、かご編み、などの各種の作品が世に送り出されるようになった。また、もともと儀礼で使われていた神話に基づく絵画には秘密性が伴い、その商品化にはさまざまなトラブルを伴った。このような問題を解決する役割もアートアドバイザーが果したのである[12]。

そのもっとも典型的で、重要な例がパプニア（Papunya）村の初代アドバイザーとなった、ジェフ・バートン（Geoffrey Bardon）だろう。彼は学校教師としてこの村で暮らしていた一九七一年に、アボリジニ男性たちの描く絵画に出会い、商品化の可能性を見出し、アートセンターを立ち上げ、商品を流通に乗せた。その後中央砂漠の広い範囲で、キャンバスにアクリル絵の具で描く図像的な点描画のスタイルが広く波及、展開し、「砂漠のアートムーブメント」と呼ばれる大きな動きとなったのである。このようなアドバイザーたちの努力が、のちにこの産業を飛躍的に発展させることにつながっていったといえる。

しかし、アクリル点描画やバティックのような新しい外部の技術をつかった作品は、当初非常に冷淡に扱われた。北部の樹皮画などのように、もともとその社会にあった伝統のある「本物」ではなく、新しい手法の「にせもの」であり、価値が低いとされたのである。後述するように博物館や美術館もそのような態度をなかなか変えなかった。アート委員会はここでも苦労することとなった。

アートアドバイザーを雇い、アートセンターをつくり、アボリジニの美術工芸品を流通にのせることに尽力したこの委員会は、アボリジニアートの初期の展開に大きく貢献した。[13]そして、この委員会の影響力は、それだけではなかった。国内外の美術館への積極的な働きかけを行ったのである。

一九七〇年代を通じて、委員会は国内の州立美術館に対して、アボリジニの作品をコレクションに加えるように、熱心に働きかけた。しかし、このころ、アボリジニの作品に対して彼らは大変に冷淡で、例外的に一九五〇－六〇年代の樹皮画のコレクションを持っている館があっただけで、どの美術館も、特に砂漠のアクリル点描画には見向きもしなかった。「本物」でも、「アート」でもない、とみていたのである。一九七〇年代にパプニア村で制作されたアクリル点描画を購入したのは、唯一ノーザンテリトリー博物館・美術館だけであったという。寄付したいといっても、どの美術館も受け取らなかったと、アート委員会の代表であったエドワーズは述べている。最初にアクリル点描画の寄付を受け取ったのはサウスオーストラリア美術館で、一九七八年のことであった。

一九七六年に出版されたオーストラリアの美術雑誌の特集号『アートとしてのアボリジニアート』では、タイトルにもかかわらず、岩壁画や、遺物として残る立木彫刻、樹皮画、墓標、ブーメラン、盾などが扱われており、アボリジニの作品は、民族資料、またはプリミティブアートとして見られていたことを示している。当時のオーストラリアにおいて、アボリジニの作品は、あくまで歴史的資料であり、現代的なアートとは考えられていなかったのである。[14]

アボリジニアートの展覧会で、アクリル点描画を中心的に扱ったのも、アート委員会が初めてであった。一九八一年にこの委員会が企画した大規模な国内巡回展「アボリジナル・オーストラリア・アート」展が、アクリル点描画を中心的にとりあげた。展示構成は四つに分けられ、第一部の「アボリジニの起源」と、第二部の「南東部のアボリジニの文化」では、遺物を中心にした、アボリジニの歴史的遺産が展示された。そして、第三部の「北部のアボリジニ」では、樹皮画や墓標などの展示がされ、第四部の「中央砂漠」で、展示室の床に儀礼用の大型の砂絵が再現され、その周りの壁にアクリル点描画が飾られた。国内の展覧会ではじめて、砂漠のアクリル点描画がアボリジニアートに含められたわけである。この展覧会は、メルボルン、パース、シドニーを巡回した。

国内での冷淡な反応に直面した委員会は、海外に向けてアボリジニアートを伝えることにも力を入れた。買い上げた作品が、在庫として大量に手元にある状態でもあったため、一九七四－一九七六年のカナダでの巡回展をはじめとして、一九七六－一九七八年にはアメリカ、さらに一九八〇年代にはいるころまでに、四〇か国で一九回の展覧会をおこなった。そしてさらに、展覧会の終了時には、アクリル点描画を相手側に寄付し、アボリジニアートについての理解を広げようとした。このようにアボリジニアート委員会の何年にもわたる海外での巡回展が、後に続く商業的にも成功した展覧会のさきがけになったとの指摘もある。[15] 海外での展覧会は大成功をおさめ、当地のメディアでも大きく取り上げられた。特に、アクリル点描画は「現代アート」として、高い評価をうけた。しかし、これらの成功は、国内ではほとんど報道されることはなかった。

このように、アボリジニアート委員会は、国内外において、一九七〇年代のアボリジニアート産業の立ち上げに大きな力を果たした。この一〇年間の逆風のなかでの努力は、のちに続くアボリジニアートの大きな展開の基盤を構築したのである。

四　「ファインアート」としてのアボリジニアート

一九八〇年代に入るころには、海外での評価の高さをうけて国内の美術館も中央砂漠の点描画をはじめとして、アボリジニの作品を積極的に買いつけるようになった[16]。その影響もあって、アボリジニアートを専門に扱う商業ギャラリーの数も増加した。この時期、オーストラリアの観光業も伸展し、アボリジニアートの流通量は増加した。アボリジニアート&クラフト会社は、各都市にギャラリーをおき、アボリジニアートの小売を推進した。このように、様々な公的支援がアボリジニアートの展開に寄与し、この産業は順調に成長した。そして、一九八九年には、アボリジニアート関連予算は、六〇〇万豪ドルにまで増額された。

一九九〇年代になると、アボリジニアートはさらに大きく変化する。海外での評価が高まった結果、個々の作者が注目されるようになり、個展が開催されるようになった。その中に「ファインアート」とみなされるものが現れ[17]、それらは投資対象とされるようになっていったのである。一九八八－一九八九年にかけて、アメリカで大規模なアボリジニアート展覧会「ドリーミング」展が開催され、ニューヨーク、シカゴなどの都市を巡回した。この展覧会は、パプニア村のアクリル点描画を中心に、アーネムランドの樹皮画などを含めたアボリジニアートを広く紹介するものであった。前述したように、それまでにもアボリジニアート委員会が展覧会を行っていたこともあって、アメリカでのアボリジニアートへの興味は広がりを見せていた。そのような要請をうけて、サウスオーストラリア博物館の学芸員が中心となり、複数の人類学者が協力して、ニューヨークのアジア・ソサイエティ・ギャラリーとの共同によって実現した展覧会であった。展覧会は、大成功を収めた。海外でのアボリジニアートへの興味はさらに広がりをみせ、その後世界中で展覧会が続くことになる。

一九九〇年のベニス・ビエンナーレでは、二人のアボリジニアーティストがオーストラリアの公式代表に選ばれた。一九九二年には、日本でもアボリジニアートを幅広く紹介する「クロス・ロード」（Crossroad）展が京都と東京で開かれ[18]、パリの「大地の魔術師たち」展でもアボリジニアートが展示された。そして、一九九三年には、「アラチャラ（Aratjara）―最初のオーストラリア人の美術」展が、デュッセルドルフを皮切りに、ヨーロッパを巡回した。

このような国際的なアボリジニアート展の成功によって、国内外でのアボリジニアートの収集家と投資家が増加するとともに、オーストラリアにおけるアボリジニアートの世界に構造変化をもたらすことにつながっていった。オークション、いわゆる二次市場（Secondary Market）の成立である。オークション会社として有名なイギリスを本拠とするサザビーズ（Sotheby's）は、一九九四年からアボリジニアートを扱い始め、一九九六年にアボリジニアートのオークション専門部門を立ち上げた[19]。一九九九年にはドイチャー＝メンジス（Deutcher-Menzies）が、二〇〇〇年には、シドニー・オークション・ハウス（Sydney Auction House）が、二〇〇六年には、クリスティー（Christie）と、デニソン（Dennison）が加わった。これら一連の動きは、国際的なアート市場が、アボリジニアートを利益をうむものとして、真剣に扱うようになったことを示している。二〇〇〇年代に入るころ、オークションでの最高落札額は、毎回更新されていった。エミリー・ウングワレー（Emily Kame Kngwarreye）[20]の作品が一五万六千豪ドル、ローバー・トーマス（Rover Thomas）の作品が一四万豪ドルなどの落札額が記録された。一九九九－二〇〇〇年には、アボリジニアートによる総収入は、一億三千二〇〇万豪ドルに達した[21]。このような数字は、一九九〇年代後半には、アボリジニアートの一部は、「ファインアート」として扱われるようになったことを象徴しているといえるだろう。

二〇〇八年の世界的な経済危機の影響もあり、アボリジニアート市場は、以前に比べて投資対象としては低調になってきているとの声は続いている。しかし、オーストラリア国内において、アボリジニアートへの興味は広がりこそすれ、減退してはいないと感じられる。それは、二〇一三年のダーウィンで行われたアートフェアでも明らかであったし、現在ではオーストラリア各地でおこなわれるようになった同様のイベントの活況を見ても明白といえる。そしてそれ以上に、アボリジニアートはさらに広がりを見せ、都市アボリジニのアートも含みこむものとなってきているのである。

五　都市アボリジニのアートと「現代オーストラリア先住民アート」

アボリジニの人口は、二〇〇六年の国勢調査で五一万人、オーストラリア全体の二・五パーセントを占める。現在ではその八割近くは、都市や地方都市で暮らしている。彼らは都市アボリジニとよばれ、一七八八年に始まるイギリス系移民による入植の結果、伝統的な生活様式を奪われ、土地を失い、混血し、伝統文化を剥奪され、周縁化されてきた。虐殺や劣悪な環境での牧場労働を経験したり、同化政策としての親子強制隔離政策の対象となるなど、最も迫害され、差別を受けてきた人々である。「文化を失って」おり、「アボリジニであるが、本物ではない」とされてきた都市アボリジニの人々は、自己のアイデンティティについても苦悩してきた。混血しており、英語しか話さず、生活様式もイギリス系住民と変わらない彼らは、「アボリジニ」として強い差別を受けるものの「本物ではない」とされる。一方で、先にも述べたように、アボリジニの市民権や参政権など、社会的平等の回復への運動を中心となって強

メルボルンのアートギャラリーにおける展覧会。2011年3月。筆者撮影

く推進してきたのも彼らであった。都市アボリジニは、主流社会のただ中で常に奮闘してきたといえる。このように社会的に周縁化され、力を奪われてきた都市アボリジニに大きな力を与えたのもまた、アートであった。

遠隔地のアボリジニアートの基礎作りに大きく貢献したアボリジニアート委員会は、都市のアボリジニのアート活動の推進にも力を入れてきた。モーフィー（Howard Morphy）は、一九八〇年代から一九九〇年代に、都市アボリジニのアート作品を含む「現代オーストラリア先住民アート（Contemporary Aboriginal Art）」という新しいカテゴリーが生まれたと指摘しているが[22]、このカテゴリーの成立こそがアボリジニアートの質的変化を端的にあらわしているといえる。アボリジニアートの展覧会の内容の変化からこのことを確認してみよう。

一九八一年に行われたアボリジニアート委員会による国内巡回展「アボリジナル・オーストラリア・アート」展に、初めてアクリル点描画が含まれたことは前述したとおりである。ティウィ（Tiwi）やそのほかの地域のアボリジニの作品もかなり広い範囲から集められ、さらにアルバート・ナマチラ（Albert Namatjira）[23]などの二〇世紀の前半までの西洋的手法のアボリジニ作品も含まれていた。しかし、この展覧会には、都市アボリジニの作品は含まれていなかった。

一九八八－一九八九年にアメリカで行われた巡回展「ドリーミング」展では、アクリル点描画の扱いはさらに大きくなり、大々的に展示された。そして、展示はされなかったものの、カタログには都市アボリジニのアートが紹介された。この展覧会を一九八一年の発展形と位置づけると、しだいに都市アボリジニの作品はアボリジニアートの一部として扱われるようになっていったことがわかる。そして、一九九二年、一九九三年のそれぞれに国外で行われた展覧会には、砂漠のアクリル点描画だけでなく、都市アボリジニアートも含められていた。先に述べた、日本で行われた「クロスロード」展と、ヨーロッパで行われた「アラチャラ」展である。

このように、一九八一年の国内巡回展は、アクリル点描画という新しい素材を使った、それまでに受け入れられていなかったスタイルのものを含みこんだ。それまでは固定的に樹皮画などの「伝統的な」もののみを「アボリジニアート」としてきたカテゴリーに、はじめて新しい手法の新しいスタイルで描かれたものを含めた機会であり、画期的だったといえる。そしてそれは、一九九〇年代に入るころに、都市アボリジニアートをも含みこむことを可能にした動きにつながり、こうして、新しく「現代オーストラリア先住民アート」というカテゴリーが構築されたのである。

しかし、この変化は、オーストラリア国内での事情だけによって生じたものではない。よく知られているように、一九八四年のニューヨークの近代美術館（Museum of Modern Art: MOMA）での「二〇世紀におけるプリミティビズム」展に端を発し、「アート」と「民族資料」という分別にかかわる政治をめぐる議論が始まり、一九八九年にはこれに対する一つの回答として、パリのポンピィドゥー・センターで「大地の魔術師たち」展が開催されるなど、一九九〇年代には多くのアートの枠組みを問い直す展覧会と議論が続いた(24)。こうした中で、アートにおける西洋と非西洋という二分法が議論の俎上にあがり、「アート」カテゴリー自体が変容していった時期であったといえる。まさにそれに重なる時期に、アボリジニアートの国際的な展開がおきたのであり、このような美術概念にかかわる国際的な意識変化がアボリジニアートの変貌の背景にあったことは間違いない。

都市アボリジニのアーティストたちは遠隔地のアボリジニとは異なり、主流社会の人々と同様にその多くが専門の美術教育を受けており、そのアートも個性、創造性を表すものである。都市アボリジニのアートのテーマ、制作動機は、より個人的なものであり、「作家的」であるといえる。それに対して、これまでの遠隔地のアボリジニのアートは、独自な伝統的文化的基盤にもとづき、地域集団ごとの顕著な特徴を持つものであり、それこそがアボリジニアートであるとされ、都市アボリジニアートは、排除されていた。しかし、先にみたように、展覧会構成の変化からもあきらかなように、彼らの作品はしだいに注目されるようになり、一九九〇年代はじめに現代オーストラリア先住民アートに含みこまれた。この変化に先立って、アクリル点描画をはじめとして、遠隔地のアボリジニアートが「個人アーティスト」の作品というスタイルをとるようになっていたことが重要であったといえる。このようにして、都市アボリジニのアートを含んだ、現代オーストラリア先住民アートという新しいカテゴリーを成立させることが可能になったのである。

このような都市アボリジニのアートをめぐる変化を象徴する存在に、ブーマリ（Boomalli）芸術家集団がある。これは、一九八七年に、一〇人の若い都市アボリジニのアーティストによってつくられた共同組織で、アボリジニアート委員会からの予算を得て、シドニーの下町にスタジオとオフィスを借りて共有、それを基礎として共同展覧会や個展を組織し、メディアへの露出を増やしていった。ブーマリの活動は、当時まだ評価の低かった都市アボリジニの存在を広く社会に知らしめ知名度を高めようとするもので、若いアーティストに活動の場と、展覧会や広報などのための行動の基盤を与えることにもなっていった[25]。

「現代オーストラリア先住民アート」というカテゴリーが成立していく時期にちょうど重なったこともあって、一九九〇年代には、ブーマリの設立メンバーは、その何人もの作品が主流博物館に収蔵されるようになった。シドニー・ビエンナーレやクィーンズランドの太平洋アジア・トリエンナーレ、そしてベニス・ビエンナーレといった代表的な芸術祭にも選ばれる者が現れ、また各国での展覧会に招聘され、個展も開催され、滞在アーティストとして海外経験を積んでいった。

空港や病院などの公的建築物の多くに、アートが置かれるのがオーストラリアでは一般的であるが、このような作品のアーティストとして選ばれた経験を持つ者も多い。テルストラ先住民アート賞などの美術賞を受賞するものもあらわれ、現在では、各地で開催される先住民関連の芸術祭や賞の審査委員や運営委員を務め、美術館の理事会メンバーとなり、アート関連シンポジウムなどでの講演も活発に行っている。学芸員や芸術祭のディレクターなどアートを推進する側に立つようになったものも多い。このように、ブーマリのメンバーを含め、現代のオーストラリアのアートシーンのなかで、都市アボリジニアーティストは必須の存在となっているのである。

六　おわりに

アボリジニの作る作品は、長い間民族資料、またはプリミティブアートとみられていたが、アボリジニアート委員会をはじめとする、主に公的な機関による後押しによって、その評価を変えてきた。特に、一九八〇年代に、アクリル点描画という新しい絵画スタイルが、海外で現代アートとして評価されるようになり、国内でもアボリジニアートに含められるようになってゆく。本論でみてきたようにこのことは実は、アボリジニアートの質を大きく変える出来事であったといえる。

ひとことでいえば、アボリジニアートは「現代アート」に変貌したといえるだろう。外来の絵の具でキャンバスに描かれた図像的な表現の絵画は、個人のアーティストの作品として世に出された。それは、たしかに「モダン」なみかけの絵画であった。世界的なアート概念の変化を背景として、アボリジニアートは、アクリル点描画を含めることで現代アートとなったのである。現代アートであれば、様々な表現、手法、メディア、内容のものが含まれてよい。こうしてこのあとにつづく一九八〇年代後半に、多彩な手法の、個々のアーティストの個性の表現である都市アボリジニのアートを含み込み、オーストラリアの「現代オーストラリア先住民アート」という、一つの新たなカテゴリーを形成することが可能になったのである。このような大きな変化は、はじめてアクリル点描画を展示した一九八一年の展覧会に象徴されていたといえる。そして、「現代オーストラリア先住民アート」というカテゴリーが成立した結果、遠隔地のアボリジニアートもまた大きく変化した。樹皮画にも自由で多様な表現がみられるようになり、抽象表現があらわれ、コンピューターや新しい素材など多彩なメディアを採用した作品も制作されるようになった。これもまた、一九八一年以来の変化が導き出したものといえるのではないだろうか。

以前に筆者は別稿で、都市アボリジニのアートには、三つの大きなテーマがあり、それらは彼らが国家に包摂され、同時にそれに抵抗している姿が現れていると論じた。[26] 三つのテーマとは、「借用」、「抵抗」、そして「つながり」、である。一つめは、アボリジニらしい伝統的とみられる点描や神話モチーフなどの表現を「借用」して自己の作品の中に入れることで、失った精神的拠り所を再獲得しようとする試みであり、「伝統」とのつながりへの希求である。二つめには、彼らへの迫害、疎外、差別の歴史と現在もつづく苦悩を告発する「抵抗」が強く表現される。さいごに彼らの作品に繰り返しテーマとして現れるのは、過去との、土地との、祖先たちとの、そして、世界、自然との「つながり」である。都市アボリジニの作品が語るのは、伝統と文化を奪われてきた彼らの痛みの歴史であり、それにもかかわらず強く維持されてきた、大地や祖先とのつながりの意識であり、迫害と差別の歴史と現在の社会的状況についての告発、である。そこには、断ち切られ、奪われたつながりを改めて獲得しようとしている、静かな怒りを秘め、深い悲しみと嘆きを抱える、「彼ら」が表現されている。

現代オーストラリア先住民アートは、多義的であり、興味深い。一方には、伝統的なアボリジニの神話的宇宙をあらわす、我々とは異なる独自な世界観を表現する遠隔地のアボリジニのアートがある。それらはロマンティックな我々の憧れを掻き立てる。しかし、そこには同時に、詩的な形ではあるが、彼らの土地とのつながりについての政治的主張が含まれている。また同時に、それらは時にかなりの市場価値を持ち、投資対象として人々の欲望をそそる。また一方には、都市アボリジニのアートがあり、そこでは多様な形で現代オーストラリア主流社会への批判と抵抗と怒りが表現されている。そして、それらは相互に引きつけ合い、同時に抵抗し合って、影響を与え合い変化し続けている。それらのすべて全体が、「現代オーストラリア先住民アート」というカテゴリーを形づくっている。その存在こそが、オーストラリアという国家と先住民との関係の現在を象徴しているということができ、二一世紀のオーストラリアのかかえる苦悩と希求し続ける和解、そして、未来への希望と可能性が込められているといえるように思う。

注

（1）ダーウィン・フェスティバル。二〇一三年度は八月八日から二五日まで行われた。

（2）テルストラ先住民アート賞は、オーストラリアの電話通信会社であるテルストラ（Telstra）社をスポンサーとして行われてきているアボリジニのアート賞である。ノーザンテリトリー美術館・博物館で一九八四年から開始され、毎年エントリー作品のなかから受賞者が選ばれる。テルストラがスポンサーになったのは、一九九五年からである。現在では、総合賞、樹皮画賞、絵画賞、立体作品賞の四部門の受賞作が選ばれ、毎年、大きなニュースとなる。（Museum and Art Gallery of the Northern Territory *Telstra National Aboriginal & Torres Strait Islander Art Award 1984-2008: Celebrating 25 Years*, Charles Darwin University Press, 2011).

（3）正式にはアート・クラフト・センター（Arts & Crafts Centre）。一九七〇年代からアボリジニアート委員会が遠隔地に設立した美術工芸品のための施設。アートアドバイザーと呼ばれる責任者が常駐し、アボリジニアートのプロモーション、買い上げ、流通などを行う。アボリジニのアートの興隆とともに全国の遠隔地コミュニティにアートセンターが作られるようになり、二〇〇〇年代には、百をこえるアートセンターが運営されている。

（4）窪田幸子「アボリジニ美術の変貌」（山下晋司編『資源化する文化』内堀基光総合編集・資源人類学第二巻、二〇〇八年、弘文堂、一八一－二〇八頁）。

（5）Attwood, Bain and Andrew Markus, *The 1967 Referendum: Race, Power and the Australian Constitution*, Aboriginal Studies Press, 2007.

（6）当時シドニー大学の学生であり、のちにアボリジニとして、初めての国務大臣となるチャールズ・パーキンスを中心として、フリーダムライドという運動がニューサウスウェールズ州で行われたのが一九六五年である。人種差別撤廃を求め、当時各地で行われていたアボリジニへの差別的扱いに対する抗議行動として、バスで各地を回った（Curthoys, Ann, *Freedom Ride: A Freedom Rider Remembers*, Allen and Unwin, 2002）。このデモへの暴力的な排斥の動きなどがマスコミに取り上げられ、大きな注目をあつめた。一九六七年には、国民投票を前にして、「賛成票を投じよう（Vote Yes）」キャンペーンが行われ、アボリジニに選挙権と市民権を与えることにみんなで賛成しよう、と訴えた（前掲、*The 1967 Referendum: Race, Power and the Australian Constitution*, Aboriginal Studies Press, 2007）。

（7）こうした動きを受けて、アボリジニの土地権を認めない政府に対する抗議行動として、一九七一年には、都市アボリジニの活動家グループ、ブラックパンサー（Black Panthers）の動きが活発になり、一九七二年にはアボリジニ大使館（Aboriginal Embassy）と名づけられたテントが国会議事堂前広場に抗議の象徴として設営され、その強制排除への抵抗などがさらに世間の耳目を集めたのであった（前掲、*The 1967 Referendum: Race, Power and the Australian Constitution*, Aboriginal Studies Press, 2007）。

（8）Myers, Fred, *Painting Culture: Time Making of An Aboriginal High Art*, Duke University Press, 2002.

（9）Peterson, Nicolas, "Aboriginal Arts and Crafts Pty Ltd.: A Brief History", (P. Loveday, and P. Cooke, (eds.), *Aboriginal Arts and Crafts and the Market*, Darwin: Norm Australia Research Unit, 1983, pp.60-65)

（10）クーラモン。中央砂漠地域で用いられる木製楕円形の皿をいう。採集物を入れたり、子どものゆりかごになったり、多目的に使われるものであった。

（11）Morphy, Howard, *Aboriginal Art*, Phaidon Press Limited, 1998.

（12）窪田幸子「アボリジニ・アーティストの誕生―グローバルとローカルの狭間で」（松井健・名和克郎・野林厚志編『グローバリゼーションと〈生きる世界〉』昭和堂、二〇一一年a 三三九－三八七頁）。

（13）Berrell, Nina, "The International Exhibition Program of the Aboriginal Arts Board 1973-1980", *recollections: Journal of the National Museum of Australia* 4 (1) 2009, pp.13-30.

（14）Thomas, J., *Australian Art (Special Issue)*, Australian Art Society, 1976.

（15）Taylor, Luke, "The Role of Collectiong Institutions", (Altman, J. and Taylor, L. (eds.), *Marketing Aboriginal Art in the 1990's*. Aboriginal Studies Press, 1990, pp.31-36).

（16）前掲、「アボリジニ・アーティストの誕生―グローバルとローカルの狭間で」（前掲『グローバリゼーションと〈生きる世界〉』二〇一一年a 三三九－三八七頁）。

（17）ここでいうファインアートとは、個人として、作品への評価がされるようになり、投資対象となったという意味で用いる。厳密な意味での西洋美術のいうファインアートとはずれがある。

（18）京都国立近代美術館編『アボリジニの美術：伝統と創造／オーストラリア大地の夢』、京都国立近代美術館、一九九二年。

（19）Altman, John, 1999 "Auctioning Aboriginal Art", *Australian Indigenous Art News* 1 (2), Summer, 1999, pp.17-18.

（20）エミリー・カーマ・ウングワレー（1910頃-1996）。中央砂漠、アンマチャラ部族（Anmatyerre）。自分の故郷を離れたことはなく、英語も話さず、美術教育も全く受けていない。一九七七年頃からろうけつ染めをはじめ、一九八八年にワークショップに参加し、キャンバスにアクリル絵の具での絵画を描き始めた。すぐに大きな注目をあつめ、亡くなるまでの一〇年足らずのあいだに、三〇〇〇点の作品を残し、世界中の美術コレクターに収集された。色彩豊かな自由な作風で知られ、一般的な砂漠の点描画とは異なる独自な表現が注目され高い評価をうけた。二〇〇〇年には、「アウェレ Awelye」（一九八九）という作品が、一五万六千豪ドルで落札された。

（21）前掲、"Auctioning Aboriginal Art", *Australian Indigenous Art News* 1 (2), Summer, 1999, pp.17-18.

（22）前掲、*Aboriginal Art*, 1998。
（23）アルバート・ナマチラ（1902-1959）。中央砂漠、マクドネル山脈、西アランタ部族（Western Aranda）。一九三〇年代に砂漠の水彩風景画家として、国際的に有名になったアボリジニ画家。大きな注目を浴び成功を収め、当時行われていたアボリジニへの制限を免除される。しかし、それために晩年は困難な生活となり、酒類をアボリジニに提供した罪で逮捕拘留されその後釈放されるが、五七歳の若さで死亡している。
（24）吉田憲司『文化の発見』岩波書店、一九九九年。
（25）ブーマリの設立メンバーは、Bronwyn Bancroft, Fiona Foley, Tracey Moffatt, Raymond Meeks, Jefferey Samuels, Euphenaia Bostock, Fernanda Mentens, Michael Riley, Avril Quailであった。このうち、トレイシー・モファット（Tracey Moffatt）、フィオナ・フォーリー（Fiona Foley）らは国際的に高い評価を受けるアーティストとなっており、ブロンウィン・バニクロフト（Bronwyn Bancroft）、エイブリル・クエイル（Avril Quail）らはアート委員会の常任委員に名を連ねている。都市アボリジニアートについては、以下のものなどを参照のこと。Queensland Art Gallery（ed.）, *Urban Dingo: The Art and Life of Lin Onus 1948-1996*, Queensland Art Gallery, 2000.; Watson, Judy and Louise Martin-Chew, *Judy Watson: Blood Language*, Melbourne University Publishing Limited, 2009.
（26）窪田幸子「オーストラリア、都市アボリジニのアート―アイデンティティの闘争と抵抗、そして交渉―」（『第二五回北方民族文化シンポジウム報告』、二〇一一年b、三七-四二頁）。

参照文献

窪田幸子「アボリジニ美術の変貌」（内堀基光総合編集、山下晋司編『資源人類学第二巻　資源化する文化』、弘文堂、二〇〇八年、一八一-二〇八頁）。

――「アボリジニ・アーティストの誕生―グローバルとローカルの狭間で」（松井健・名和克郎・野林厚志編『グローバリゼーションと〈生きる世界〉』昭和堂、二〇一一年a、三三九-三八七頁）。

――「オーストラリア、都市アボリジニのアート―アイデンティティの闘争と抵抗、そして交渉―」『第25回北方民族文化シンポジウム報告』二〇一一年b、三七-四二頁。

――京都国立近代美術館編『アボリジニの美術：伝統と創造／オーストラリア大地の夢（CROSSROADS - TOWARD A NEW REALITY）』、京都国立近代美術館、一九九二年。

――吉田憲司『文化の発見』岩波書店、一九九九年。

Altman, John "Auctioning Aboriginal Art", *Australian Indigenous Art News* 1（2）, Summer, 1999, pp.17-18.

Attwood, Bain and Andrew Markus, *The 1967 Referendum: Race, Power and the Australian Constitution,* Aboriginal Studies Press, 2007.

Berrell, Nina, "The International Exhibition Program of the Aboriginal Arts Board 1973-1980", *recollections: Journal of the National Museum of Australia* 4 (1), 2009. pp.13-30.

Curthoys, Ann, *Freedom Ride: A Freedom Rider Remembers.* Allen and Unwin, 2002.

Myers, Fred, *Painting Culture: Time Making od An Aboriginal High Art,* Duke University Press, 2002.

Morphy, Howard, *Aboriginal Art,* Phaidon Press Limited, 1998.

Museum and Art Gallery of the Northern Territory, *Telstra National Aboriginal & Torres Strait Islander Art Award 1984-2008: Celebrating 25 Years,* Charles Darwin University Press, 2011.

National Gallery of Australia (ed.), *Michael Riley: Sights Unseen,* National Gallery of Australia, 2006.

Peterson, Nicolas, "Aboriginal Arts and Crafts Pty Ltd.: A Brief History", (Loveday, P. and P. Cooke, (eds.), *Aboriginal Arts and Crafts and the Market,* Darwin: Norm Australia Research Unit, 1983, pp.60-65).

Queensland Art Gallery (ed.), *Urban Dingo: The Art and Life of Lin Onus 1948-1996,* Queensland Art Gallery, 2000.

Taylor, Luke, "The Role of Collectiong Institutions", (Altman, J. and L. Taylor, (eds.), *Marketing Aboriginal Art in the 1990's,* Aboriginal Studies Press, 1990, pp.31-36).

Thomas, J., *Australian Art (Special Issue),* Australian Art Society, 1976.

Watson, Judy and Louise Martin-Chew, *Judy Watson: Blood Language,* Melbourne University Publishing Limited, 2009.

第十三章　オーストラリア先住民と映画

佐和田敬司

一　はじめに

日本で、アボリジニが登場する映画を観る機会は決して多いとは言えない。そもそも日本で公開されるオーストラリア映画そのものの数が少なく、そこでアボリジニが扱われている数はさらに限定されることになる。[1] 一九八〇年代に日本で優れた興行成績を残したオーストラリア映画『クロコダイル・ダンディ（"Crocodile" Dundee）』には、一作目・二作目ともに、今日アボリジニのスターと見なされる俳優たちが出演していた。アボリジニへの同化政策である「盗まれた世代（Stolen Generation）」について扱ったフィリップ・ノイス監督『裸足の一五〇〇マイル（Rabbit-Proof Fence）』（二〇〇二年）は、日本でも比較的よく知られている。ニコール・キッドマンとヒュー・ジャックマンというハリウッドで活躍するオーストラリア俳優たちが主演し、日本でも広く公開されたバズ・ラーマン監督の『オーストラリア（Australia）』（二〇〇八年）では、アボリジニの役柄は作品の中枢に据えられていた。また、オーストラリア映画以外では、ドイツの映画監督ベルナー・ヘルツォークの『緑のアリの夢見るところ（Where the Green Ants

Dream）』（一九八四年）や、アメリカのフィリップ・カウフマン監督、サム・シェパード主演の『ライト・スタッフ（The Right Stuff）』（一九八三年）に描かれるアボリジニ像も、日本でよく知られているだろう。

映画大国であるアメリカでは、北米先住民について「西部劇」ジャンルの映画（とテレビ）で紋切り型の「インディアン」の表象が大量に生産され、一九七〇年代頃を境に先住民に好意的な描き方をされるようになった。しかしアメリカ映画が大量に封切られる日本では、これまで描かれてきたアメリカ・インディアンのイメージが刷り込まれて、北米先住民に対する偏見が払拭できていないという見方がある。(2)一方、アメリカの黒人が主要な役割を果たす「ブラック・ムービー」ではスパイク・リーなどの黒人映画監督が日本でもファンを獲得し、また数々の黒人映画スター俳優たちが様々なジャンルの映画に出演して、もはや彼らが黒人であることが意識されないほどに浸透している。これらアメリカの事例と、オーストラリアの先住民映画の状況と日本における受容は、かなり異なっている。本論は、オーストラリア先住民と映画がどのような関わりを持ってきたか、その変遷を辿ってみたいと思う。

二　撮影され、語られる先住民

オーストラリア先住民が映像に最初に映し出されたのは、民族誌のための記録映像においてであった。それは、一八九八年、トレス海峡のマレー島で英国の科学者のハッドン（A. C. Haddon）によって撮られた四分ほどのフィルムである。その後、二〇世紀の前半、名だたる研究者たちが調査のために先住民の人々を映像におさめた。その系譜は、一九六四年創設の連邦政府機関であるアボリジニ・トレス海峡諸島人研究所（Australian Institute of Aboriginal and Torres Strait Islanders Studies: AIATSIS）に引き継がれ、奥地のアボリジニの人々の生活が映像に記録されている。

一世紀以上にわたって、オーストラリア先住民についての映像も含めた記述の多くは、研究の対象としてのものであった。そこで見られる先住民の人々と生活風景は、それを撮る人たちの意図に沿う形で映像として切り取られていったものだった。

しかし、最初に先住民の映像がとられた一九世紀末から一世紀あまりの間に、このようなかつての姿勢が問い直されてきた。研究によって一方的に問いかけ、民族誌を記述するという構造自体がもつ植民地主義的な性格が批判されてきたのだ。

このような、かつての研究者の先住民に対する姿勢がどのように今日問題視されているのかを語る作品として興味深いのが、中編映画『カッバーリ（Kabbarli）』（二〇〇二年）である。

『カッバーリ』の舞台は、一九二〇年代から三〇年代の二〇年あまり、オーストラリア南西部のナラバー平原の端に位置するウールディアに一人でキャンプを張り、生活をしていた実在の白人女性デイジー・ベイツ（Daisy Bates）の伝記的な物語である。アボリジニの人々に食料を提供したりしながら、アマチュア人類学者として彼らを観察し、論文を書き続けた。やがてベイツは徐々にアボリジニたちを支配し、女王のように振る舞うようになる。このように様々な奇矯なエピソードを持つひとりの怪夫人の姿を描き出しているが、同時にアボリジニを白人がどのように扱ったかという歴史に対して戯画でもある。なぜなら、ベイツはアボリジニたちが白人社会と接触することになるミッションや鉄道に敵意を燃やして、彼らに近づかないように諭したり、混血に冷淡であったり、アボリジニを「人食い」だと確信してその根拠を追い求めたりといった行動を取ったからである。つまり、かつての研究者たちが先住民の人々に求めていたもの、例えば、原始性・野蛮性、あるいは冷凍保存された「純粋な」伝統文化などへの探求が、ベイツの仕事に凝縮されているのである。

Ten Canoes
Director Rolf de Heer
Courtesy Palm Pictures

『十艘のカヌー』

一方、かつての研究を通して記述された民族誌が、独特の映画作品に結実した例として、『十艘のカヌー（Ten Canoes）』（二〇〇六年）がある。本作は、アボリジニの世界観ドリーミングをイメージさせる構成で、語り手の先祖の物語がさらにその先祖の物語へとさかのぼっていく。注目すべきは、本作の映像である。一九三〇年代にアーネムランドを調査した人類学者ドナルド・トムソン（Donald Thomson）が撮りためた写真を忠実に映像で再現したものである。風俗や儀礼の姿などは、写真の構図がそのままに映像になっている。映画で再現された風俗や儀礼は、今日アーネムランドで暮らしている人々が失ってしまったものである。本作のメイキング映像には、この映画作りに参加することによって、自分たちの伝統を発見しようとしたアボリジニの人々の証言も残されている。

このように、かつての研究の姿勢は批判されてはいるが、その蓄積は、今を生きるアボリジニの人々によって自らの文化を再生、復興するために、必要とされるものになっている。「語られる」側であった先住民の人々が、こんにち自らを語りはじめているという事が、オーストラリア映画の歴史の中からうかびあがってくるのである。

次章からは、このような「研究」とは無関係な、劇場用エンターテイメントとしてのオーストラリア映画における先住民の表象について考察する。

三　商業映画の先住民表象

三－一　『ジェダ』

一九五五年、チャールズ・ショーヴェル（Charles Chauvel）監督による『ジェダ（Jedda）』が作られた。本作は、オーストラリア映画史において、アボリジニが主役をつとめたという意味で画期的な作品であった。『ジェダ』以前のオーストラリア映画では、先住民は、儀礼的なダンス（コロボリー）や物語にエキゾチックな味付けをするための風景としてもっぱら画面に登場して来るのみであった。作品中の登場人物として深みのある演技を求められる場合は、先住民以外の俳優が起用された。つまり、先住民に演技はできないと考えられていたのだ。このような考え方は、『ジェダ』が作られて以降も根強く存在しており、例えば、一九六七年に作られた『暗闇からの旅路（Journey Out of Darkness）』は、白人警察官がアボリジニの部族内で起きた殺人の犯人を捕まえるために奥地に派遣されるという物語だが、アボリジニの登場人物を黒塗りの白人オーストラリア人と、スリランカ人が演じていた。

このような映画の歴史のなかで、『ジェダ』は画期的な作品となった。アボリジニの起用については、ショーヴェル監督から資金援助を申し込まれた時の首相メンジーズが、監督を正気ではないとみなしたというエピソードもある。アボリジニを主演にした映画を撮るというのは当時の一般常識を覆すものであった。それだけでなく、本作は作品内容、映像美においても優れた作品として、現在でも不動の地位を得ている。物語は、白人の農場主夫妻によって、白人の娘として育てられたアボリジニの少女ジェダが、不思議な魅力をたたえたアボリジニ青年マーバックと出会うことで運命を狂わされる。ジェダにはジョーという混血の婚約者が既にいたが、マーバックの「野生」に裏付けられたセックスアピールにジェダは惑わされ、また、ジェダ自身の「アボリジニ性」が呼び覚まされて、マーバックに近づいたために、彼に誘拐され、二人は悲劇的な結末を迎える。

主に混血のアボリジニが連れ去りの対象となった「盗まれた世代」を彷彿とさせるジェダの出自、白人の農場で働く混血も含めたアボリジニの人々は、これまでの映画の題材になりえなかったものである。この作品はその意味で、「身近な」アボリジニの存在をクローズアップした斬新さも持っている。

また、白人に身近なアボリジニとの対比によってマーバックの「野蛮性」も、『ジェダ』以前の作品に奥地を表象する風景としての存在と異なり、人間でありつつも、白人の文明と対峙する「野蛮性」を秘めたキャラクターが明確に立ち現れてきた。マーバックの「野蛮性」とは、例えば波瀾万丈のメロドラマに登場し、槍を振りかざして白人主人公を苦しめるような「野蛮人」ではない。あるいはかつて白人たちが先住民を人間以下とみなす根拠とした「野蛮性」でもない。入植以後、白人たちはオーストラリアという大地を開拓し征服しただけではなく、自分たちを脅かし続ける大地への畏怖も抱いてきたが、その畏怖の思いは、オーストラリアの文学や映画にも度々描かれてきた。同じようにマーバックの「野蛮性」には、そのような「畏怖」の思いが込められている。

また、映像について言えば、『ジェダ』はオーストラリアの最初のカラー映画であり、奥地を大規模なロケで描き出した。都市に住んでいるオーストラリア人にノーザンテリトリーの奥地の光景を総天然色で知らしめ、大きなインパクトを与えた。キャサリン渓谷を、樹皮を剥いで作ったカヌーでマーバックとジェダが進んでいくシーンは特に有名で、今日に至るまでオーストラリアで繰り返しその映像が流されたり、切手の図案などに使われるなど、オーストラリア文化を象徴する記号（アイコン）になっている。

『ジェダ』にみられるアボリジニの表象は、今日からみると批判されるべきものであることは否めない。すでに述べた、マーバックの描写だけでなく、ジェダのアボリジニ性も平板でアイデンティティの捉え方も類型的に過ぎる。例えば、白人夫妻に拾われたのが赤ん坊の時にもかかわらず、英語を教えるのに苦労したというナレーションが入る。また、ジェダが深窓の令嬢のようにワンピースを着てピアノを弾いていても壁に掛かっているアボリジニの武具をみているうちに、アボリジニ的なリズムが彼女の心を支配し圧倒してしまうような演出もある。このように、この作品には本質主義的なアボリジニの捉え方が随所にみてとれる。

一方、『ジェダ』の古典化によって記号化されたアボリジニ表象を、直接覆すような作品も作られている。一九八九年に作られたドラマ『タダワリ（Tudawali）』は、マーバックを演じたロバート・タダワリ（Robert Tudawali）（一九三〇〜一九六七）のドキュドラマである。タダワリは、ショーヴェルに見いだされて『ジェダ』に出演した後、映画の仕事につくこともなく、ボクサーに転じて、三〇代終わりでその短い生涯をとじた。映像では、『ジェダ』の中のマーバックとはまるでイメージが異なるタダワリが描かれる。洋服を着たタダワリは白人に身近なアボリジニであって、野性味を帯びたマーバックはショーヴェルによって演じさせられていたことが明らかになるのである。

三－二　プロフェッショナルなアボリジニ俳優の登場

ロバート・タダワリによって、「アボリジニは演技ができない」という偏見は打ち崩されたかに見えたが、タダワリ自身は映画俳優としての道を歩むことはなかった。ジェダ役のロザリー・クノー＝モンクス（Rosalie Kunoth-Monks）も、俳優のキャリアを積むことなく、現在はアボリジニの福祉に関する社会活動に携わっている。

アボリジニのプロフェッショナルな俳優が登場するのは、一九七〇年代まで待たねばならなかった。その最初の代表的な俳優が、デヴィッド・ガルピリル（David Gulpilil）とアーニー・ディンゴ（Ernie Dingo）である。

一九六〇年代の終わりに、国民投票によって憲法改正が行われアボリジニが国勢調査の対象となった。さらに、キャンベラの国会議事堂の正面にテントを立ててそこをアボリジニの大使館だと称する「テント大使館」運動、土地権をめぐる訴訟など、アボリジニをとりまく状況が大きく変化した。このような状況を背景にして、演劇界では、メルボルンやシドニーで、アボリジニ自身が演劇活動を行う「ブラックシアター」が登場する。また、一九七五年にはアボリジニとトレス海峡諸島人を対象としたダンス学校（National Aboriginal and Islander Skills Development Association: NAISDA）が設立され、プロフェッショナルのカンパニーであるアボリジナル・アイランダー・ダンス・シアター（Aboriginal Islander Dance Theatre: AIDT）を通じて、西洋のダンスと伝統的な舞踊を融合させたダンスの公演を行うようになった。

映画界では、一九七一年に英国の監督ニコラス・ローグによる『美しき冒険旅行（Walkabout）』で、ガルピリルがデビューした。ローグが探したアボリジニの条件は、「ハンサムで、熟練したアボリジニのダンサーで、英語の能力が多少あって、映画がどういうものかということを理解しており、さらに演出を受け入れて、しかもオーセンティシティを失わない」というものであった。すでにアボリジニの伝統的なダンスのコンクールで優勝していたガルピリル

に白羽の矢がたった。(3)

ディンゴの場合は、一九七八年にパースで自らミダー・アボリジナル・ダンス・シアター（Middar Aboriginal Dance Theatre）を創設し、またAIDTにも参加し、さらに、役者としてアボリジニの劇作家ジャック・ディヴィス（Jack Davis）の作品に出演するなど、オーストラリアの舞台芸術界で注目を浴びるようになった。一九八六年のブルース・ベレスフォード（Bruce Beresford）監督の『周縁に住む人々（The Fringe Dwellers）』で映画の世界に本格的に進出した。

一九七〇年代から九〇年代における商業的なオーストラリア映画に登場するアボリジニの役柄の多くを、この二人の俳優が担うこととなった。例えば、『クロコダイル・ダンディ』シリーズの一作目のアボリジニの登場人物はガルピリルがつとめ、二作目ではディンゴがつとめたことは象徴的である。

ガルピリルは、プロフェッショナルなアボリジニ俳優の草分け的存在として、作品の主役に匹敵するような深みをもった登場人物の役を次々と手に入れた。例えば、『少年と海（Storm Boy）』（一九七六年）でのペリカンを通して白人の少年と心の交流を持つアボリジニ青年や、『ラストウェーブ（The Last Wave）』（一九七七年）での大津波の襲来をめぐって白人の主人公をアボリジニの世界に導く不思議な力を持った男の役などがそれである。ガルピリルに与えられた役の多くは、エキゾチックな奥地の単なる風景としてのアボリジニではなく、また『ジェダ』のマーバックのような「野蛮性」を強調されたものでもない。しかしそれでも、ガルピリルはドキュメンタリー映画『ガルピリル（Gulpilil: One Red Blood）』（二〇〇二年）の中で、白人がイメージするアボリジニに見えるような大仰な身体表現を求められていたことを証言している。

ガルピリルの次世代に登場したディンゴは、白人社会の中で生きるアボリジニの役を多く演じた。ディンゴの出世作『周縁に住む人々』は、クィーンズランドの町のはずれに住む現代におけるアボリジニのコミュニティの悲喜こもごものドラマを描くものであった。また、『デッドハート（Dead Heart）』（一九九六年）では、主人公の白人警察官の首を飛ばすことのできるほどの権力を持った政府の役人であるアボリジニの役を演じた。その役人は、牢に入れられたアボリジニの脱獄に手を貸してしまったために、彼らと一緒に砂漠に逃げようと誘われるが、白人社会に生きてきたために砂漠で生存する術を失っていて、苦闘する。このようにディンゴは、タダワリの演じた役とも、ガルピリルの演じた役とも違う種類の役柄を演じることを求められてきた。

二人の代表的なアボリジニ俳優がたどった歴史を見るだけでも、オーストラリア映画史の中で、アボリジニの登場人物が多様化していることがみてとれる。しかし、これらの作品の全ては白人が監督したものであり、ここで見られる多様性も、白人のアボリジニへのイメージが多様化していることの反映にすぎない。

このような商業映画で先住民を表現する際に、先住民の人々との対話を通して、先住民の人々の意見をとりいれながら、先住民の表象を作り上げる事が、次第に重要になってくるのである

三－三　先住民との対話の必要性

ガルピリルやディンゴがともに出演した『クロコダイル・ダンディ』シリーズは、アボリジニの表象について、アボリジニの批評家マーシャ・ラングトン（Marcia Langton）らによって批判を受けている。特に、伝統的な風俗の描写をする時に考証があまりにも杜撰である点などである。[4]このようなことが起きたのは、いくら俳優として先住民が出演していても、製作に先住民が係わってこなかったところに原因がある。

この問題を強く意識させたある出来事があった。『オーストラリアン・ルールズ（Australian Rules）』（二〇〇二年）は、オーストラリアの北端ヨーク半島の小さな町にあるオーストラリアン・フットボールのジュニアのチームを舞台

に、実話をもとにした作品である。そのチームの半分はアボリジニで、主人公の少年はアボリジニの少年と親友であるが、作品前半のさわやかなスポーツ青春物語から一転して、後半には人種差別に起因する陰惨な事件が展開する物語となる。この作品では、反人種差別の立場が貫かれているにもかかわらず、アボリジニのステロタイプ的な描き方や、白人少年の父親の人種差別的な発言がみられるとして、アボリジニ側からの強い批判を浴びた。つまり、アボリジニについてのテーマを扱う場合、さらに実話に基づく物語を作る場合に、描かれる側の人々との十分な対話が必須であることが問われた事例といえる。

一方、オーストラリアで二〇〇八年に封切られた『オーストラリア』は、白人監督バズ・ラーマン（Baz Luhrmann）の作品であるが、中心的な登場人物として、混血の少年とその祖父で呪術師のアボリジニが描かれている。ラーマンは本作を製作するにあたって、アボリジニの人たちに脚本を読んでもらって間違えたり問題があったら指摘するように依頼し、また、指摘があれば喜んで変更したというエピソードがある。(5)

今日、映画における先住民の表象は、先住民との対話の上で作られるように努力が払われるようになっている。しかし、いつまでも作り手が先住民でないという隔靴掻痒の状況を打破するために、先住民自らが主体的に製作に携わる作品が登場するようになった。

四　みずから語り出す先住民

四－一　自分たちの声が届かない苛立ち

映画におけるアボリジニの表象にアボリジニ自身が携わることへの欲求が高まった。

その萌芽が、一九七七年の『バックロード（Backroads）』である。監督のフィリップ・ノイス（Phillip Noyce）は、ギャリー・フォーリー（Gary Foley）というアボリジニの芸術家・活動家に、製作過程に深く関わらせながらこの作品を作った。フォーリーは、アボリジニ初の劇作家としても知られるケヴィン・ギルバート（Kevin Gilbert）と共に、アボリジニの政治運動の先頭に立ち、「テント大使館」運動に関わった。また、一九七〇年代初頭から勃興したブラックシアターにも関わり、テレビドラマ化もされた戯曲『基本的に黒（Basically Black）』の共作者にもなっている。一九七八年にこの映画がカンヌ映画祭で上映された際の、ギャリー・フォーリーのインタビューの中で、彼はアボリジニと映画との関わりについて重要なコメントをしている。「アボリジニについて描いた映画が最近あるようだが、アボリジニからの協力なしに、白人監督が作っている。そのために、間違ったイメージが生まれ、白人が創りあげてきたアボリジニについての神話を、壊すのではなく、浸透させてしまっている」と彼は言う。何人かのアボリジニ俳優が、大規模な予算の映画に出演し、白人が作ったアボリジニ表象をそのまま受け入れている現状に対して、フォーリーの芸術的、政治的活動は、徹底したアンチテーゼを示すことに主眼が置かれていた。

フォーリーはこの作品で、主要な登場人物の一人であるギャリーを「実名」で演じている。物語は、目的もなくさまよう白人のジャックと、アボリジニ青年ギャリーが、一台の車を盗み、ニューサウスウェールズ西部のほこりっぽい道をひた走る。彼らは途中でライフルや酒など必要なものを盗み、さらに、ギャリーのおじのジョー、フランス人のヒッチハイカー、おどおどした白人の女を拾う。ジョーが酔っぱらって、見知らぬ人を撃ってから、警察に追われる。ジョーとジャックは逮捕され、ギャリーは逃れようとするが、捕まり、殺される。これまでにないこの作品の特色は、窃盗や差別、そして白人との様々な接触など、アボリジニが社会で直面している現実が、そのまま描き出されていることだった。

このようなアボリジニ像は、当時としては画期的なものだった。それまでの映画では、彼らは神秘性や象徴性を帯びた民族として描かれてきた。また、『ジェダ』以来二〇余年ぶりにアボリジニをテーマにした『虐殺の儀式（The Chant of Jimmie Blacksmith）』（一九七八年）も、一九〇〇年を舞台にした「時代物」であり、やはり今を生きるアボリジニ像が登場するわけではない。しかも、主人公のジミーは混血であることにより、アイデンティティクライシスをきたし（これは『ジェダ』にも見られるテーマである）、アボリジニによる白人連続殺人事件を起こすという極めて特異な物語を描いている。フォーリーは、このようなアボリジニの人物造形が映画の中でされることによって、そのイメージがすべてのアボリジニに敷衍されてしまうことに反発し、同時代に生きる「個」としてのアボリジニ像を演じようとしたのである。

一九八一年に公開された『ロング・サイド・オブ・ザ・ロード（Wrong Side of the Road）』も、『バックロード』と同じく同時代に生きる個としてのアボリジニ像を描こうとした作品である。ここでは、アボリジニのロックバンドとレゲエバンドがツアーの旅を続ける中で、差別によって警察に逮捕されるなど抑圧される経験が描かれている。この作品は、実際に活動していったアボリジニ・バンドがそのままの名前で出ているドキュドラマであり、この作品を通してアボリジニの音楽活動が初めて白人の観客に紹介されたという点からも、これまでのアボリジニ映画と一線を画していた。

しかし、『バックロード』にしても、『ロング・サイド・オブ・ザ・ロード』にしても、白人監督による作品であることに変わりはない。その状況が変化するのは、八〇年代の終わりからである。

四－二　先住民の監督の登場

一九八〇年代後半、先住民が映画製作に主体的に係わるだけではなく、先住民の監督が登場する時代が訪れる。その一人が、トレイシー・モファット（Tracey Moffat）である。彼女の撮った『ビーデヴィル（Bedevil）』は、アボリジニが監督した最初の長編映画として知られる。また、映画監督だけでなく、写真の世界でも高い評価をうけ、オーストラリアのアート界を牽引する存在でもある。彼女の代表作の一つ『夜の叫び（Night Cries: A Rural Tragedy）』（一九八九年）は、一七分の短編映画である。アボリジニの中年女性が、今まさに息をひきとろうとしている孤独な白人の老女を淡々と介護する姿が、様々な象徴的なイメージ映像と重なり合いながら映し出されていく作品である。この作品が『ジェダ』の後日談を語ろうとしているということは、『ジェダ』で多用された書き割りの風景にそっくりなセットを見ればすぐに気が付く。『ジェダ』が古典化していく中で、アボリジニの表象、特に白人に育てられたアボリジニのイメージが、これまで人々の記憶に刷り込まれてきた。『夜の叫び』は、このイメージを転覆させることを意図している。『夜の叫び』でアボリジニの中年女性役をつとめた女優（現在はアボリジニの社会学者として知られる）マーシャ・ラングトンは、「（白人の）養父母にとって最悪の悪夢は、唯一の家族としてアボリジニの養子に看取られて死ぬことである」と言う[6]。つまり、白人とアボリジニの関係が、抑圧者と被抑圧者という関係に固定されるのではなく、「盗まれた世代」の悲劇が白人にとっての悪夢になりうるという、抑圧者側の白人をアボリジニが憐れむという突き放した見方が、アボリジニの側から提示されているのが、この作品の興味深い点なのである。

『夜の叫び』には、ジミー・リトル（Jimmy Little）の一九六〇年代の大ヒット曲「ロイヤルテレホン（Royal Telephone）」がジミーの歌唱している映像とともに不規則に流れ、ノイズのようなものも重なる。リトルは、ニューサウスウェールズのはずれのミッションで生まれ、エンターテナーの父の影響でシドニーに出てキャリアを積んだ、アボリジニのカントリー歌手である。白人によって支配されていた一九五〇年代の音楽業界で成功するために、完璧な英語を使いこなした彼の歌唱は、白人社会への先住民の同化の表象に見える。モファットはリトルの映像を乱すことによって、一九五〇年代には当然の事と考えられていたアボリジニの白人社会への同化のイメージが固定化することに抵抗している。このようなモファットの手法は、映画作品だけではなく写真作品でも見ることが出来る。「ムービー・スター」と題された写真では、デヴィッド・ガルピリルに、缶ビールを片手にラジカセに耳を傾けてシドニーのボンダイ・ビーチで日光浴を愉しむ姿が写されている。これについて、モファットはマスコミに対して、「(この写真でガルピリルがしているのは)典型的なオージーのポーズです。アボリジニが他のオーストラリア人と同じようにリラックスしちゃいけないの?」と語った。[7]既に述べたように、ガルピリルは数多くのオーストラリア映画で、白人のイメージ通りの奥地のアボリジニ像を演じるように求められ、それをすることによって映画スターとなった。つまりリトルとガルピリルは、対照的ではあっても同じように、白人の要求に応えることによって、白人社会で有名になったのである。しかし、彼らには、白人によって与えられたイメージを演じている顔の他に、多面的な要素があるのは当然のことである。モファットはそのような固定化されたイメージを覆したり、撹乱したりすることによって、一元的に捉えられてしまいがちな先住民の多面的な要素に気づかせようとした。つまり、白人社会によく知られているアボリジニの表象が、実は白人によって作られたものに過ぎないのだという事実をあぶり出し、それに対して先住民としての闘争を仕掛けるという政治的な戦略を作品にもたせているのである。

このようなモファットの戦略は、「先住民」として同じオーストラリア社会を生きてきた当事者としての視点から生まれたものである。従って、同じ事を白人がやっても何の意味もない。当事者であるアボリジニが主体となって語ってこそ、作品の持つ政治性は機能し始める。

このことは、舞台芸術の場で活躍する演出家ウェズリー・イノック（Wesley Enoch）も強く主張している点である。イノックは、舞台上でアボリジニ俳優にしか表現できないものがあるとしたら、それはアボリジニの身体的特徴によるものでは決してないと主張する。例えば、イノックの出世作となった、「盗まれた世代」を扱ったジェーン・ハリソン作『ストールン（Stolen）』（一九九八年）の演出では、劇作家が書いたテクストが完結したあとで、アボリジニ俳優たちに彼ら自身の体験アドリブで公演ごとに自由に語らせる（それは、必ずしも抑圧された経験だけではなく、日常のささいな出来事を語る場合もある）。役者たちは、それまで演じてきた「役柄」から放たれて、今度は自身が当事者となり、証言者としてオーストラリア社会を生きるアボリジニの生の声を語り出す。そして観客はそのときまで舞台上で「芝居」として見てきた「盗まれた世代」をめぐる悲劇の物語を、はっきりと「現実」として受け止めることになる。(8)

当事者だけが語ることの出来る真実は、受け手にこのように大きなインパクトを与えることができる。先住民自身が作り手となって先住民の物語を紡ぐことの意味もここにあると言っていい。

四－三　映画製作環境の充実

トレイシー・モファットに続いて、一九九〇年代以降、先住民の映画監督が徐々に登場するようになる。そして今日、後述するレイチェル・パーキンス（Rachel Perkins）やアイヴァン・セン（Ivan Sen）、ウォーリック・ソーントン（Warwick Thornton）、そしてミュージカル映画『ソウルガールズ（The Sapphires）』（二〇一二年）で成功したウェイン・ブレア（Wayne Blair）などの先住民映画監督が活躍している。

一九八〇年代の終わりから、アボリジニの映画製作者が活動する場も整えられるようになった。例えば、中央

The Sapphires
Director Wayne Blair

『ソウルガールズ』

オーストラリア先住民メディア協会（The Central Australian Indigenous Media Association: CAAMA）は一九八〇年にアボリジニ女性フレダ・グリン（Freda Glynn）らによって創設された組織で、アボリジニの音楽や文化を発信することを目的に、アリス・スプリングスにメディアセンターを持つ。ＣＡＡＭＡは、ラジオや音楽の他に、一九八八年から初のアボリジニのテレビ放送局を開始し、商業映画・テレビの製作を始めた。ここを拠点として、映画製作の訓練を積んだのが、レイチェル・パーキンスであり、また、フレダ・グリンの息子であるウォーリック・ソーントンも、ＣＡＡＭＡでのキャリアを積んでいる。他にもフィルム・オーストラリアで映画製作を行っていたマイケル・ライリー（Michael Riley）が、一九九二年にレイチェル・パーキンスとともに、ブラックフェラ・フィルムズ（Blackfella Films）をシドニーで立ち上げた。これは、フリーランスの先住民映画監督のための映画製作会社である。映画の製作資金に関しては、一九九三年にオーストラリアン・フィルム・コミッション（Australian Film Commission: AFC）が先住民部局（Indigenous Branch）を設立した。先住民部局は、ＡＦＣが二〇〇六年にスクリーン・オーストラリア（Screen Australia）へ組織替えした時も、先住民部門（Indeigenous Department）として引き継がれている。また、オーストラリアの公共放送である豪国営放送（ＡＢＣ）と、ＳＢＳでも、先住民による作品を放映するプログラムがある。このような放送局が、CAAMAやブラックフェラ・フィルムズなどの製作による、先住民自身が手がけたドキュメンタリー映像やドラマやアニメーションの放映する場となっている。

一方、映画人養成教育も充実してきている。シドニーに所在しオーストラリアを代表する教育機関であるオーストラリア・映画・テレビ・ラジオ学校（Australian Film Television and Radio School: AFTRS）は、奨学金を含め、先住民の映画製作者の養成に貢献するいくつかのプログラムを実施、パーキンス、ソーントン、センを始め、現在活躍する数多くの先住民の映画製作者を輩出してきた。

このように、一九八〇年代後半から、先住民が自らの声を映像を通して発するようになった。それを支える環境も、この時期から整えられるようになったのである。

五　今日の先住民の表象

五－一　歴史と現実を直視する

白人と先住民の関係性について、よく映画において取り上げられるものがある。

ひとつは、奥地のフロンティアにおける白人農場主とアボリジニの関係である。歴史的に、伝統的な暮らしを奪われたアボリジニが生き残っていくためには、白人の運営する農場で労働力として働くことが必須であって、白人側もその安い労働力を利用し依存していた構図がある。『ジェダ』には、白人農場主に気に入られて養女ジェダと婚約している混血の青年ジョーが登場する。農場主とジョーの関係は極めて良好に描かれている。しかし、実際にはアボリジニの多くは、労働力や性を搾取されていた。このような状況を背景に描いた『虐殺の儀式』では、混血の青年ジミーが白人の農場主に搾取されたことが引き金となり、凶行に及び破滅していく。『裸足の一五〇〇マイル』（二〇〇二年）では、ムーアリバー収容所から脱走した三人のアボリジニの少女が、途中の農場で一人のアボリジニの女中に出会う。彼女はただの女中ではなく、白人農場主から性的搾取を受け、それにおびえている。

また、不案内な白人と、彼らを奥地に導くアボリジニの関係がある。その代表的な役回りが、「トラッカー」である。[9]トラッカーのアボリジニは、自らの土地を熟知しているということで、奥地に逃げ込んだ犯罪者の捜索に協力する。白人から頼られている存在でありながら、白人から見下されることもある。一方、アボリジニ自身は、自分の先祖が伝統的に世話をしてきた土地に白人を招き入れ、時には犯罪者となった同胞を追いつめ、白人に差し出すことへの葛藤があったはずである。ロルフ・デ・ヒア監督の『トラッカー（Tracker）』（二〇〇二年）は、デヴィッド・ガルピリルが白人警察に雇われたトラッカーの役を演じている。本作では、犯罪を犯したアボリジニの土地の入り込んで手当たり次第にアボリジニを虐殺するという犯罪を犯した白人警察官に対しても、アボリジニの「法」に従ってトラッカーが処罰を下すという結末になっている。また、『裸足の一五〇〇マイル』でも、娘をムーアリバー収容所に入れられていわば人質を取られたような形で、白人所長ネヴィルの指図に従い、三人の少女たちを追跡するトラッカーが登場する。

ここに挙げた、白人との関係性を描いたこれらの作品はみな白人が監督したものだが、そこでは大多数の非先住民の観客にむけて、先住民がおかれた状況に対する同情や、先住民に対して白人が行ってきた不正義に対する贖罪などが描かれてきた。『トラッカー』で、白人の法と秩序を行き渡らせるために利用される存在であったトラッカーが、アボリジニの法と秩序を奥地に入り込んだ白人に実行するエピソードは、オーストラリアの植民地化において白人が先住民に対して行ってきた様々な不正義を浮かび上がらせることになる。『裸足の一五〇〇マイル』でのテーマになっている「盗まれた世代」についても、白人がアボリジニから子供を奪い取るという不正義に対して贖罪する意味が込められている。

一方、先住民監督が撮った作品の中には、犯罪率の高さや、失業率の高さ、平均寿命の低さなど、アボリジニのコミュニティが現在直面している問題を映し出すものがある。アイヴァン・セン監督の『雲の下で（Beneath Clouds）』（二〇〇二年）は、二人の若いアボリジニの男女の旅を描いたロードムービーであるが、少年は、刑務所に服役していて、病身の母にあうために脱走するという設定だ。二〇〇九年にカンヌ映画祭のカメラドール賞を受賞したウォーリック・ソーントン監督『サムソンとデライラ（Samson and Delilah）』は、奥地のコミュニティで、ガソリン吸引をしながら無為に暮らしているサムソンと、アボリジニアートを作る祖母の面倒を見ている彼の許嫁のデライラの物語である。二人はいがみあいながら、なかなかうち解けようとはしない。サムソンは不良行為で、そしてデライラは祖母を死なせてしまったためにそれぞれ集落にいられなくなり、車で町へ出て来るが、金もないため橋の下で暮らす。サムソンはガソリンで脳をやられ、デライラが誘拐されレイプされても、交通事故にあっても、助けることも出来ない。祖母のまねをしてアボリジニアートを売ろうとして前向きだったデライラも、すさみはてて、ガソリン吸引に走る。やがてコミュニティから迎えが来るが、そこには二人の居場所はなく、車椅子になったサムソンを抱え、荒野の一軒家でデライラは力強く生き始める。

このように、先住民が監督する作品でも、先住民の人々が今なお被っている過酷な状況が、画面に映し出される。アリス・スプリングスで育ったウォーリック・ソーントンは、新聞のインタビューに「映画の中のものはすべて、自分自身の目で見たこと」と語っている。[10] ソーントンはこの作品をラブ・ストーリーだと言うが、奥地に存在している、若者を中心としたコミュニティのこのような荒廃を、臨場感をもって描いたことが、オーストラリアはもとより、世界中の観客にインパクトを与えたことは確かである。

しかし、アボリジニのコミュニティからの反応は少し違っていた。新聞の報じるところによればソーントンは、「有名なアボリジニのリーダーはこの映画が嫌いだと語っているの聞いた」という。また、この記事では、ソーントンの発言を引用して、「ドリーミングにしがみついている人々もいる。しかし食べ物がない時、ドリーミングではどうにもならない」と書き、ソーントンの現実を直視する姿勢を紹介している(11)。

この逸話から読みとれるのは、先住民のコミュニティの現実を「リアル」に描き出した物語は、必ずしも全てのアボリジニに支持されるわけではないということである。ドリーミングといった伝統にすがる人々がいるのは、現実があまりにも悲惨だからである。『サムソンとデライラ』では、ガソリン吸引の末に廃人同然となったサムソンの世話をしながら明るく前向きに生きようとする少女デライラの姿が、唯一の救いとなっている。このような現実が映像を通して突きつけられることや、どうしても悲惨さばかりが目を引いてしまうイメージの固定化を、先住民の人々すべてが歓迎しているとは考えにくい。

五－二　先住民の文化を祝福する

これまで、植民地化の帰結によって抑圧され、今日も厳しい状況の中にある先住民の人々の姿が映像化されてきたが、近年新たな傾向の作品が生まれている。先住民の文化をポジティブに捉えようとするものである。

レイチェル・パーキンスは、モファットの『ビーデヴィル』に次いで二番目に長編映画を作った先住民系映画監督である。彼女は『ブラン・ニュー・デイ（Bran Nue Dae）』（二〇一〇年）を監督するにあたって、「私はもの悲しい映画がすき。もの悲しい映画も作ってきた。でもわれわれは多様性が必要だ。バンガラ・ダンス・シアター

（Bangarra Dance Theatre）の芸術監督であるスティーヴン・ペイジ（Stephen Page）が振り付ける歌とダンスは、奇跡をおこすはずだ」と述べている。[12] ここからもわかるように、パーキンスは、アボリジニの監督として、アボリジニの観客にも思いを馳せながら、アボリジニの厳しい現実を直視するのではなくて、アボリジニの文化の豊かさや多様性を謳いあげることも重要なのだと指摘している。

映画『ブラン・ニュー・デイ』は、ジミー・チャイ（Jimmy Chi）によるアボリジニ初のミュージカル『ブラン・ニュー・デイ』（一九九〇年）を映画化したものである。内容は、チャイの自伝的な内容で、主人公のアボリジニ青年ウィリーは、一九六九年のウェスタンオーストラリアのブルームで、抑圧的なカトリックのミッションスクールを脱走してパースに渡り、飄々としたアボリジニ老人アンクル・タドポールや、白人のヒッピーのカップルなど様々な人と巡り会い、やがてブルームに戻り、そこで登場人物たちがみな血縁関係にあったということがわかり、幸せを見つける。もちろん、本作でも監獄死やアルコール中毒などのアボリジニの直面する問題は扱われているが、一方で白人が罪悪感からアボリジニを前にしてとる厳粛な態度を笑い飛ばしている。[13] 例えば、アーニー・ディンゴ演じるアンクル・タドポールが、白人の誤解によって、呪術をもったアボリジニの長老に祭り上げられてしまい、本人もその気になってふざけて魔術のまねごとをしてみると、本当にタドポールの望みが叶えられてしまうといったギャグが盛り込まれている。

映像の手法はミュージカル仕立てであるが、振り付けを手がけるスティーヴン・ペイジは、前述のバンガラ・ダンス・シアターのみならずアデレード芸術祭の芸術監督も務めるなど、オーストラリアの舞台芸術界の最も重要な表現者の一人である。また、You Tubeから人気に火がついたアーネムランド・エルコ島のダンスグループであるチューキー・ダンサーズ（Chooky Dancers）[14] や、デボラ・メイルマン（Deborah Mailman）、ニンガリ・ローフォード

One Night the Moon
Producers Kevin Lucas and Aanya Whitehead
Writer/Director Rachel Perkins
Writer John Romeril
Composers Kev Carmody, Mairead Hannan, Paul Kelly

Poster Courtesy of MusicArtsDance films & copy; 2001
Photographs by George Kannavas
Poster image showing Paul Kelly and Kelton Pell

『ワン・ナイト・ザ・ムーン』

(Ningali Lawford)などアボリジニの映画スターも登場し、アボリジニの著名なエンターテナーたちが顔を揃える。アボリジニには演技ができないと見なされ、プロフェッショナルのアボリジニ俳優がいなかった時代から考えると隔世の感がある。アボリジニ出身のダンサーや、映画やテレビで見慣れたスターが一堂に会することが、現在におけるアボリジニの文化の充実ぶりを深く印象づける。一言で言えば、アボリジニの文化を祝福する祝祭である。それは、奥地のアボリジニのコミュニティから伝えられる暗いニュースとは対極にある。この両極があってこそ、アボリジニの現在の真実がある。

　このような現代先住民文化の多様性は、同じくレイチェル・パーキンスが監督した『ワン・ナイト・ザ・ムーン(One Night the Moon)』(二〇〇一年)でもみられる。音楽劇であるこの作品は、先住民のミュージシャンであるケヴ・カーモディ

（Kev Carmody）の曲を多用し、また、先住民のシンガー・ソングライターであるルビー・ハンター（Ruby Hunter）を役者として起用し、作中で歌わせてもいる。先住民のミュージシャンによる音楽が印象的に流れてくるのは、それまでにオーストラリアでつくられた先住民にまつわる映画にはほとんど見られなかったことである（今までの映画では、白人の作曲家や白人の演奏する音楽が用いられるのが常であった）。一方で、白人の表現者とともに作品作りをしている点も特徴で、レイシストの白人の農場主役も演じている歌手のポール・ケリー（Paul Kelly）が、この作品の音楽でカーモディと競演する形になっているし、脚本には、オーストラリアを代表する劇作家ジョン・ロメリル（John Romeril）が共同脚本で加わっている。本作は、その後、ロメリルの戯曲、先住民演劇の旗手であるウェズリー・イノックの演出で舞台化された。いわば、舞台から映画化された『ブラン・ニュー・デイ』とは逆のプロセスをたどったわけだが、レイチェル・パーキンスの映画には舞台との親和性があることが指摘できる。パーキンスの長編第一作である『レイディアンス（Radiance）』（一九九八年）でも、原作の舞台に出ていたデボラ・メイルマンを、映画版でも起用することによってスターの座に押し上げた。パーキンスが言う多様な先住民の芸術文化を表現したいという意志は、優れた先住民の表現者が様々な分野に登場し、活躍し、評価されるようになった現在の状況があってこそ実現している。映画を通じて様々なジャンルの先住民芸術へと繋がっていく感のあるパーキンスの作品は、充実した現代アボリジニ文化を祝福するものと考えることが出来る。

このような、アボリジニの希望となるような作品への希求は、故マイケル・ライリーの遺作『テント・ボクサーズ（Tent Boxers）』（二〇〇〇年）にも見られる。この作品は、地方のお祭りの一角を占めるテントの中で行われていた見世物ボクシングを回想したものである。多くのアボリジニが、差別から逃れ、実力だけで金を稼ぐことのできるテントボクシングに魅せられ、活躍した。この作品では、ノスタルジックな祭りと見世物の映像とともに、かつて活躍したボクサーやその家族たちのインタビューから構成されている。当時を思い出してインタビューに答える人たちの懐かしげな表情からも、テントボクシングがアボリジニの人々にとって希望であり、誇りであったことが、画面からにじみ出ている。

『サムソンとデライラ』の監督ソーントンは、『オーストラリア』について、監督のバズ・ラーマンは「ラブ・ストーリーを隠れ蓑にアボリジニの映画を作った」点で、大変に勇気があると評価している。[15]『オーストラリア』のアボリジニの表象は、被害者というカテゴリーに押しこめるのではなくて、「和解」の時代におけるアボリジニの位置づけを「国民的な」表象として描くことを目論んだ作品である。本作ではアボリジニのたどった歴史がリアルに描けていないという指摘もあった。[16]しかし、アボリジニの現実を冷徹に描き出したソーントンが『オーストラリア』のアボリジニの表象を肯定的に評価した背景には、このような国の威信をかけて巨費が投じられた作品で、アボリジニの登場人物たちが生き生きと活躍する姿は、アボリジニの観客がみたかったものであり、彼らに希望をもたせ、多くのアボリジニ以外の人が彼らに対して新しいイメージを持つような要素、つまり、現代アボリジニとその文化への「祝福」があったからではないだろうか。

注

（1）オーストラリア映画史の全体像については、佐和田敬司『オーストラリア映画史：映し出された社会・文化・文学（増補改訂版）』オセアニア出版社、二〇〇四年を参照。
（2）小林純子「『先住民映画』その虚像と実像」（『インパクション』一四〇号、二〇〇四年三月、六四–七〇頁）。
（3）ガルピリルのキャリアについては、佐和田敬司「俳優ガルピリルとアボリジニの表象」（『オーストラリアのマイノリティ研究』オーストラリア研究所編、オセアニア出版社、二〇〇五年、一九九–二一九頁）を参照。
（4）Langton, M., *"Well, I heard it on the radio and I saw it on the television": an Essay for the Australian Film Commission on the Politics and*

Aesthetics of Filmmaking by and about Aboriginal People and Things, Australian Film Commission, 1993.

（5）佐和田敬司「国民映画としての『オーストラリア』」（早稲田大学オーストラリア研究所編『オーストラリア研究：多文化社会日本への提言』オセアニア出版社、二〇〇九年、二四六頁）。

（6）前掲、*"Well, I heard it on the radio and I saw it on the television": an Essay for the Australian Film Commission on the Politics and Aesthetics of Filmmaking by and about Aboriginal People and Things*, 1993.

（7）National Gallery of Australia, "Federation: Australian Art & Society 1901-2001". (http://nga.gov.au/federation/Detail.cfm?WorkID=177494, 二〇一二年一月一日閲覧)。

（8）佐和田敬司『現代演劇と文化の混淆：オーストラリア先住民と日本の翻訳劇との出会い』早稲田大学出版部、二〇〇六年を参照。

（9）最初にトラッカーを映像の主題に取り上げたのは、マイケル・ライリーのＡＢＣのドキュメンタリー Blacktracker（一九九六年）であろう。ライリーは、ニューサウスウェールズのダボーに生まれたが、ライリーの祖父が同地で警察官としてトラッカーをしており、その物語を映像化した。この映像を見たジョン・ロメリルらが、映画化を思いつき、ライリーの盟友レイチェル・パーキンスに監督を依頼したのが、『ワン・ナイト・ザ・ムーン』である。物語はオーストラリアの農場主の夫妻の幼い娘が月に魅せられて奥地に迷い出たまま行方不明になり、大がかりな捜索もむなしくしばらくたって遺体で発見される物語。捜索に参加したトラッカーは、父親である農場主に土地に入ることを拒まれる。娘をあきらめきれない母親は夫に無断でトラッカーに依頼し、二人で亡骸を見つける。アボリジニとして疎外しつつもトラッカーなしには奥地では手も足も出ない白人が、大切なものを失ってしまう愚かさが描かれている。

（10）Herald Sun, "Samson and Delilah's Warwick Thornton in Cannes Glory", *Herald Sun*, May 26, 2009. さらに、ウェスタンオーストラリア州キンバリー東端のヒドゥン・ヴァレーに住むサムソン役の俳優ローワン・マクナマラ（一五才）は、ガソリン吸引は自分はやったことはないが、姉は吸っており、一七歳で二歳の母である彼女は、ローワンがカンヌ映画祭の授賞式から戻ってきてもまだ吸っていたと語っている。Toohey, P., "From Cannes to Camp Life, with Love, for Samson and Delilah Star" *The Australian*, May 27, 2009.

（11）Bodey, M., "Tough Love," *The Australian*, April 30, 2009.

（12）Sourris, M., "Missy Higgins and Jessica Mauboy star in Bran Nue Dae," *Perth Now*, January 5, 2010.

（13）ある映画評では、『ブラン・ニュー・デイ』は『サムソンとデライラ』と異なり、「観客にアボリジニが直面している問題について啓発しようとはしない。そのかわり、白人の罪の意識をパロディ化する」と指摘している。Mangani, Josephine "[Sundance Review] Bran Nue Dae," *The Film Stage*, January 22, 2010. (http://thefilmstage.com/).

（14）チューキー・ダンサーズについては以下を参照。佐和田敬司「先住民のパフォーマンスと文化の混淆（ハイブリディティ）〜チューキー・ダンサーズ『Ngurrumilmarrmiriyu（ロング・スキン）』をめぐって」（早稲田大学オーストラリア研究所編『世界の中のオーストラリア』オセアニア出版社、二〇一二年、二〇七－二二三頁）。

（15）前掲、"Tough Love".

（16）前掲、「国民映画としての『オーストラリア』」（前掲『オーストラリア研究：多文化社会日本への提言』二四四頁）。

参照文献

Bodey, M., "Tough Love," *The Australian*, April 30, 2009.

Herald Sun, "Samson and Delilah's Warwick Thornton in Cannes Glory", *Herald Sun*, May 26, 2009.

小林純子「『先住民映画』その虚像と実像」（『インパクション』一四〇号、二〇〇四年三月、六四－七〇頁）。

Langton, M., *"Well, I heard it on the radio and I saw it on the television": an Essay for the Australian Film Commission on the Politics and Aesthetics of Filmmaking by and about Aboriginal People and Things*, Australian Film Commission, 1993.

Mangani, J., "[Sundance Review] Bran Nue Dae", *The Film Stage*, January 22, 2010.（http://thefilmstage.com/, 二〇一一年一月一日閲覧）。

National Gallery of Australia, "Federation: Australian Art & Society 1901-2001".（http://nga.gov.au/federation/Detail.cfm?WorkID=177494, 二〇一一年一月一日閲覧）。

佐和田敬司『オーストラリア映画史：映し出された社会・文化・文学（増補改訂版）』オセアニア出版社、二〇〇四年。

――「俳優ガルピリルとアボリジニの表象」（『オーストラリアのマイノリティ研究』オーストラリア研究所編、オセアニア出版社、二〇〇五年、一九九－二一九頁）。

――『現代演劇と文化の混淆：オーストラリア先住民と日本の翻訳劇との出会い』早稲田大学出版部、二〇〇六年。

――「国民映画としての『オーストラリア』」（早稲田大学オーストラリア研究所編『オーストラリア研究：多文化社会日本への提言』オセアニア出版社、二〇〇九年、二二八－二五三頁）。

――「先住民のパフォーマンスと文化の混淆（ハイブリディティ）～チューキー・ダンサーズ『Ngurrumilmarrmiriyu（ロング・スキン）』をめぐって」（早稲田大学オーストラリア研究所編『世界の中のオーストラリア』オセアニア出版社、二〇一二年、二〇七－二二六頁）。

Sourris, M., "Missy Higgins and Jessica Mauboy Star in Bran Nue Dae", *Perth Now*, January 5, 2010.

Toohey, P., "From Cannes to Camp Life, with Love, for Samson and Delilah Star", *The Australian*, May 27, 2009.

コラム3

ディジェリドゥを学びに

GORI

オーストラリア先住民アボリジニの伝統楽器ディジェリドゥ（Didjeridu）。世界最古の木管楽器とも言われている。その言葉の響きからは、一体それが何語でどんな楽器なのかを想像しにくいかもしれない。それもそのはず、ディジェリドゥはアボリジニの言葉でも英語でもない。白人がこの楽器の音を聞いた時、「ディジェリドゥ〜♪」と鳴っているように聞こえたことから名付けられたのだ。本当はイダキ（Yidaki）、マーゴ（Mago）、カンビ（Kenbi/Kanbi）など地域によって固有の名称で呼ばれ、ピジン英語では共通してバンブー（Bambu）と呼ばれるが、ディジェリドゥという呼称が先に世界的に広まって今にいたっている。

ディジェリドゥは、シロアリがユーカリの木を食べてできた空洞をそのまま利用して作られる。樹皮をはぎ、余分な厚みを削り、吹き口が大きい場合には蜜蝋でうめて完成となるすごくシンプルな楽器だ。マウスサウンドと呼ばれる独特なリズムを唄いながら唇をふるわせ、口から絶え間なく息を吐く循環呼吸という呼吸法を駆使して途切れることなく演奏される。指で押さえる穴がないので音程は一つしかない。楽器はシンプルなのに演奏は意外なほど奥深く、現地でもディジェリドゥ・マスターと呼ばれるほど卓越したプレーヤーは今では数えるほどしかいないという。

そんな楽器ディジェリドゥをぼくが演奏し始めたのは一九九六年。NYで白人の演奏を聞いたのをきっかけに、アボリジニの伝統的な演奏方法にとらわれず思いのままに演奏するフリースタイルに傾倒する（当時はアボリジニ以外で伝統的な演奏スタイルでディジェリドゥを演奏している人はほとんどいなかった）。しかし、同時にフリースタイルでの演奏にある種の限界を感じながら悶々とした日々を過ごしていた。四年の時をへて二〇〇〇年。現地のアボリジニが演奏する伝統奏法を学びたくて、世界的に有名なディジェリドゥ・マスター「デビッド・ブラナシ（David Blanasi）氏」の住むアーネムランドに向かった。

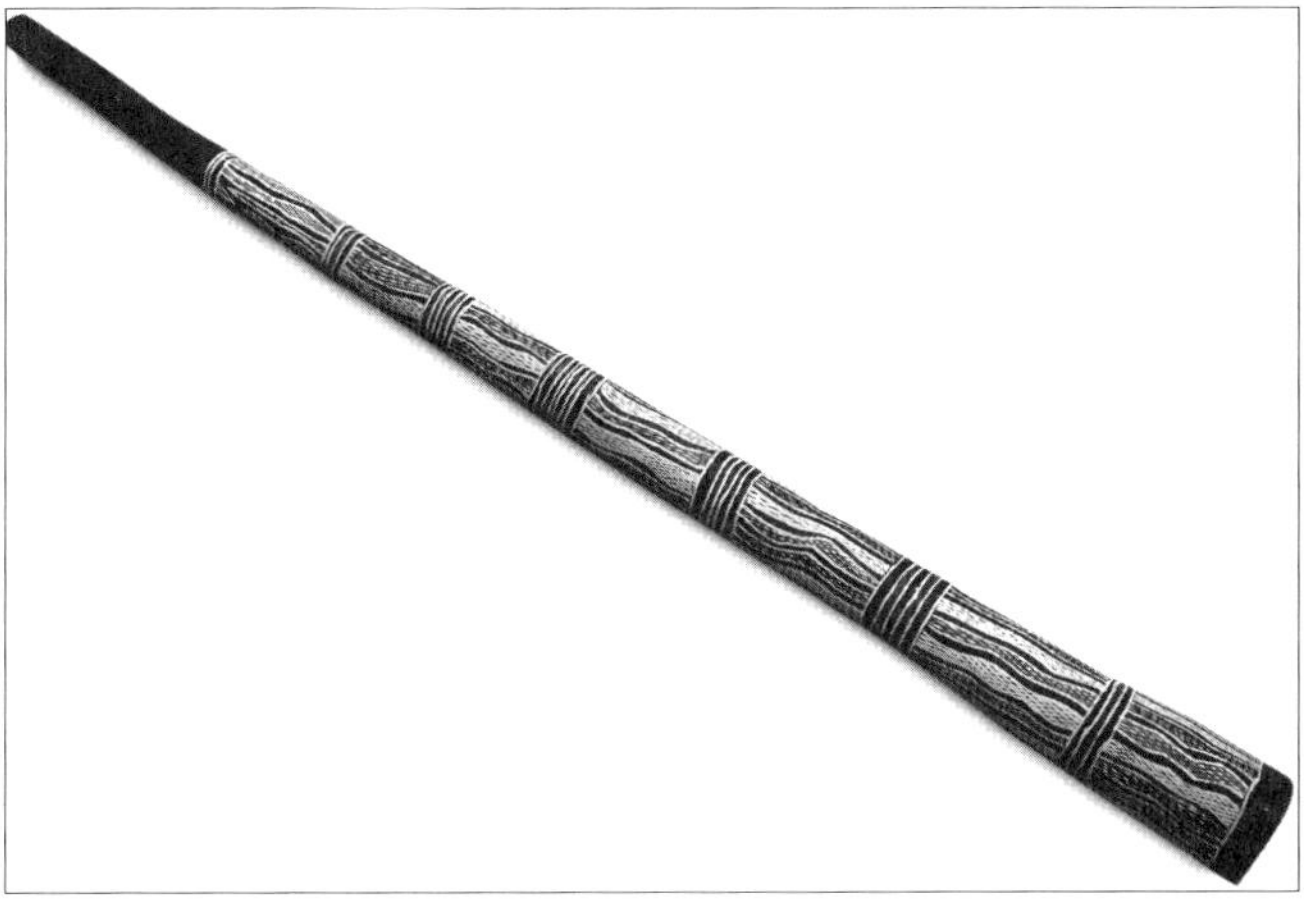
ディジェリドゥ

アーネムランドは北海道と四国をたしたほどの広さがあるアボリジニ居住地で、何者も許可無く足を踏み入れることができない。たとえ許可申請の書類を提出しても何のつてもないと簡単に許可はおりない。デビッドはアーネムランド南西部に位置するウグラー居住地に住んでいたので、ウグラーに最も近い町ノーザンテリトリーのキャサリンにたどりつくも、何もできないまま安宿のキャンプ場で茫漠な時を無為に過ごすだけだった。

ある日、キャサリンの町中でアボリジニの葬儀があると宿主に教えられて出向いたその場所にデビッドがいた！　ディジェリドゥ・マスターのサウンドに酔いしれる間もなく、あたりを見渡すと一五平米くらいの庭に総勢五〇人ほどのアボリジニが女性と男性にくっきり別れてひしめいてる。ポツンとその中に放り込まれてドギマギしていると、一人の古老がやってきて「さぁ、もうお行き」と言われ、絶好の機会を前になす術もなく帰らざるをえなかった。その翌年、高齢のデビッドはブッシュの中で姿を消し本当の伝説になってしまったのである。

伝説のディジェリドゥ・マスターから学ぶという夢はついえたが、あちこちの居住地で年に一回行われるフェスティバルの日だけは誰でも現地を訪れることができるという情報を得た。そこに行けばどんなプレーヤーがいるのかなんてわからないけれど、たった一日だけ行われるフェスティバルでディジェリドゥの名手に出会うことを夢見て現

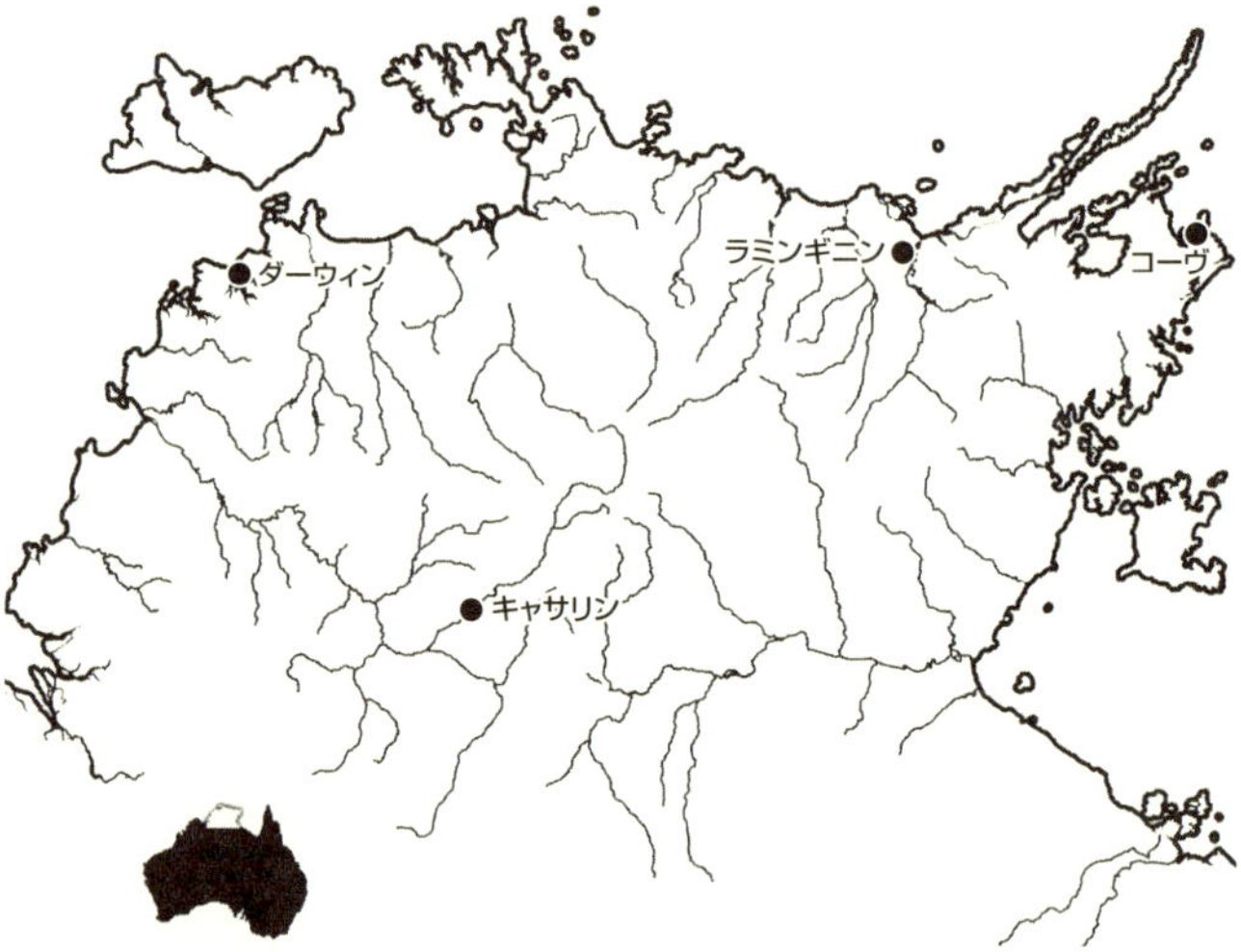

アーネムランド地図

地フェスティバル巡りがスタートした。

広大なアーネムランド内にはもちろん電車はなく、舗装路すらない。ダートロードを何百キロも走り抜けたその先に小さな居住地が点在しているので、四WD車は必須だ。何人かの有志を集いトヨタのランドクルーザーを中古で購入したり（売る時が大変！）、レンタカーで幾度もアーネムランド内を走破することになる。実際にダートロードを走ると雪道のように滑りやすく、車がひっくり返るロールオーバーという事故にあい、ドクター用の緊急飛行機で搬送されたこともあった。

雨期に道が水没するアーネムランドを旅することができるのは乾季だけ。川の高さが七〇センチメートルを超えると川渡りがとてつもなく危険になる。川を横切る際に車体が浮くと水圧がかかって車が流されるウォッシュアウェイという現象が起る。川で人がワニに食べられたというニュースが何度も新聞をにぎわすノーザンテリトリーでは、車が川の中で止まってしまうと泳いで逃げるということもできない最悪の事態になるのだ。

危険を乗り越えて現地で待っているのは、サンドフライと呼ばれる一ミリにも満たないブヨ。刺されると尋常じゃないかゆみがあり、耐えきれずボリボリやってしまうと、二週間以上もはれてかゆみが続くことがある。そこから二次感染が広がり放置して足を切り落とす寸前にまでなったという友人が一人いる。

サンドフライが襲ってくる時間と蚊が押し寄せる時間はなぜか分れていてこの二重攻撃はアーネムランドで最も頭を悩ませる。

ほぼ冒険に近い危険なダートロードと川渡り、サンドフライと蚊の猛襲、ワニの恐怖を乗り越えてまで、幾度となく現地を訪れるのはなぜか？　自分でもよくわからないが、アボリジニの演奏するディジェリドゥの音には、太古から脈々と続く、楽器と一体化した強烈なリアリティがあるのだけは確かだ。そしてその音を聞くにはアーネムランドというオーストラリアの奥地に行くしかない。

二〇一一年、ラミンギニン（Ramingining）という居住地を訪れる通算三度目の挑戦をした。一度目は何度となく交渉したが許可申請がおりず、八五キロ手前のマニングリダ（Maningrida）という居住地で引き返した。二度目は許可がおりたものの通過儀礼を終えた男性しか参加できない儀式がはじまり、道路が封鎖されて一歩手前の居住地まで来ているのに涙をのんで断念。三度目の正直なるか！　という想いでナランボイ（Nhulumbay（Gove））の町に足を運んだ。

アーネムランドの許可申請を受け付けている北部土地評議会（Northern Land Council）はダーウィンに本部があり、アーネムランドへの南西の入り口のキャサリンと北東の入り口であるナランボイの町に出先機関がある。ナランボイの町の出先機関で許可の書類を受け取ろうとすると、ラミンギニン手前のゴイダー川の水かさが高いので許可を出せないという！　ダーウィンで許可が出てたのになぜ？　交渉するがガンとして受け付けてくれない。現地のランドオーナーの奥さんに電話してもらって彼女が北部土地評議会の出先機関と交渉しても、「決まりは決まり」の一点張り。

もし明日、水位が下がっていなかったら日本からの飛行機代、国内線の飛行機代はもとより友人と綿密に立てたプランがすべて無駄になる。あと一歩という所まで来ているだけに落ち込み様もひどかったが、ゴイダー川を渡らないダーウィン側からの道は大丈夫だということに気づいた。急遽国内線を手配して一度ダーウィンに戻り、レンタカーで向かうというプランを立て、夜中にあちこち電話して予約をした。こういう時はうなだれるよりもとにかく前進するしかない、ということは今までの体験で身にしみている。

翌日、まさか朝になったら川が渡れるということもないだろうけど、念のため北部土地評議会の出先機関を訪れると、昨日わずらわしそうに対応していた女性がどこか気まずそうな顔をしてあらわれた。なんと今朝になって水位が若干下がったから許可を出せるという。なんだそれ！　昨晩手配した飛行機のキャンセル代は戻ってこないが、もうこのまま行こう！　ということでラミンギニンに車を走らせた。

噂のゴイダー川にたどり着くと、一番深い所で胸くらいまでありそうな水位だ。どこが浅くなっているのかを見極めるために、ワニのことが頭をちらつくが、ジャブジャブ川の中に入っていってルートを確保する。エンジンルームに水が入るのを避けるためにビニールシートをバンパーに張り付け、ルートを視認するために一人が車の屋根に乗り、一人は助手席から身を乗り出し、いざスタート！

川に入るとボンネットまで水が押し寄せる。あと少しという所で対岸からは見えなかった木の根っこにタイヤがのってあわや転倒するかと思うほど車体が傾いたが、なんとか向こう岸にたどり着いた。その瞬間、三人とも言葉にできない奇声を発し続けていた。

四三五キロのダートロードを九時間以上かけてラミンギニンにたどり着いた時には、砂漠の中のオアシスを見た気分だった。そこで、現地のディジュリドゥ・マスター「デビッド・ダラポイ（David Dharrapuy Gaykamangu）氏」に会うことができた。後頭部から背筋にかけて稲妻が貫くほど衝撃的な彼のサウンドについて書き始めると原稿用紙一〇枚ではすまされないので残念ながら割愛することにするが、命を張って来ただけの価値があることだけは間違いない。

こうやって文字にすると、ぼくはなぜここまでしてアーネムランドを訪れるのだろうかと我ながら不思議に思う。冒険家に聞けば「そこに山があるから」とかありきたりな答が返ってきたりするのと同じで、何かに魅せられた人の動機は意外なほどシンプルで、魅せられ、そこに邁進するということは夢見続ける事と同じなのだと思う。

ディジェリドゥの中に見つけた音のきらめきを追い求めて名だたるディジェリドゥ・マスター達に出会い、アボリジニの音楽とその文化の深淵の一端に触れるとき。かすんだ霧のむこうに目指すべき山の頂を垣間みたような気がするのだ。

おわりに

山内由理子

本書は、オーストラリア先住民を研究する若手の文化人類学者たちの話し合いから企画された。文化人類学において、オーストラリア先住民研究はそれなりに根付いた分野ではあったが、まだまだ学会にも一般読者にも知られていないことも多い。その様な関心から、何か、最新の研究の成果を一冊で見られるものを、ということになった。しかし、執筆がとんとん拍子に進んだわけではなく、編者が未経験だったこともあいまって、出版を迎えるまでには紆余曲折を経た。執筆者陣にも残念ながら途中で抜けられた方もいるし、企画の途中でお願いして入っていただいた方もあった。それでもなんとか出版にたどり着けたのは、執筆者を初めとする多くの方々から助けていただいたからに他ならない。

企画を進めて行く上で、単に新しい研究成果を紹介する、というだけではなく、そのような「研究成果」をうみだしている「学問」の枠組みそのものが見えるようなものにしよう、という考えが浮かび上がってきた。「本場」オーストラリアにあれだけに研究蓄積があるのに、何故わざわざ日本に住む我々がオーストラリア先住民を研究する意味があるのか？　これは、日本におけるオーストラリア先住民研究に絶えず付きまとってくる問題である。これに対峙するには、単に興味を持ったから、単に「知識」を増やせるから、だけでは不十分である。「なぜ」興味を持つのか、「なぜ」知ることに意味があるのか、そもそも「知る」とはどういうことなのか、少なくともそこまで掘り下げなければ、彼我の圧倒的な蓄積の差に飲み込まれて終わってしまう可能性すらある。

本書では、まず第一部にオーストラリア先住民に関する学問の構造を扱った章をおき、「知識」を生産してきたその仕組みが見えるようにした。そして第二部に、日本にいる我々がオーストラリア先住民と形成してきた様々な交流の姿を、そして第三部に前二部を潜り抜けた上でのオーストラリア先住民に関する研究の成果を紹介する、という形で、この問題に本書なりのやり方で向き合ってみた。まだまだ不十分な試みかもしれないが、関心のあり方だけでも感じ取ってもらえればと思っている。

本書の刊行に当たっては、オーストラリア大使館の豪日交流基金よりサー・ニール・カリー奨学金（出版助成）を頂いている。本企画を推薦していただいた慶應義塾大学の関根先生、同志社大学の有満先生には深くお礼を申し上げたい。

本書の出版を引き受け、編集を担当していただいた御茶の水書房の橋本盛作社長と橋本育さんにも大変お世話になった。経験も全くない状態から本の編集、ということを始めた私にとって、お二人の助けが無ければ、この本は実現できなかったであろう。また、未熟な編集責任者である私に根気よく付き合っていただいた執筆者の方には頭が上げられない思いである。いろいろといたらないところや後手後手に廻るところなどもあり、歯がゆい思いをなされたことも、往々にしてあったのではないかと考えている。文化人類学者として、調査に協力してもらうとともに、人間として暖かな繋がりを与えてくれたフィールドの人々にも感謝したい。その他にもこの本執筆から完成に至るまで、色々な方に様々な形でお世話になった。ここでは書ききれないのだが、心からの謝辞を述べておきたい。

最後に、本書執筆中に急逝した父を含め、つい仕事以外のことではおろそかになりがちな私をさまざまな形でサポートしてくれた家族、夫にも心から感謝します。

二〇一四年七月二十五日

編者紹介

山内由理子（やまのうち・ゆりこ）

本扉写真：ブルームのタウンビーチ。鳥居が建立されている。（2010年編者撮影）

オーストラリア先住民《せんじゅうみん》と日本《にほん》——先住民学《せんじゅうみんがく》・交流《こうりゅう》・表象《ひょうしょう》

2014年8月22日　第1版第1刷発行

編　者——山内由理子

装　丁——追川恵子

発行者——橋本盛作

発行所——株式会社御茶の水書房

〒113-0033 東京都文京区本郷5-30-20　電話 03-5684-0751

組版・印刷／製本——株式会社タスプ

Printed in Japan　ISBN978-4-275-01081-0 C1030

執筆者一覧（あいうえお順）

飯嶋秀治（いいじま　しゅうじ）
九州大学大学院人間環境学研究科人間共生システムコース共生社会システム論修了。博士（人間環境学）
所属：九州大学大学院人間環境学研究院人間科学部門共生社会学講座（准教授）
専門分野：共生社会システム論

デボラ・ルイズ・ウォール（でぼら・るいず・うぉーる）（カバー写真提供）
ウェスタンシドニー大学博士課程在籍。パプアニューギニア野党党首の報道官として働いた後、一九七四年に夫デヴィッド・ウォールとオーストラリアに移住。フィリピン人移民やオーストラリア先住民に関する活動に従事し、オーダー・オブ・オーストラリア・メダルを受賞（二〇〇四年）。オーストラリア女性人名録（二〇〇七－二〇一二）にも登場。

金森マユ（かなもり　まゆ）（写真提供）
フォトアーティスト。一九八一年に日本よりオーストラリアに移住し、移民アーティストとしてオーストラリアに生きる日本人の姿に関する作品を多数作成。L・T と共同作成の The Heart of Journey はオーストラリア国連マスコミ平和賞など多数の賞を受賞。

鎌田真弓（かまだ　まゆみ）
オーストラリア国立大学博士課程修了（International Relations）。Ph.D.
所属：名古屋商科大学商学部教授
専門分野：国際関係論、地域研究、オーストラリア

窪田幸子（くぼた　さちこ）
甲南大学大学院人文科学研究科博士課程単位取得退学。博士（社会学）
所属：神戸大学大学院国際文化学研究科教授
専門分野：文化人類学

栗田梨津子（くりた　りつこ）
広島大学大学院総合科学研究科修了。博士（学術）
所属：国立民族学博物館（外来研究員）、京都橘大学（非常勤講師）
専門分野：文化人類学

小坂恵敬（こさか　よしのり）
オーストラリア国立大学アジア太平洋学部博士課程修了。Ph.D.
所属：南山大学人類学研究所（非常勤研究員）、オーストラリア国立大学（客員研究員）
専門分野：文化人類学

GORI（ごり）
ディジュリドゥ奏者。一九九六年ニューヨークにてディジュリドゥに出会う。その後カンビ・マスター故Nicky Jorrock、Yothu Yindiの初代イダキ奏者故Milkayngu Mununggurr、現在最古老のイダキ・マスターDjalu' Gurruwiwiに師事。ディジュリドゥとアボリジニ文化のウェブサイトEarth Tubeを主催。

佐和田敬司（さわだ　けいじ）
マッコーリー大学大学院批評・文化研究専攻博士課程修了。Ph.D.
所属：早稲田大学法学学術院教授
専門分野：オーストラリア映画、演劇

塩原良和（しおばら　よしかず）
慶應義塾大学大学院社会学研究科後期博士課程単位取得退学、 博士（社会学）
所属：慶應義塾大学法学部教授。
専門分野：社会学、多文化主義研究、オーストラリア社会研究

L・T
西オーストラリア州ブルームに日本人の父親とアボリジニの母親の間に生まれる。アボリジニ教育関連の業務で働く傍ら、自らの父親探しの旅を元に金森マユと共にThe Heart of Journeyを作成。オーストラリア国連マスコミ平和賞など多数の賞を受賞した。

マーティン・中田（まーてぃん　なかた）
ジェームズクック大学教育学部博士課程修了。Ph.D.
所属：ニューサウスウェールズ大学先住民センター（Nura Gili）所長。教授。
専門分野：教育学（先住民教育）

コーリン・増田（こーりん　ますだ）
西オーストラリア州ブルームに日本人の父親とアボリジニ-フィリピン人ミックスの母親の間に生まれる。様々な行政事務で働く傍ら、ブルーム日系人コミュニティの中心的メンバーとしてコミュニティ活動に深く関わる。

松岡智広（まつおか　ともひろ）
東京大学中退、メルボルン大学文学部卒。
社会的責任投資アナリスト。オランダのサステイナブルバンクの投資調査に従事。一九九四年よりメルボルン在住。地元日本人平和活動団体Japanese for Peaceに所属し、Friends of the Earth、Australian Conservation FoundationなどのNGOとウラン採掘・核問題に関する活動に参加。

山内由理子（やまのうち　ゆりこ）
シドニー大学文化人類学部博士課程修了。Ph.D.
所属：東京外国語大学　国際社会学研究院　准教授
専門分野：文化人類学

若園雄志郎（わかぞの　ゆうしろう）
早稲田大学教育学研究科教育基礎学専攻博士後期課程満期退学
所属：宇都宮大学基盤教育センター　特任准教授
専門分野：社会教育学、博物館学、多文化教育論

Indigenous Australia and Japan: Studies, Interaction, Representation

Edited by Yuriko Yamanouchi

Table of contents

訳語表記一覧

アボリジニ担当省　Department of Aboriginal Affairs: DAA
アボリジニ土地権法（ノーザンテリトリー）Aboriginal Land Rights［Northern Territory］Act
アボリジニとトレス海峡諸島人の発展のための連邦評議会　Federal Council for the Advancement of Aborigines and Torres Strait Islanders: FCAATSI
アボリジニ・トレス海峡諸島人委員会　Aboriginal and Torres Strait Islander Commission: ATSIC
アボリジニの発展のための連盟　Aboriginal Advancement League
アラバナ　Arabunna
アランタ　Aranda
アリス・スプリングス　Alice Springs
イルカラ　Yirrkala
ヴィクトリア［地名］　Victoria
ウィットラム（ゴフ）［人名］Gough Whitlam
ウェスタンオーストラリア［地名］　Western Australia
ウングワレー（エミリー）［人名］　Emily Kame Kngwarreye
オーストラリア・アボリジニ連盟　Australian Aborigines' League
オリンピック・ダム［鉱山］　Olympic Dam

カカドゥ国立公園　Kakadu National Park
ガーナ・プレインズ・スクール　Kaurna Plains School
ガルピリル（デヴィッド）［人名］　David Gulpilil
カレドン湾　Caledon Bay
グガタ　Kokatha
クーパー（ウィリアム）［人名］　William Cooper
クリ・ベイ　Kuri Bay
グリンジ　Gurindji
クンガラ　Koongara
豪国営放送　Australian Broadcasting Corporation: ABC
拘留中のアボリジニの死亡に関する調査委員会　Royal Commission into Aboriginal Deaths in Custody

国立アボリジニ・トレス海峡諸島人研究所　Australian Institute of Aboriginal and Torres Strait Islanders Studies: AIATSIS
コーボゥ　Cobo
コミュニティ雇用開発プロジェクト　Community Development Employment Project: CDEP

サウスオーストラリア［地名］　South Australia
自主決定・自主管理　self-determination, self-management
ジャビルカ［鉱山］　Jabiluka
収容施設　compound
首都特別地域［地名］　Australian Capital Territory
条約　Treaty
世界の先住民の国際年　International Year of the World's Indigenous People
世界の先住民の国際の一〇年 International Decade of the World's Indigenous People
セン（アイヴァン）［人名］　Ivan Sen
先住権原法　Native Title Act
先住民土地利用協定　Indigenous Land Use Agreement: ILUA s
先住民の権利に関する国際連合宣言　The United Nations Declaration on the Rights of Indigenous Peoples
ソーントン（ウォーリック）［人名］　Warwick Thornton

タスマニア［地名］　Tasmania
ディンゴ（アーニー）［人名］　Ernie Dingo
土地評議会　Land Council
ドッズスン（パトリック）［人名］　Patrick Dodson
トムソン（ドナルド）［人名］　Donald Thomson
トルガニーニ［人名］　Truganini
トレス海峡諸島人　Torres Strait Islander（s）

ニューサウスウェールズ［地名］　New South Wales
盗まれた世代　Stolen Generation（s）
ノーザンテリトリー［地名］　Northern Territory

ノーザンテリトリー国家緊急対応法　Northern Territory National Emergency Response Act

パーキンス（チャールズ）［人名］　Charles Perkins
パーキンス（レイチェル）［人名］　Rachel Perkins
パプアニューギニア［地名］Papua New Guinea
ビバリー［鉱山］　Beverley
ブーマリ Boomalli
北部土地評議会　Northern Land Council

マボ（エディ・コイキ）［人名］　Eddie Koiki Mabo
マラリンガ［地名］　Maralinga
マルガルラ（イボンヌ）［人名］　Yvonne Margarula
マンダイン（ウォレン）［人名］　Warren Mundine
ミラル・グンジェイッミ（ミラル）Mirarr Gundjeihmi
木曜島［地名］　Thursday Island
モファット（トレイシー）［人名］　Tracey Moffatt

ユヌピング（ギャルラウェイ）［人名］　Galarrwuy Yunupingu
ヨルング Yolngu

ラングトン（マーシャ）［人名］　Marcia Langton
レンジャー［鉱山］　Ranger

索　引